KNAUR

*Über die Autorin:*
Dr. Sabine Fitzek arbeitete nach dem Medizinstudium an den Universitäten Berlin, Erlangen, Mainz und Jena, wo sie sich im Fach Neurologie habilitierte. Danach war sie mehr als zehn Jahre lang als Chefärztin tätig. Seit einem Jahr ist sie freischaffend und begann über gesundheitspolitische Missstände zu schreiben, mit denen sie unfreiwillig immer wieder in Berührung kommt.
Ihr Nachname ist kein »Zufall«: Sabine Fitzek ist die Schwägerin eines nicht ganz unerfolgreichen Thrillerautors, der im Hause Droemer Knaur eine feste Größe ist.

DR. SABINE FITZEK

# VERRAT

KRIMINALROMAN

KNAUR

**Besuchen Sie uns im Internet:**
**www.knaur.de**

FSC
www.fsc.org
MIX
Papier aus verantwortungsvollen Quellen
FSC® C083411

Originalausgabe Dezember 2019
Knaur Taschenbuch

Ein Imprint der Verlagsgruppe
Droemer Knaur GmbH & Co. KG, München
Ein Projekt der AVA International GmbH Autoren- und Verlagsagentur
www.ava-international.de

Redaktion: Antje Nissen
Covergestaltung: ZERO Werbeagentur, München
Coverabbildung: plainpicture/Glasshouse/Jean-Francois Berube
Satz: Adobe InDesign im Verlag
Druck und Bindung: CPI books GmbH, Leck
ISBN 978-3-426-52448-0

2 4 5 3 1

In einem der größten Abrechnungsskandale der Bundesrepublik ermittelte die Berliner Staatsanwaltschaft 2010 gegen rund 140 Ärzte wegen des Verdachts des banden- und erwerbsmäßigen Betrugs in Medizinischen Versorgungszentren (MVZ). In den meisten Fällen wurde keine Anklage erhoben. Die Verfahren gegen die Hauptbeschuldigten wurden im August 2016 gemäß § 153a Abs. 2 StPO gegen Zahlung einer Geldstrafe eingestellt.
Bei dem vorliegenden Roman handelt es sich um eine fiktive Erzählung vor dem Hintergrund teils realer, teils erdachter Geschehnisse. Die Personen der Handlung sind frei erfunden.

# PROLOG

*Berliner Gazette*

**Polizei entlarvt Ärztebande – Krankenkassen um Millionen betrogen – Berliner Staatsanwaltschaft ermittelt**

In einer Großrazzia durchsuchten am Dienstag mehr als 300 Polizisten mehrere medizinische Einrichtungen der Barmherzigen Schwestern zu Bernau und Privatwohnungen von Ärzten in Berlin und im ganzen Bundesgebiet. Staatsanwältin Petermann geht von gewerbs- und bandenmäßigem Betrug in Millionenhöhe aus. Der Geschäftsführer und zwei Ärzte wurden verhaftet, gegen weitere 93 Ärzte wird ermittelt. Die kriminelle Bande soll gegenüber den Krankenkassen systematisch falsch abgerechnet und in die eigene Tasche gewirtschaftet haben. Es werde noch geprüft, ob dadurch auch Patienten zu Schaden kamen, so Staatsanwältin Petermann gegenüber der *Berliner Gazette*.

Der Klinikkonzern hat derweil Konsequenzen gezogen. »Wir werden der Angelegenheit konsequent nachgehen und vollumfänglich mit der Staatsanwaltschaft zusammenarbeiten«, sagte der von den Barmherzigen Schwestern zu Bernau neu berufene Geschäftsführer Kai Steinkopf. »Sollte es in unserem Betrieb Fehlverhalten Einzelner gegeben haben, werden wir das unverzüglich aufklären.« Bis zum Abschluss der Gerichtsverfahren gelte aber selbstverständlich das Unschuldsprinzip.

M.G.

# 1

# KAMMOWSKI

Sonntag, 9. Februar

Frauen sind immer so schnell enttäuscht«, sagte Klaus, »dabei bedeutet ›enttäuscht sein‹ im eigentlichen Wortsinn doch nur, dass die Täuschung vorbei ist. Man ist ent-täuscht, man sieht wieder klar. Darüber könnten sie sich doch freuen. Stattdessen sehen sie rot und hauen ab.«

»Ist das von dir?« Kammowski nahm noch einen Schluck. Wenn Klaus, sein bester Freund und Backgammonpartner, philosophisch wurde, hatte er in der Regel zu viel getrunken.

»Nein«, gab Klaus zu. »Hätte aber von mir sein können. Habe ich neulich in einem Interview in der *Zeit* gelesen. Ist von so 'nem Tatortautor.«

»Hast du Probleme mit Ina?«

Klaus zuckte die Achseln. »Wie man's nimmt. Könnte besser laufen.«

Kammowski kannte Klaus seit der Grundschulzeit in Dinslaken. Sie waren in derselben Straße aufgewachsen, hatten zusammen die Frösche und Ringelnattern des Rotbachs das Fürchten gelehrt, hatten so manches illegale Feuer am Rheinufer abgefackelt und darin von den Feldern erbeutete Kartoffeln geröstet.

Diese unbeschwerte Zeit hatte ein Ende gefunden, als Klaus' Eltern, beide Lehrer, meinten, das humanistische Gymnasium in Duisburg sei besser für ihren Sohn, wohingegen Kammowski im deutlich näher gelegenen naturwissenschaftlichen Gymnasium von Dinslaken angemeldet wurde.

Aber Klaus und er hatten sich dennoch nie ganz aus den

Augen verloren. Nach der Schulzeit hatten sie zum Leidwesen der Eltern, die gravierende Gegenargumente vorbrachten (Klaus' Eltern) beziehungsweise mit Entzug von Liebe, Kontakt und Erbe drohten (Kammowskis Eltern), gemeinsam den Plan ausgeheckt, nach Berlin zu ziehen, um der westdeutschen Bundeswehr zu entgehen.

Klaus hatte Lehramt studiert und unterrichtete Deutsch und Geschichte an einem Berliner Gymnasium. Kammowski hatte es mit Jura versucht, war gescheitert und letztendlich bei der Polizei gelandet.

Klaus war so ziemlich der Einzige seiner Freunde aus der Jugendzeit, den er noch regelmäßig traf. Meist verabredeten sie sich auf ein Bier in ihrer Stammkneipe, dem Sandmann.

Klaus war intelligent, belesen, er sah gut aus und hatte Charisma, und doch hatte er mit den Frauen kein Glück. Oder zu viel Glück, wie man es nahm. Während Klaus wie jedermann mit den Jahren älter wurde, wenngleich er sich mit regelmäßigem Training einen stattlichen Muskelansatz und eine schlanke Statur bewahrte, blieben seine Frauen auf wundersame Weise immer im selben Alter – Mitte zwanzig. Sie waren jung, schön, in der Regel intelligent, aber doch wohl nie auf Augenhöhe. Oder, wenn man diese Wertung herausnehmen wollte: Sie waren Lebensabschnittspartnerinnen, die sich zwar parallel, aber doch in sehr unterschiedlichen Lebensabschnitten bewegten, was eine Zeit lang gut ging, bis ihnen klar wurde, dass aus dem Synchronspiel wohl nie ein gemeinsamer Weg werden würde. Irgendwann stellten die Frauen Ansprüche, die zu erfüllen er nicht gewillt oder nicht fähig war. Dann fiel ihm auf, dass der Altersunterschied doch recht groß war und dass sich das, was seine Frauen vom Leben erwarteten, nicht mit seinen Vorstellungen deckte. Er ging auf Distanz, dozierte über die Notwendigkeit der Erhaltung von Individualität und Unabhängigkeit in der Liebe und wurde am Ende verlassen. Kammowski hatte es noch nie erlebt, dass Klaus diesen Schritt einmal selbst getan hätte. Aber er machte auch keinen auf die jeweilige Partnerin zu. Es kam ihm nicht in den Sinn, dass Liebe auch Veränderung mit sich bringen musste, dass Kompromisse notwendig waren. Manchmal kamen die Frauen dann zu Kammowski, seinem besten Freund. Aber was hätte er tun können?

»Fragt sich jetzt nur, ob der Typ sie enttäuscht hat oder ob sie sich in dem Mann getäuscht haben, was aber letztlich aufs Gleiche rauskommt«, nahm Kammowski den Faden wieder auf und beendete das sechste Spiel endlich mit einem Sieg.

»Wie meinst du das denn?«, empörte sich Klaus und winkte Anke, der Bedienung, nach zwei weiteren Bier.

»Lass mal gut sein«, sagte Kammowski mit einem Blick auf die Uhr. »Ich muss morgen früh raus.«

»Was ist denn heute mit dir los?«, fragte Klaus.

»Mir steckt noch der Jetlag in den Knochen. Und ich bin, wie du weißt, ein hart arbeitender Kriminalbeamter und kein Lehrer ...«

»... der halbtags arbeitet und für ganztags Geld bekommt«, ergänzte Klaus grinsend. Er kannte die blöden Sprüche seines Freundes zur Genüge und nahm sie ihm nicht übel.

»Nein, wirklich. Ich muss morgen um acht im LKA sein. Wir sehen uns, grüß Ina von mir.« Kammowski stand auf, zahlte seinen Deckel und ging die fünfzehn Minuten zu seiner Wohnung in der Bergmannstraße. Erst als er die Haustür aufschloss, fiel ihm ein, dass der Gruß für Ina vielleicht nicht so passend gewesen war.

# 2

## MICHAEL

Sonntag, 9. Februar

Der junge Mann stolperte aus dem Zimmer auf den Flur hinaus und zog die Tür hinter sich zu. Dass sie nicht ganz ins Schloss fiel, registrierte er nicht. Tränen und Verzweiflung gaben seinem noch jungenhaften Gesicht etwas Fratzenhaftes. Der Hotelflur verengte sich röhrenförmig vor seinen Augen. Es war, als schwappten die Wände eines endlosen Tunnels in Wellen auf ihn zu. Orientierungslos tastete er sich voran, fast wäre er über seine eigenen Hosenbeine gestolpert. Er hatte vergessen, den Gürtel anzulegen, und nun geriet ihm die rutschende Hose unter die Füße. Hastig zerrte er sie wieder nach oben und hielt sie am Bund gerafft, während er sich mit der anderen Hand weiter die Wand entlangtastete. Er schnappte nach Luft. Wie aus weiter Ferne hörte er seine Atemzüge, unheimliche, maschinenartige Laute, die nichts mehr mit ihm und seinem Körper zu tun hatten. Die Atemnot nahm zu. Seine Hände kribbelten und verkrampften sich. Ein letzter Rest an Verstand sagte ihm, dass das nur eine seiner Panikattacken war. Er versuchte, seine Atmung zu zügeln. Aber die war im Moment komplett der willentlichen Steuerung entzogen. Irgendeine Art innerer Automat zwang ihm ein unmenschliches Tempo auf: Ein-Aus-Ein-Aus.

Eigentlich wusste Michael, was zu tun war: Sich laut und deutlich sagen, dass das hier nicht der Tod war, sondern nur ein lästiger Automatismus seines Körpers. Ein Relikt aus Zeiten, als der Mensch noch Beutetier war und sich nur mit Aufbietung letzter Adrenalinreserven vor dem Tod retten konnte.

In derartigen Situationen war es ja durchaus sinnvoll, wenn sich das Herz beschleunigte und alle Energiereserven in die Muskeln gepumpt wurden. Aber in einem Berliner Hotel war diese Art von Automatismus in der Regel komplett überflüssig, denn die Herausforderungen und Komplikationen des modernen Lebens waren meist nicht mit einer Adrenalinflut zu beherrschen.

Er musste endlich langsamer atmen: Einundzwanzig, einatmen, zweiundzwanzig, ausatmen … diesmal gelang es ihm besser, die Atmung zu steuern. Jetzt nur rasch raus an die frische Luft.

Er war am Fahrstuhl angekommen. Wo war die Treppe? Die Vorstellung, jetzt im engen Lift fahren zu müssen, ließ seine Panik erneut aufflackern.

Er drehte sich einmal um die eigene Achse, konnte aber das Treppenhaus nicht finden. War das etwa am anderen Ende des Flurs?

Unvermittelt öffnete sich die Fahrstuhltür. Fast wäre er mit einem älteren Mann zusammengestoßen. Einen Moment lang kamen sie einander ganz nah, erschraken, und der junge Mann meinte, einen strengen Atem wahrzunehmen, der ihn instinktiv zurückweichen ließ. Aber er hätte, wenn man ihn später dazu befragt hätte, nicht sagen können, wie dieser Mann ausgesehen hatte, noch, wie er gerochen hatte; er hätte sich wohl nicht einmal an den Zwischenfall selbst erinnert.

Der Schmerz, den Kai ihm soeben zugefügt hatte, hatte die Welt zum Stillstand gebracht. Und als sie sich wieder zu drehen begann, war nichts mehr wie vorher gewesen. Nun irrte er durch die klirrend kalte Nacht, die von einem fernen Vollmond in ein fahles Licht getaucht wurde. Jeder seiner immer noch heftigen Atemzüge schmerzte wie tausend kleine Messerstiche in der Lunge, aber die Kälte ließ ihn etwas klarer werden. Da endlich stieg Wut in ihm hoch, und er schwor sich nicht zum ersten Mal, dass er nie wieder auf diesen Scheißkerl hereinfallen würde.

Michael irrte ziellos durch das nächtliche Berlin. Immer noch liefen Tränen über seine Wangen, war sein Gesicht vor Kummer verzerrt. Passanten sahen ihm neugierig oder mitleidig nach. Er merkte es nicht.

Bei dem Telefonat am Nachmittag hatte Kai ihn wieder einmal um den Finger gewickelt. Er hätte es wissen können und müssen. Wieder und wieder hatte sich das nun schon so oder so ähnlich abgespielt. Aber auch diesmal hatte er wohl nur das herausgehört, was er hören wollte. »Die Liebe urteilt nicht, und sie trägt nichts nach«, hatte er einmal gelesen. Das hatte ihm gefallen, und so hatte er sich nach jeder Enttäuschung wieder auf ihn eingelassen, hatte seine eigenen Gefühle auf sein Gegenüber projiziert und gehofft, dass es diesmal anders sein würde.

Aber heute war Michael sich so sicher gewesen. Kai schien endlich verstanden zu haben, dass es hier um ihre Liebe ging!

Den restlichen Tag war er in Hochstimmung gewesen. Er hatte die Arbeit in der Fahrradwerkstatt früher beenden können, er hatte ja genügend Überstunden und einen netten Chef. Im Winter war ohnehin nicht so viel zu tun. Er hatte an gar nichts anderes denken können als an Kai. Wie schön er war in seinen eleganten Anzügen mit dem gut trainierten Körper! Nach außen wirkte er selbstsicher und dominant, und in Wirklichkeit war er so empfindsam und anschmiegsam. Nie hätte man vermutet, dass er beim Liebesspiel lieber die passive Rolle einnahm. Vielleicht brauchte er das auch als Ausgleich für seine Rolle im Beruf, in der ja Dominanz erwartet wurde. Ihm hatte das gefallen. Die meisten Männer hatten in ihm, Michael, eher den passiven Partner gesehen. Dass er bei Kai meist die Führung übernehmen durfte, hatte ihn dem verhängnisvollen Irrtum erliegen lassen, dass er auch in der Beziehung selbst etwas mitzureden hatte.

Er kaufte einen ordentlichen Sekt, er wollte schließlich auch etwas beitragen zum Tête-à-Tête. Kai zahlte stets das Zimmer. Dann ging er nach Hause, badete ausgiebig, rasierte sich am ganzen Körper, benutzte ein Aftershave, von dem er wusste, dass Kai es gut an ihm leiden konnte, zog sich sorgfältig an. Kai hasste es, wenn man nachlässig gekleidet war. Schließlich machte er sich zum Treffpunkt auf. Wie schade, dass sie sich immer heimlich in einem Hotel trafen. Aber er musste zugeben, seine Wohnung entsprach nicht ganz Kais Ansprüchen, und bei ihm konnten sie sich ja nicht treffen.

Aber das sollte jetzt anders werden! Sonst hätte Kai heute nicht angerufen.

»Ich bin so glücklich, dass du es dir anders überlegt hast«, hatte Michael geflüstert, als Kai die Zimmertür öffnete und ihn anlächelte. Statt einer Antwort hatte Kai ihn beim Nacken gepackt, ihn an sich gezogen, hatte ihn geküsst und seinen Gürtel mit eiligen Griffen geöffnet. Als der Ledergürtel mit der metallenen Gürtelschnalle voraus zu Boden fiel und dabei ein leises Klacken von sich gab, war er schon nicht mehr Herr seiner Gedanken und Gefühle gewesen.

Später tranken sie von dem Sekt, rauchten, alberten herum und lagen sich schließlich träge und schläfrig in den Armen.

»So müsste es jeden Abend sein«, sagte Michael träumerisch, »wir lieben uns und gehen dann gemeinsam ins Bett.«

»Genau, und dann liest du mir noch eine Gutenachtgeschichte vor und schaukelst mich in den Schlaf.«

Michael lächelte, und in Ermangelung eines besseren Lesestoffs angelte er die Gideon-Bibel, die in allen Hotels dieser

Welt wohl zu finden ist, aus dem Nachtschrank und schickte sich an, daraus vorzulesen, was Kai aber lachend zu verhindern wusste, indem er versuchte, ihm das Buch aus der Hand zu schlagen. Bei der Rangelei stießen sie den Nachttisch um, der polternd auf der Seite aufschlug.

»Das lass mal lieber, du weißt, was der Papst von uns schwulen Sündern sagt.«

Michael hätte nicht zu sagen gewusst, wann sie das letzte Mal gemeinsam so ausgelassen gewesen waren. Daher traf ihn Kais Antwort auf seine Frage, ob sie jetzt schlafen oder lieber noch etwas unternehmen wollten, wie ein Fausthieb mitten in den Magen.

»Ich muss jetzt nach Hause. Meine Frau hat das mit uns herausgefunden, und ich musste ihr versprechen, die Sache zu beenden.« Und als er merkte, wie sehr Michael diese Worte trafen, setzte er mit betonter Härte in der Stimme nach: »Jetzt starr mich nicht so an. Du weißt doch, wie es ist. Wir können nicht einfach so weitermachen. Es ist zu gefährlich geworden. Das hier sollte unser Abschiedstreffen sein.«

»Soll das heißen, dass du dich gar nicht von ihr trennen wolltest?«, flüsterte Michael entgeistert. »Aber warum hast du dich dann heute wieder mit mir getroffen? Wie kannst du mir das antun? Ich habe dir gesagt, dass ich dich nur wiedersehen will, wenn du endlich zu uns stehst!« Er hatte Kai jetzt am Arm ergriffen und schüttelte ihn, doch Kai war bedeutend kräftiger als der androgyne Michael und wehrte ihn mit Leichtigkeit ab. Die Kälte, die jetzt aus Kais stahlblauen Augen sprach, während er sich eine Zigarette anzündete, brachte Michael gänzlich zum Verstummen.

»Reiß dich zusammen, und hör auf, dich wie ein Kind zu benehmen!«, herrschte Kai ihn an. »Werde endlich erwachsen! Wir hatten unseren Spaß, aber ich habe keine Lust auf jemanden, der klammert. Du kannst doch nicht ernsthaft geglaubt haben, dass ich mich mit einem wie dir länger abgebe. Ich kann es mir in meiner Stellung nicht erlauben, mich öffentlich mit einem kleinen Strichjungen sehen zu lassen. Und wegen dem bisschen Sex werde ich gewiss nicht meine Karriere und meine Ehe aufs Spiel setzen.«

Er musterte Michael von oben bis unten, als wolle er seinen Wert abschätzen. »Ich glaube, du verpisst dich jetzt besser, und ruf mich nicht noch mal an, wir sind fertig miteinander!«

# 3

## KARL-HEINZ PETERS

Sonntag, 9. Februar

Karl-Heinz Peters konnte nicht schlafen. Obwohl er seit Jahren so tat, als bekäme er von den Eheproblemen seiner Tochter nichts mit, hatte er bei seinen Besuchen alles registriert. Er hielt allerdings nichts davon, sich ungefragt in die Probleme anderer einzumischen.

Karl-Heinz Peters war in der DDR aufgewachsen. Als Funktionärssohn hatte er in Moskau studiert und später einige Jahre bei der Stasi gearbeitet. Aufgrund seiner exzellenten Sprachkenntnisse – er sprach fließend Russisch und Arabisch und ganz gut Farsi – war er später für die Regierung der DDR im Außenhandel tätig gewesen. Er war »Reisekader«, und so lebten sie wahrlich nicht schlecht. Nach der Wende gab er sich keinen Illusionen hin: Mit seiner Vergangenheit sah er für sich im Staatsdienst des vereinten Deutschland keine Chancen. Aber er hatte noch viele Kontakte in der ehemaligen Sowjetunion und im Irak. Also hatte er sich selbstständig gemacht und vermittelte seither den ehemaligen Partnerländern Reparaturen und Neubauten industrieller Großanlagen, vor allem Kraftwerke. Karl-Heinz Peters war auch im neuen Deutschland sehr erfolgreich. Allerdings lebte er kaum noch hier. Nach dem Tod seiner Frau hatte er aus steuerlichen Gründen seinen Wohnsitz in den Irak verlegt. Er kam nur noch zu Besuch und wohnte dann bei einer seiner Töchter. Die eine lebte in Stuttgart, die andere in Berlin.

Jetzt war er seit drei Wochen in Berlin, und was er beobachtete, gefiel ihm nicht. Die letzte Woche hatte er Olga und

Kai immer wieder streiten gehört. Dann war sein Schwiegersohn kaum noch nach Hause gekommen. Seine Tochter war mit verquollenen Augen herumgelaufen, was sie mit einer Allergie erklärte. Aber er hatte Augen und Ohren im Kopf.

Sein Schwiegersohn hatte ihm noch nie besonders gefallen, aber keiner seiner Schwiegersöhne gefiel ihm. Welcher Vater konnte sich schon mit seinen Schwiegersöhnen anfreunden, das sah er realistisch. Doch dieser Kai war ihm von Beginn an suspekt gewesen. Er war ihm geradezu körperlich unangenehm. Nach außen war er freundlich, höflich, zuvorkommend, auch ihm gegenüber. Aber seine Augen sprachen oft eine andere Sprache. Ihn, Karl-Heinz Peters, konnte man nicht täuschen. Da hatte er es schon mit ganz anderen Kalibern zu tun gehabt. Natürlich hatte er alte Kontakte genutzt und ihn überprüfen lassen, aber nichts Gravierendes gefunden und es dann aufgegeben.

Und in den ersten Jahren der Ehe war seine Tochter ganz offensichtlich glücklich gewesen. Sie bekamen drei reizende Kinder. Kai war ehrgeizig. Er hatte sich vom Steuerberater zum Geschäftsführer eines großen Klinikkonzerns hochgearbeitet und verdiente nicht schlecht. Das musste man ihm lassen. Er hatte dieses teure Haus hier in Potsdam gekauft, und mit den Kindern ging er liebevoll um – wenn er mal da war. Aber dafür hatte Peters Verständnis. Ein Mann, der sich eine Karriere aufbauen wollte, konnte seine Zeit nicht auf dem Spielplatz vergeuden. Auch er hatte die Kindererziehung seiner Frau überlassen, und für ihn war es selbstverständlich, dass seine Tochter nach der Geburt des ersten Kindes ihre Arbeit als Übersetzerin weitgehend aufgegeben hatte und sich nur noch um die Familie kümmerte.

Aber zwischen den beiden stimmte es nicht mehr, da war er sich inzwischen sicher. Heute Abend war Kai wieder weggefahren, angeblich, um noch zu arbeiten. Am Sonntagabend, wer sollte das glauben? Kurze Zeit später hatte er gehört, wie auch seine Tochter das Haus verließ. Gut, dass die Kinder nichts mitbekamen, die schliefen. Und wie gut, dass er da war, die konnten doch nicht einfach beide wegfahren und die Kinder alleine lassen, ohne das mit ihm abzusprechen! Das war auch nicht Olgas Art. Peters war jetzt aufs Höchste alarmiert.

Er streifte durch das Haus auf der Suche nach Hinweisen. Nach kurzem Zögern nahm er sich auch Olgas Schreibtisch vor. Er war es gewohnt, vorsichtig zu sein, sie würde nichts bemerken. Er wusste, wonach er suchte. Olga schrieb seit ihrer Jugend Tagebuch. Doch dann fiel ihm ein achtlos in die Schublade geworfener Briefumschlag in die Hände. Ohne zu zögern, öffnete er ihn. Er enthielt Fotos und die Visitenkarte eines Privatdetektivs Ostermeier.

»Ts, ts, ts«, zischte Peters leise durch die Zähne. Da hatte er doch in die Vollen getroffen.

Offenbar hatte Olga Kai beschatten lassen. Kluges Mädchen. Aber was dieser Privatdetektiv Ostermeier herausgefunden hatte, schlug dem Fass den Boden aus. Die Fotos zeigten seinen lachenden Schwiegersohn im Park spazieren gehend, eng umschlungen mit einem deutlich jüngeren Mann.

Karl-Heinz Peters schoss das Blut in die Schläfen, seine Beine begannen zu zittern. Er zog den Schreibtischstuhl zu sich heran und ließ sich darauf fallen. Sein Schwiegersohn trieb sich mit Männern herum! Das erklärte einiges, für das er in den letzten Jahren keine Erklärung gehabt hatte. Er hatte es doch gewusst, mit dem Kerl stimmte etwas nicht. In Karl-Heinz Peters stieg kalte Wut auf.

# 4

## KAI STEINKOPF

Montagfrüh, 10. Februar

Kai Steinkopf atmete einmal kräftig durch und schüttelte sich, als wolle er die leise Reue von sich werfen, die sich seiner bemächtigt hatte, nachdem der Kleine aus dem Zimmer gestürmt war.

Was er von Michael gewollt und eine Zeit lang bekommen hatte, war ein bisschen Spaß, ein wenig Entspannung und guten Sex. Von Liebe war nie die Rede gewesen. Was der sich alles zusammengesponnen hatte von einem gemeinsamen Leben. Kai war doch nicht einer von Michaels Kumpanen von der Straße.

Kai nahm einen tiefen Zug aus seiner Zigarette. Auch so ein Laster, das er endlich ablegen sollte. Ihm fiel ein, dass er noch kein Insulin gespritzt hatte. Rasch berechnete er im Kopf die Menge, die notwendig war, um den Zuckergehalt des Sekts auszugleichen, und addierte noch ein paar Einheiten hinzu, denn er hatte beschlossen, beim Griechen um die Ecke noch etwas zu essen, bevor er nach Hause ging.

Kai war seit der Kindheit Diabetiker. Es gab Schöneres, aber er hatte sich damit abgefunden, und es war ihm so selbstverständlich geworden wie das Zähneputzen. Er trat mit dem Insulininjektor ans Fenster, wo das Licht der Straße ihm half, die richtige Dosis einzustellen. Dann stach er sich die dünne Kanüle in den linken Oberarm, steckte anschließend die rote Verschlusskappe aus Plastik, die er im Mund gehalten hatte, wieder auf die Spitze, warf den Injektor auf das Tischchen, drückte ein Papiertaschentuch auf die Einstichstelle und stellte sicher, dass sich kein Blutstropfen gebildet hatte, der später sein Hemd beschmutzen könnte.

Gedankenverloren blickte er auf die Straße hinunter, die um diese Uhrzeit noch recht bevölkert war. Das Hotel lag mitten im Zentrum Berlins. Des alten Westzentrums, unweit des Zoos. Heute gab es ja mindestens zwei Zentren in Berlin. Aber eigentlich war die Stadt schon immer in Kieze eingeteilt, jeder ein Kosmos für sich, jeder mit einem eigenen »Zentrum«, und wenn man es nicht darauf anlegte, musste man vom Nachbarkiez nichts mitbekommen. Ein Gefühl der Einsamkeit überfiel ihn. Er schob es energisch von sich und wandte sich rasch anderen, wichtigeren Gedanken zu.

Was war das gerade für ein Geräusch gewesen? Als sei jemand im Zimmer. Er hielt den Atem an und lauschte in die Dunkelheit. Da war nichts! Aber hatte er die Tür zum Bad nicht geschlossen? Jetzt stand sie offen.

»Fange ich jetzt schon an zu spinnen?«, rief er sich selbst zur Räson. Er verachtete sich für seine Ängstlichkeit in solchen Dingen. Seit der Kindheit kämpfte er gegen Ängste an, Angst vor Dunkelheit, Angst vor dem Alleinsein, vor dem Verlassenwerden, davor, der Schwächere zu sein, Angst vor Schmerz, und er zwang sich unter Aufbietung aller Willensstärke und Härte, die inzwischen einen wesentlichen Teil seines Charakters ausmachten, dem drängenden Gefühl, das Licht anzuschalten und im Bad nachzusehen, nicht nachzugeben. Da war nichts! Das war alles ein Produkt seiner Einbildung.

Er wandte sich wieder dem Fenster zu. In diesem Moment hörte er es wieder, ein schnarrendes Geräusch, wie wenn eine Peitsche die Luft zerteilt und sie zum Singen bringt. Als Nächstes fühlte er den Gurt um seinen Hals. Instinktiv griff er mit beiden Händen danach, versuchte, die Finger unter das

Band zu bringen. Es gelang ihm nicht. Der Ledergurt lag straff an und wurde zugezogen, schnitt ihm schmerzhaft in die Haut, zerquetschte den Kehlkopf und nahm ihm den Atem. Verzweifelt ruderte er mit den Armen und versuchte, etwas hinter sich zu packen – vergeblich.

»Das kann nicht sein, nicht mir, nicht jetzt, so helft mir doch!«, wollte er schreien, brachte aber nur ein heiseres Röcheln hervor. Der Kopf schien ihm platzen zu wollen, die Augen wurden aus dem Schädel gedrückt, und der Lufthunger wollte die Bronchien zerreißen. Als ihm klar wurde, dass er nichts tun konnte, als sich dem Unvermeidbaren hinzugeben, war es ihm fast wie eine Erleichterung – der Schmerz ließ endlich nach.

# 5

## KAMMOWSKI

### Montag, 10. Februar

Kammowski erwachte noch vor dem Wecker. So war das immer, im Urlaub konnte er ohne Probleme bis zum Mittag schlafen, doch wenn er zur Arbeit musste, wachte er pünktlich auf. Auf seine innere Uhr war Verlass. Außerdem hasste er es, morgens in Hektik aufzubrechen. Er brauchte seinen Milchkaffee, seine zwei Brötchen – eins mit Honig, eins mit Wurst – und seine »stille Stunde« mit der Zeitung. Auf dem Weg zum Bäcker fiel Kammowski ein, dass er eigentlich gestern beschlossen hatte, wieder eine Diät-Phase einzulegen.

Das Handy klingelte. Er brauchte nicht aufs Display zu sehen, um zu wissen, wer anrief. Um diese Zeit konnte es nur Elly sein. Wie immer bewies seine Ex-Frau einen untrüglichen Instinkt, ihn genau dann anzurufen und mit Vorhaltungen zu überfallen, wenn er es am wenigsten gebrauchen konnte. Nun ja, gelegentlich ließ er die Erkenntnis zu, dass es ihm eigentlich nie passte. Doch heute war kein Tag für Selbstkritik. In einer Anwandlung von Trotz drückte er den Anruf weg. Einen Vorteil musste die Trennung, die sie und nicht er gewollt hatte, ja auch für ihn haben. Er konnte die Elly-Einheiten dosieren und ein wenig steuern. Sofort überfiel ihn ein schlechtes Gewissen. Was, wenn den Kindern etwas zugestoßen war? Dann würde sie noch einmal anrufen, beruhigte er sich.

Hauptkommissar Mathias Kammowski war ein kräftiger, eins achtzig großer Mann, der seit Jahren zwischen stattlicher

Figur und Übergewicht schwankte, dem er durch regelmäßige Nulldiäten entgegenzuwirken suchte. Er war sich im Klaren darüber, dass das nicht die gesündeste Methode war und es klüger wäre, wenn er seine Essensgewohnheiten umstellte, aber das lag ihm nicht. Für ihn kam es nicht infrage, wochenlang Knäcke und Rohkost zu essen. Er liebte es, sich satt zu essen, liebte das Gefühl der trägen Überfüllung, gepaart mit einem Hauch schlechten Gewissens, das nur ein gehaltvolles Essen mit viel Fleisch und Fett hinterlassen konnte. Elly hatte vergeblich versucht, ihm maßvolles und gesundes Essen beizubringen.

»Ich bin eben ein Löwe«, hatte er ihr entgegnet, auf sein Sternzeichen anspielend. »Die können auch tagelang in der Sonne liegen und dann eine ganze Gazelle fressen.«

In den ersten Jahren ihrer Ehe hatte sie dann zärtlich in seine Speckrollen gekniffen und gesagt: »Da habe ich aber einen wohlhabenden König mit vielen Gazellen.« Später hatte sie nur die Augen verdreht und sich genervt abgewandt.

Vor- und Nachteile kurz abwägend, kam er zu dem Schluss, dass es keinen Grund gab, die Sache mit der Diät zu überstürzen. Die nächste Woche wäre dafür genauso geeignet. Außerdem waren seine Freunde an eine Abschiedseinladung gewöhnt. Bevor er sich in Askese begab, lud er sie gerne zu einem üppigen Mahl ein. Die Rituale des Lebens sollte man nicht ohne Not aufgeben. Sie waren es schließlich, die dem Leben den sicheren Rahmen gaben. Und die Devise des ersten Tages nach dem Urlaub lautete: keine Extravaganzen, einfach nur überleben.

So gestattete er sich ein ausgiebiges Frühstück, kümmerte sich um Kater Churchill, der angesichts des pünktlichen Futters und des morgendlichen Fellstriegelns geneigt schien, Vergebung zu gewähren. Während seines Urlaubs hatte die

Nachbarin sich um den Kater gekümmert. Das tat sie stets mit großer Sorgfalt, Umsicht und frischem Tatar, aber Churchill war trotzdem immer einige Tage beleidigt.

Auf dem Flur des LKA 1 kam ihm Manfred Thomandel, sein Chef und Abteilungsleiter, entgegen und dirigierte ihn hektisch in sein Büro. »Wie war denn der Urlaub?«, fragte er, fuhr dann aber ohne eine Antwort abzuwarten fort: »Kammowski, ich habe dir die Neue zugeteilt. Sie ist seit einer Woche da. Wir hatten noch wenig Gelegenheit, uns groß um sie zu kümmern. Sie heißt Svenja Hansen. Sei nett zu ihr.« Und schon schob er ihn, gleichsam wiederum keine Antwort duldend, vor die Tür. »Wir sehen uns gleich bei der Morgenbesprechung, ich muss vorher noch ein Telefonat führen. Ach ja«, rief er ihm hinterher, »wir mussten sie in dein Büro setzen, ging wirklich nicht anders.«

Kammowski war sauer. Er fühlte sich überrumpelt und hatte nicht die geringste Lust, einen Neuling vorgesetzt zu bekommen. Er hatte in seinen knapp dreißig Berufsjahren oft genug den »Bärenführer« gemacht. So nannten sie das, wenn ein Neuer einem alten Hasen zugeordnet wurde. An sich eine sinnvolle Sache. Aber warum sollte das schon wieder er sein? Und dass er nun auch noch sein Allerheiligstes mit ihr teilen sollte, war die Höhe.

Eigentlich teilten sich beim LKA 1 die Kollegen ihre Büros zu zweit oder zu dritt. Einige Dezernate arbeiten sogar in Großraumbüros. Nur dem Abteilungschef stand ein eigenes Büro zu. Aber Kammowski hatte sich dieses Privileg so lange beharrlich erstritten, bis es ein unausgesprochenes Gesetz geworden war. Nicht, dass er nicht auch mit Kollegen zusammengearbeitet hätte. Das war gar nicht anders möglich, Polizeiarbeit ist Teamarbeit, und er war ein guter Polizist, er wurde respektiert und kam gut mit seinen Kollegen aus. Außerdem waren die meisten Büroräume ohnehin durch Zwischentüren verbunden, die in der Regel offen standen. Aber man hätte sie eben auch mal schließen können. Und er konnte es nicht leiden, wenn man sich zu nahe auf die Pelle rückte. Er wollte weder die Leberwurstbrote der Kollegen riechen noch an der Aufzucht diverser Grünpflanzen beteiligt werden und schon gar nicht vor zwölf Uhr in unnötige Gespräche über missratene Kinder, undankbare Ehefrauen oder nächtliche Eroberungen verwickelt werden. Kammowski war kein Morgenmuffel, nein, so sah er sich überhaupt nicht. Er lehnte es nur ab, am frühen Morgen mit den Gedanken, Ausdünstungen und dem Lärm anderer Menschen behelligt zu werden. Deshalb vermied er es auch nach Möglichkeit, mit der U-Bahn zu fahren. Stattdessen bewältigte er die knapp sechs Kilometer von seiner Wohnung bis zur Keithstraße in aller Regel bei jedem Wetter mit dem Rad. Und eben deshalb wünschte er sich sein eigenes Büro.

Ohne zu grüßen, betrat er das Büro und starrte auf den zweiten Schreibtisch, den man während seiner Abwesenheit in seinem Büro platziert hatte. Langsam wanderte sein Blick vom Schreibtisch zu der jungen Frau, die dahintersaß. Er sagte immer noch nichts.

»Guten Morgen«, strahlte die neue Kollegin ihn an und sprang von ihrem Stuhl auf. »Ich bin Svenja Hansen, ich freue mich, Sie kennenzulernen, darf ich du sagen?«

Kammowski erstarrte. Natürlich duzte man sich bei der Polizei, das war beim LKA 1 nicht anders als bei vermutlich allen anderen Abteilungen und Dezernaten. Aber dieses Kind war mindestens dreißig Jahre jünger als er. Da stand es ihm ja wohl zu, ihr das Du anzubieten, und nicht umgekehrt. Bevor er eine Antwort geben konnte, stürmte Kollege Werner herein.

»Habt ihr euch schon bekannt gemacht? Svenja, das hier ist Hauptkommissar Mathias Kammowski. Mathias, das ist die frischgebackene Kommissarin Svenja Hansen. Sie hat soeben die Polizeischule als Jahrgangsbeste abgeschlossen.«

Kammowski gab Svenja die Hand, rang sich ein »Herzlich willkommen« ab, und gemeinsam mit Werner machten sie sich auf in den Seminarraum zur Morgenbesprechung. Auf die Frage Svenjas war er nicht eingegangen. Aber das interessierte niemanden. Es blieb fortan einfach beim Du.

# 6

## LKA

Montag, 10. Februar

Manfred Thomandel leitete die Morgenbesprechung routiniert und zügig. Eine vermisste Vierzehnjährige, ein unbekannter Toter im Kleistpark, eine Anzeige wegen Kindesmisshandlung, eine Messerstecherei zwischen zwei Jugendbanden, bei der ein Betroffener schwer verletzt wurde, und ein Toter in einem Hotel in der Potsdamer Straße.

»Sieht nach einem unbeabsichtigten Tod durch autoerotische Handlungen aus«, sagte Thomandel. »Die Kollegen von der Ersten Inspektion sind schon vor Ort.«

Die Erste Inspektion, das waren Polizisten, die im Zwölfstundendienst allen akuten Meldungen nachgingen, den Tatort absicherten, erste Befragungen durchführten und auch Fotos machten. Falls der Verdacht einer Straftat bestand, wurde die Kriminaltechnische Untersuchung des Landeskriminalamts eingeschaltet, die ein erkennungsdienstliches Team zusammenstellte, das alle Beweisstücke am Tatort sicherte und wiederum Fotos machte. Bei Tötungsdelikten wurde parallel die Mordkommission benachrichtigt.

Kammowski musterte nun verstohlen seine neue Partnerin, die eifrig bemüht schien, jedes Wort von Thomandel mitzuschreiben. Sie war groß, bestimmt eins fünfundsiebzig, schlank, lange Beine, gute Figur. Ihr feines, blondes, fast weißes Haar trug sie kurz geschnitten, ein schöner Rahmen für ihr Gesicht. Ihre Haut wirkte irgendwie durchsichtig, und sie trug offenbar kein Make-up, das stand ihr sehr gut.

»Ganz schön sexy, was? Was meinst du, hat sie ein Tattoo?

Oder ein Bauchnabel-Piercing«, feixte Hartmann, der neben ihm saß und offenbar seinen Blicken gefolgt war.

Hartmann war ein sexistisches Arschloch, da gab es nichts. Kammowski tat so, als hätte er ihn nicht gehört, und interessierte sich plötzlich für die Details des unbekannten Toten im Kleistpark. Wach wurde er aber erst wieder, als er Thomandel sagen hörte: »Kammowski, du übernimmst bitte den Toten im Hotel, und du, Svenja, schließt dich ihm an. Und seid bitte so nett und macht mal einen Besuch in der Leydenallee, das ist die Adresse der fraglichen Kindesmisshandlung. In der 125er haben sich heute mehrere Kollegen krankgemeldet, und wir wurden um Unterstützung gebeten.«

Na toll, Kammowski hatte gehofft, den ersten Tag nach dem Urlaub erst einmal mit dem Auffrischen von Sozialkontakten verbringen zu können. Und nun hatte er nicht nur einen möglichen Mord, sondern auch noch die Vertretung der Abteilung 125, »Gewaltdelikte an Schutzbefohlenen und Kindern«, und die Neue an der Backe.

Das Hotel Aurora glich bereits einem Bienenschwarm. Es war ein kleines Hotel, zwanzig Zimmer auf vier Etagen verteilt. Der Empfangstresen links am Eingang erweiterte sich im hinteren Bereich zu einer kleinen Bar mit drei Barhockern am Tresen, dahinter eine Nische mit vier kleinen Tischen und Clubsesseln. Gegenüber dem Foyer, von diesem mit einer Glasfront abgetrennt, mit Fenstern zur Straße hin, lag der Frühstücksraum des Hotels. Wenige Hausgäste steckten dort aufgeregt die Köpfe zusammen. So ein Todesfall sprach sich rasch herum. Hinter dem Empfangstresen, und nur von dort zu begehen, lag ein kleiner Büroraum für das Personal.

Peter Olschewski von der Ersten Inspektion empfing sie in der Bar. »Ihr könnt noch nicht rein, die KTU ist noch zugange.«

Kammowski ließ sich auf einen der Ledersessel fallen, lud die anderen mit einer Geste ein, es ihm gleichzutun, und stellte Svenja vor. Dann berichtete Olschewski, was er und sein Team bislang in Erfahrung gebracht hatten.

Der Tote war gegen sieben Uhr vom Zimmermädchen gefunden worden. Sie hatte die Hotelleitung informiert und diese die Polizei. Außer dem Zimmermädchen, der Hotelleitung und der Polizei hatte niemand den Tatort betreten, der inzwischen abgesperrt war.

Bei dem Toten waren seine Kleidung, Papiere, EC- und Kreditkarten und sein Handy gefunden worden, außerdem etwas Geld. Es handelte sich um den achtundvierzigjährigen Kai Steinkopf, wohnhaft in Potsdam. Der Tod war vermutlich durch Strangulation herbeigeführt worden.

Kammowski bedankte sich bei Olschewski für den Bericht und fragte, ob er schon das Personal am Empfang gesprochen habe. »Nein, wir haben bisher nur die Personalien aufgenommen.«

»Dann lass uns mal mit dem Mann sprechen.«

Der Portier berichtete, der Gast habe das Zimmer für eine Nacht gemietet, sei aber kein Unbekannter gewesen. Er sei immer alleine gekommen, stets für eine Nacht, aber selbstverständlich wisse er nicht, ob er auch alleine geblieben sei. Das Hotel lag unweit des Straßenstrichs und war bei der Polizei einschlägig bekannt, Touristen verirrten sich eher aus Versehen hierher – wenn sie auf ihren nächtlichen Berlin-Touren zufällig auf die Bar des Hotels stießen, die rund um die Uhr geöffnet war und nachts vom Portier mitversorgt wurde.

»Haben Sie gestern etwas beobachtet, das dafür sprach, dass der Mann nicht alleine war?«, fragte Svenja den Portier.

»Ich spioniere meinen Gästen doch nicht nach«, empörte sich dieser. »Außerdem hatte ich gestern Abend keinen

Dienst. Da müssen Sie schon meinen Kollegen fragen. Der kommt aber erst um 22 Uhr wieder.«

»Dann sehen wir uns jetzt mal den Tatort an, die Marsmenschen scheinen die Erde wieder verlassen zu wollen«, meinte Kammowski mit einem Blick auf einen der KTU-Beamten, der in seinem weißen Schutzanzug mit zwei Koffern soeben die Treppe herunterkam.

# 7
## KAMMOWSKI & SVENJA
Montag, 10. Februar

Die Leiche blickte sie aus blutunterlaufenen, unnatürlich weit aus den Höhlen herausgetretenen, wasserblauen Augen reglos an. Der Mann hing mehr, als dass er saß, auf der dem Eingang abgewandten Längsseite des Kingsize-Betts. Der Kopf war ungesund überstreckt und verdreht. Um den Hals des Mannes war ein dünner Ledergurt geschlungen, dessen Ende um den Metallrahmen des Bettkopfteils gespannt war. Offenbar hatte das Eigengewicht des Körpers zur Strangulation geführt. Die Gesichtsfarbe des Toten war dunkel, das Gesicht wirkte aufgequollen, eine tiefblaue, fast schwarze Zunge quoll übergroß aus dem Mund und verlieh dem Gesicht etwas Groteskes, Clownartiges.

Von dem Toten ging ein stechender Geruch aus. Der Mann war nackt, und unter seinem Körper hatte sich eine Lache von Urin angesammelt.

»Sieht aus wie ein Tod durch autoerotische Handlungen«, sagte Olschewski, der ihnen gefolgt war. »Manche finden das ja geil, sich selbst bis knapp vor die Bewusstlosigkeit zu strangulieren. Gab es da nicht vor einigen Jahren einen Popstar, der sich auch auf diese Art aus Versehen aus dem Leben befördert hat?«

»Habt ihr sonst schon was gefunden?«, unterbrach ihn Kammowski, der so einen saloppen Ton nicht mochte, aber wusste, dass sie alle ihn oft brauchten, um all die Scheiße, mit der sie durch die Arbeit konfrontiert waren, nicht zu nah an sich herankommen zu lassen.

»Seine Sachen sind alle da, auch Geld und Kreditkarten, Smartphone. Hier auf dem Tisch stehen noch zwei Gläser und eine Flasche Schampus. Er war offensichtlich nicht alleine. Und einer der Beteiligten muss Diabetiker gewesen sein. Neben der Sektflasche liegt ein Insulininjektor. Der Eingangsbereich des Hotels ist videoüberwacht. Auch der Notausgang zum Hof führt durch die Lobby. Da hätten wir jeden Gast, der ein oder aus geht, eigentlich draufhaben müssen. Aber das Teil ist seit einigen Wochen defekt.« Er zuckte resigniert die Schultern. »Unter der Kofferablage des Zimmers haben wir den Deckel eines Objektivs gefunden, aber keinen Fotoapparat. Der kann da allerdings auch schon vor längerer Zeit von einem Touristen vergessen worden sein.«

»Fingerabdrücke?«

»Guten Morgen, Kammowski«, mischte sich jetzt Susanne Pötters von der Abteilung Kriminaltechnische Untersuchung ein. »Wie viele willst du denn?«

»Wenn möglich nur die des Täters, meine Liebe.«

Kammowski mochte Susanne, hatte vor einigen Jahren auch mal mit ihr geflirtet, aber da war er noch mit Elly zusammen und trotz aller Probleme nicht ernsthaft auf Brautschau gewesen. Inzwischen war Susanne verheiratet, hatte zwei Kinder, und er war geschieden. Mit manchen Menschen stimmte das Timing einfach nicht.

»Nun ja, mein Lieber«, ging Susanne auf das Spiel ein, »ich kann dir hier mindestens fünfunddreißig verschiedene liefern, da sind bestimmt ein paar Täter dabei. Was glaubst du, wo du hier bist? Die schicken nicht jeden Tag ein Hygieneteam durch die Räume. Und ich vermute, der eine oder andere hat schon mal seine Spuren bei uns hinterlassen.«

Kammowskis Blick schweifte durch den für ein modernes Hotelzimmer recht großen Raum und verharrte an dem kleinen Tisch, auf dem die geöffnete Flasche Sekt und zwei Gläser standen. »Wie viele hast du auf den Gläsern gefunden?«

»Bericht kommt heute Nachmittag«, gab Susanne zurück. »Scheint aber so, als wäre er gestern Abend nicht alleine gewesen.«

»Wäre ich jetzt nicht draufgekommen«, grummelte Kammowski.

»Du musst auch immer das letzte Wort haben«, sagte Susanne lachend, warf ihm eine Kusshand zu und wandte sich ab.

»Ach übrigens.« Sie drehte sich im Gehen noch einmal um. »Der Mann hat vor seinem Tod noch gebeichtet.«

Kammowski antwortete nicht, aber sein Gesichtsausdruck schien weitere Erklärungen einzufordern, deshalb fuhr Susanne fort.

»Direkt neben der Leiche lag aufgeschlagen eine dieser Hotelbibeln, du weißt schon, diese Gideon-Bibeln, die du in jedem Nachttisch findest.«

»Ach ne, hätte ich jetzt gar nicht vermutet, dass man die auch in solchen Hotels hier vorhält. Was hat er denn gerade gelesen?«

»Lukas 15,7: Ich sage euch: So wird auch Freude im Himmel sein über einen Sünder, der Buße tut, mehr als über neunundneunzig Gerechte, die der Buße nicht bedürfen.«

»O Himmel«, stöhnte Kammowski mit einem kurzen Blick zur Zimmerdecke. Der erste Arbeitstag nach dem Urlaub war ganz und gar nicht so, wie er ihn sich erhofft hatte.

# 8
## RÜCKBLICK

*Dr. Thomas Franke, Chefarzt der Neurologie in Berlin-Lichtenberg, beeilte sich mit seiner Chefvisite. Spätestens um sechzehn Uhr wollten seine Kollegen und er das Haus verlassen. Heute war Berliner Firmenstaffellauf, und die Neurologie hatte sich diesmal mit drei Teams angemeldet. Sie waren die »Motoneurone I bis III«, eine Anspielung auf die Nerven des Menschen, die für die Bewegung zuständig waren. Und sie traten gegen den »Verfolgungswahn« an, das waren die Kollegen aus der Psychiatrie, die »Bloody Marys«, die Chirurgen, und die »Schnellschritte«, ein Team aus der Pathologie.*

*Und dann gab es noch die »Roten Pumpen«, die Kardiologen, und den »Durchmarsch«, die Gastroenterologen. Und natürlich all die Teams anderer Firmen.*

*Thomas hatte diese Veranstaltung immer für sinnvoller gehalten als all die steifen Weihnachtsfeiern, bei denen lange Reden gehalten wurden und doch niemand das sagte, was er meinte.*

*Inzwischen standen sie vor dem letzten Zimmer der Visite. Thomas ließ den Blick über seine Mitarbeiter schweifen. Sehr konzentriert waren sie heute nicht gewesen. Er aber auch nicht. Und es war doch schön, dass sich die jungen Leute überhaupt noch von so einer Firmenveranstaltung ansprechen ließen, mitmachten und sogar noch ihre Partner anschleppten. Bei allem Stress – die Zunahme der Bürokratie, es wurde ja inzwischen fast mehr dokumentiert als am Patienten behandelt, die kürzeren Behandlungszeiten, der Zeitdruck – die Kliniken der Barmherzigen Schwestern waren doch immer noch etwas Besonderes gewesen. Sie hatten nicht umsonst einen guten Ruf. Man arbeitete gerne hier, und das Firmenleitziel »Im Dienste des Menschen« war nicht nur leeres Geschwätz.*

*Thomas versuchte, sich wieder auf die Krankengeschichte des Patienten zu konzentrieren, die ihm die Assistenzärztin gerade vortrug. Die Verdachtsdiagnose einer Multiplen Sklerose bei einer jungen Frau, die vor wenigen Monaten ihr erstes Kind geboren hatte und jetzt über Kribbeln in der linken Körperhälfte klagte, hatte sich zum Glück nicht bestätigt.*

*»Guten Morgen, Frau Freyschmitt«, begrüßte Thomas die junge Frau, als er in das Zimmer trat, »wir haben heute nur gute Nachrichten für Sie.«*

# 9

## KAMMOWSKI & SVENJA

Montag, 10. Februar

Die Benachrichtigung der Angehörigen eines Mordopfers gehörte zu den unangenehmsten Tätigkeiten des Berufs. Im Sommer hatte Thomandel eine Fortbildung zu diesem Thema organisiert. Kammowski versuchte, sich Einzelheiten in Erinnerung zu rufen. Er hatte zwar noch die hübsche brünette Psychologin vor Augen, aber an Fakten konnte er sich nicht mehr erinnern. Kammowski seufzte. Thomandel mit seinem Fortbildungsspleen. Sie waren sicherlich das bestgeschulte Morddezernat der Republik, aber Kammowski fand nicht, dass Seminare zu diesem Thema etwas nützten. Da konnte er noch so einfühlsam sein, am Ende stand immer die unumstößliche Tatsache des Todes, und er spielte nun mal nicht gerne den Todesengel. Frauen konnten das irgendwie besser, fand er, und wenn möglich lud Kammowski diese Verpflichtung auf eine Kollegin ab. Svenja hatte zwar erst vor wenigen Wochen ihre Ausbildung abgeschlossen, aber einen Versuch war es wert.

»Das traust du dir doch sicher schon alleine zu, oder?«

Das hatte mehr wie eine Feststellung als wie eine Frage geklungen. Sie saßen gerade in Doros Café. Doro, eigentlich Dorothee Kerner, bis zu ihrer Geschlechtsumwandlung Dieter, war für Recherchen aller Art zuständig, und sie war darin ausgesprochen gut. Kevin Ordyniak, der in Svenjas Alter, aber schon etwas länger beim LKA war, hatte ihr gleich am ersten Tag alles über Doro erzählt und sie davor gewarnt, sie zu unterschätzen oder gar abschätzig zu behandeln. Das hatte

Svenja auch nicht vorgehabt, aber sie war ihm dankbar für den Hinweis gewesen.

Von ihren Kaffeetassen stieg ein aromatischer Duft von warmer Milch, Kakao und Zimt auf, eine fast andächtige mittägliche Stille hatte sich im sonst so geschäftigen Revier breitgemacht. Die anderen Kollegen waren noch zu Tisch oder saßen an ihren Schreibtischen. Kammowski atmete die Stille tief in sich ein, lehnte sich in dem Korbsessel bequem zurück und schloss die Augen.

Svenja gab drei Löffel Zucker in ihren Kaffee, rührte angestrengt darin, studierte intensiv die Flüssigkeitsstrudel, die ihr Rühren hervorrief, und schwieg. Sie war davon ausgegangen, dass sie beide gleich nach dem Mittagessen gemeinsam losfahren würden, um mit der Frau des Opfers zu reden. Jetzt wollte Kammowski ihr das aufhalsen. Deshalb hatte er wohl auch darauf bestanden, erst einmal einen Kaffee zu trinken.

»Hektik ist der Schädling aller kostbaren Gedankenfrüchte«, hatte er gesagt und sie in Richtung Doros Café dirigiert. Doro hatte zwar keine Zeit für ein Schwätzchen gehabt, ihnen aber rasch zwei Kaffee an ihrem Turbo-Espresso-Automaten – hochglanzpoliert, Schweizer Modell, sündhaft teuer – gezapft. Sie hatte sogar noch Milch geschäumt, ihre Cappuccinos mit einer Prise Zimt und Kakao gewürzt und auf die Schale mit Cantuccini gezeigt. »Selbstgemacht, nach einem Rezept meiner italienischen Großmutter.« Dann war ihr Zeigefinger von den Cantuccini zum rosafarbenen Sparschwein gewandert, und sie hatte mit strengerem Tonfall hinzugefügt: »Spenden helfen, Ihr Lieblingscafé am Leben zu erhalten.« Dann war sie mit einer theaterreifen Pirouette auf ihren 7-Zentimeter-Stilettos in Richtung Thomandels Büro abgedreht.

»Von wegen italienische Großmutter«, grunzte Kammowski und nahm sich einen der Kekse, »aber die Dinger sind gut.«

Svenja sagte nichts und sah immer noch angestrengt in ihre Kaffeetasse.

Schließlich sagte Kammowski: »Du kannst ja die Kollegen von der Streife bitten, dich zu begleiten, wenn du nicht alleine fahren möchtest«, ganz so, als sei es bereits abgemachte Sache, dass es allein ihre und nicht die gemeinsame Aufgabe sei, Frau Steinkopf aufzusuchen.

Svenja überlegte fieberhaft, dann gab sie sich einen Ruck: »Nein, Kollege, das lass ich mir jetzt nicht turfen. Ich fände es ehrlich gesagt nett, wenn wir das zusammen machen könnten, zumal Thomandel uns ja auch noch in die Leydenallee geschickt hat, wegen der Kindesmisshandlung.« Ihre Stimme hatte einen weniger beiläufigen Tonfall, als sie es sich gewünscht hätte, und sie erschrak vor sich selbst und den möglichen Konsequenzen, die ihr resolutes Auftreten gegenüber einem dienstälteren Kollegen am ersten gemeinsamen Arbeitstag nach sich ziehen konnte.

»Ist ja gut, ist ja gut, das war nur eine harmlose Frage zu deinen Vorkenntnissen, kein Turfen.« Kammowski setzte ein entrüstetes Gesicht auf, als sei es nun wirklich das Allerletzte, ihm vorzuwerfen, er drücke sich vor der Arbeit. »Okay, dann lass uns mal losfahren«, sagte er schließlich versöhnlich und schüttete den Rest seines Kaffees hinunter.

Die Kleine war mit allen Wassern gewaschen und offensichtlich nicht unbelesen. Kammowski war amüsiert, ließ sich aber nichts anmerken.

Turfen, der Begriff stammte aus einem Buch, das ihm Klaus empfohlen hatte, wie die meisten der Bücher, die Kammowski las. Es handelte von der Arbeit eines Assistenzarztes in einem amerikanischen Krankenhaus, aber er und seine Kollegen, denen er das Buch weitergereicht hatte, hatten viele Parallelen zur Polizeiarbeit entdeckt, und eine Zeit lang hatten sie einige Begriffe in ihren Alltag übertragen. Turfen meinte im Original, dass man einen Patienten, den man – und die mit ihm verbundene Arbeit – nicht durch Entlassung loswerden konnte, mitsamt seiner Akte in eine andere Abteilung verschob. Im Buch wurde ein Patient aus der Chirurgischen Klinik in die Internistische »geturft«, weil er zwar ein gebrochenes Bein, aber auch einen kleinen Infekt hatte. Bei der Polizei konnten sie den Einbruch zur Sitte turfen oder umgekehrt.

Die beiden Ermittler fuhren mit dem Aufzug in die Tiefgarage und ließen sich vom Fuhrparkleiter einen Wagen zuweisen. »Gibt's keinen Passat?« Kammowski war beim Anblick des VW Polo nicht zufrieden. »Wo soll ich da meine Beine lassen?«

Der Fahrdienstleiter zeigte sich unbeeindruckt von Kammowskis Poltern und reichte ihm die Schlüssel. »Der Sitz ist nach hinten verstellbar.«

Kammowski zuckte mit den Mundwinkeln, verkniff sich aber eine Erwiderung. Stattdessen drückte er Svenja die Schlüssel kommentarlos in die Hand. Seine frühere Leidenschaft fürs Autofahren war wie er selbst in die Jahre gekommen. Nachdem er den Beifahrersitz so weit wie möglich nach hinten verstellt hatte, streckte er die Beine aus und zog das Handy aus der Tasche. Elly hatte sich nicht wieder gemeldet. Gutes Zeichen.

»Was hast du über den Toten in Erfahrung gebracht?«, fragte er, als sie sich in den laufenden Verkehr eingeordnet hatten. Svenja gab einen knappen Bericht.

»Kai Steinkopf, achtundvierzig Jahre, verheiratet, drei Kinder im Alter von sechs bis zwölf, alles Jungen. Sie, um einiges jünger, ist Hausfrau, er arbeitete als Geschäftsführer bei den Barmherzigen Schwestern zu Bernau. Das wiederum ist ein katholischer Orden, der in Berlin vier Krankenhäuser und ein Altenheim unterhält. Keine Vorstrafen.« Kammowski nickte und hing dann seinen Gedanken nach. Es war extrem kalt, und Berlin versank allmählich im Schnee. Das ging jetzt schon seit Ende Dezember so. Die Schneeberge an den Bordsteinkanten ließen die Nebenstraßen zu schmalen Tunneln werden. Jetzt aber schien die Sonne. Wie gut, dass er vor dem Winterchaos und der Kälte für einige Tage in die Sonne der Karibik geflüchtet war. »Früher«, dachte Kammowski laut vor sich hin, »hat man in Berlin von November bis Februar kaum mal die Sonne zu Gesicht bekommen. Ganz Berlin lag unter einer Dunstglocke. Die meisten Wohnungen wurden damals ja noch mit Kachelöfen oder Dauerbrennern beheizt.«

Svenja nickte schweigend. Kammowski sah sie verstohlen von der Seite an. Sie war noch so jung. Konnte sich gewiss nicht vorstellen, wie das war, morgens erst einmal den Kachelofen anzuschmeißen. So war das aber in den meisten Wohnungen gewesen, die man sich als Student oder Auszubildender leisten konnte. Den Heizofen im Bad für warmes Wasser heizte man aus Bequemlichkeit höchstens einmal in der Woche ein, denn das hieß ja noch mehr Kohlen aus dem Keller in den dritten Stock schleppen und die Asche zur Mülltonne. Also waren Kaltduschen angesagt gewesen, oder man wusch sich nur am Waschbecken. Kaum zu glauben, das war erst dreißig Jahre her, aber inzwischen war schon eine andere Generation herangewachsen. Wenn die sich nicht zweimal am Tag duschen konnten, verzogen sie angeekelt das Gesicht. So änderten sich die Zeiten und mit ihnen auch die Städte. Der legendäre Londoner Nebel in den Gemälden eines William

Turner war schließlich auch nur ein Artefakt der Industrialisierung des neunzehnten Jahrhunderts gewesen.

Kammowski genoss die Fahrt nach Potsdam, am Wannsee vorbei über die Glienicker Brücke in die Königsstraße. Es war so kalt, dass sich Eiskristalle auf dem Schnee gebildet hatten, die die Sonne tausendfach reflektierten.

»Kommst du aus Berlin?«, fragte er Svenja, mehr, um die Stille zwischen ihnen nicht peinlich werden zu lassen, als aus wirklichem Interesse.

»Nein, aus Hamburg. Ich bin aber hier zur Polizeischule gegangen.«

»Nanu, gibt es in Hamburg nicht auch Söhne schöner Mütter?«

Sie lachte nur, erwiderte aber nichts.

»Und, was willst du mal werden?« Kaum war der Satz raus, hätte er sich am liebsten auf die Zunge gebissen. Was für eine selten blöde Frage. Er war einfach nicht der Small-Talk-Klaus, der die Frauen unterhalten konnte.

Doch Svenja schien konzentriert über die Frage nachzudenken.

»Polizeipräsidentin«, sagte sie nach einer Weile mit solcher Ernsthaftigkeit, dass Kammowski fassungslos der Mund offen stehen blieb. Er sah dabei so komisch aus, dass Svenja nicht mehr an sich halten konnte. Jetzt lachten sie beide und hörten den Rest des Weges vergnügt »Koschwitz am Nachmittag« im Radio.

Die hat es faustdick hinter den Ohren und wird es weit bringen, dachte Kammowski dabei.

# 10

## OLGA STEINKOPF

Montag, 10. Februar

Das Haus war im Jugendstil erbaut und lag in einer der alten Villengegenden Potsdams.

»Nicht übel, da musst du schon was am Hintern haben«, knurrte Kammowski. In Wirklichkeit hätte er für nichts in der Welt seinen Kreuzberger Kiez aufgegeben. Aber seit dem Abbruch des Studiums hatte sich in einem verborgenen Winkel seines Herzens eine klammheimliche Abneigung gegen Leute mit Geld, insbesondere gegen Akademiker eingenistet, die seiner Meinung nach allesamt meinten, sie seien was Besseres. Andererseits stammte er selbst aus so einer Villengegend, vielleicht nicht ganz so nobel, aber doch schon die bessere Gegend in Dinslaken, wo sich die Bonzen von Thyssen und Ruhrkohle ihre Häuser auf weitläufigen Grundstücken für große Familien gebaut hatten. Nicht, dass er heute würde tauschen wollen, aber es kamen Kindheitserinnerungen auf.

Die junge Frau, die die Tür öffnete, machte nicht unbedingt den Eindruck, als hielte sie sich für etwas Besseres. Sie war hübsch, auf eine etwas kindliche Art. Möglicherweise lag das daran, dass sie das Haar zu einem Pferdeschwanz gebunden hatte, oder an dem Pandora-Armband, das, mit vielen bunten Steinen behängt, neben Lederarmbändern und einer Armbanduhr an ihrem Handgelenk klapperte. Sie war lässig-modern, fast nachlässig gekleidet, und sie hatte eine offene freundliche Art, die man hübschen Menschen immer bereitwilliger zugestand als weniger attraktiven. Im Hintergrund hörte man Kinder toben.

»Ja bitte?«, fragte sie.

Kammowski hatte die Erfahrung gemacht, dass das Drumherumreden die Sache auch nicht besser machte, und kam deshalb gleich zur Sache. »Frau Steinkopf, nehme ich an?«

Als sie noch immer freundlich lächelte und nickte, zeigte er ihr seinen Ausweis, stellte Svenja vor und fuhr dann fort: »Frau Steinkopf, wir haben Grund zu der Annahme, dass wir heute Morgen Ihren Mann in einem Hotel in Berlin tot aufgefunden haben. Dürfen wir hereinkommen?«

Frau Steinkopf schien kurz zusammenzuzucken, fasste sich aber sogleich, ließ sie ein und führte sie in eine Art Bibliothek am Ende eines längeren Flurs. Dort bat sie sie, sich zu setzen, und entschuldigte sich kurz. Sie wolle ihren Vater bitten, sich während des Gesprächs um die Kinder zu kümmern.

Kammowski sah sich neugierig um. Alles strahlte gediegene, teure Eleganz aus von der Art, bei der man das gewisse »Weniger« mit exponentiell »Mehr« am Preis erkaufen musste. Die perfekt eingepasste weiße Regalwand bis unter die Decke, gefüllt mit Büchern, die nicht nach Attrappen aussahen, die minimalistische schwarze Corbusier-Ledersitzecke, der überdimensionale moderne und perfekt aufgeräumte weiße Schreibtisch, den kein Staubkörnchen entweihte. Hohe Fenster öffneten den Blick auf einen in der schräg stehenden Sonne golden glänzenden parkähnlichen Garten, der sich tief verschneit wie ein Gemälde darbot und eine Mischung aus Akkuratesse und Wildwuchs aufwies, die auf eine regelmäßige Hand eines professionellen Gärtners schließen ließ.

In dem geräumigen Erker zur Linken erspähte Kammowskis forschender Blick einen Eames Lounge Chair mit Ottomane. Seine Alleinstellung im Erker ließ ihn wunderbar zur Geltung kommen. Ein aufgeschlagenes Buch und eine Wolldecke verwiesen auf kürzliche Nutzung.

Kammowski schluckte. Er hatte immer wieder mit der Anschaffung dieses Designersessels geliebäugelt. Aber fünfeinhalbtausend Mäuse, das war nicht seine Kragenweite. Zwar hätte er sich den Sessel leisten können, seine laufenden Kosten waren – abgesehen von den Unterhaltszahlungen – gering, aber man musste so einem Möbel auch den nötigen Platz geben, damit es zur Geltung kam. Und überhaupt lehnte Kammowski diese ganzen Insignien der Besserverdienenden im Prinzip ab, und es widerstrebte ihm, so viel Geld für einen Sessel auszugeben.

Das Öffnen der Tür riss ihn aus seinen Gedanken. Frau Steinkopf betrat den Raum. Wenn sie in der Zwischenzeit geweint hatte, dann sah man ihr das nicht an. Sie hatte ein Tablett in der Hand. Der Duft von Tee breitete sich im Raum aus.

»Ich hoffe, Sie mögen Darjeeling?«

Warum wirkte diese Frau so gefasst? War das alles Selbstbeherrschung?

»Sehr schönes Zimmer«, leitete Kammowski das Gespräch ein, »das Arbeitszimmer Ihres Mannes?«

»Nein, das hier ist mein Refugium, eigentlich mein Arbeitszimmer. Ich bin Übersetzerin, aber zurzeit komme ich kaum dazu, auch nur ein Buch in die Hand zu nehmen.«

Während der Befragung blieb Frau Steinkopf gefasst. Sie berichtete, dass sie geglaubt habe, ihr Mann sei auf einer Geschäftsreise. Sie habe keine Ahnung, was ihr Mann in einem Berliner Hotel gemacht habe, und sie habe auch keinerlei Idee, wer ihm habe schaden wollen. Zuletzt habe sie am Abend zuvor gegen achtzehn Uhr mit ihm telefoniert. Es sei ein ganz normales Telefonat gewesen. Er habe erst am Montagabend, also heute, wieder zu Hause sein wollen, sodass sie ihn bisher nicht vermisst habe. Ob sie auch sicher seien, dass es ihr Mann sei, fragte sie.

Svenja zog eine Kopie des Passes des Toten aus ihrer Tasche und reichte sie Frau Steinkopf. Diese warf nur einen kurzen Blick auf das Bild und nickte; immer noch trug sie ihre Emotionen nicht nach außen.

Der Moment der Stille wurde von einem Lichtspiel der untergehenden Sonne inszeniert, die noch einmal letzte Strahlen direkt in den Raum schickte und alles unvermittelt in ein warmes, gelbes Licht tauchte. Kammowski wehrte sich gegen diese einlullende, Frieden und Geborgenheit vorgaukelnde Stimmung, die in so krassem Widerspruch zum brutalen Anlass ihres Besuchs stand.

»Gibt es jemanden, der Ihnen jetzt beistehen kann?«

»Ja«, antwortete sie ruhig, »mein Vater ist gerade zu Besuch.«

»Sie werden Ihren Mann identifizieren müssen, und wir müssen Ihre Aussage im Revier protokollieren. Sicherlich werden wir dann noch weitere Fragen an Sie haben. Können wir uns morgen früh mit Ihnen wegen eines Termins in Verbindung setzen? Sind Sie zu Hause erreichbar?«

Frau Steinkopf nickte.

»Was hältst du von der Frau?«, fragte Kammowski Svenja, als sie auf dem Rückweg zum LKA waren. Diesmal fuhr Kammowski. Es gefiel ihm, dass sie nicht gleich losplapperte, sondern zu überlegen schien.

»Sympathisch«, sagte sie schließlich, es folgte wieder eine Pause. »Erstaunliche Contenance«, ergänzte sie dann vorsichtig.

Ja, das war auch sein Eindruck gewesen. Die Menschen reagierten höchst unterschiedlich in solchen Extremsituationen, aber dass eine so junge Frau so gefasst den Tod ihres Ehemanns entgegennahm, hatte er in seinen dreißig Berufsjahren selten erlebt.

»Allein die Uhr, die sie am Handgelenk trug, kostet mehr, als du in einem halben Jahr verdienst«, sprach er aus, was ihm sonst noch durch den Kopf ging.

»Kennst du dich aus mit Uhren?«

»Nein«, gab er zu, »das war jetzt mal eine reine Vermutung, nachdem ich die Kosten für die Einrichtung der Bibliothek überschlagen habe.«

»Oder ein Vorurteil«, gab Svenja zu bedenken.

Kammowski brummte etwas Unverständliches vor sich hin.

Während der weiteren Rückfahrt sann Kammowski über die Zusammensetzung ihrer Arbeitsgruppen nach. Beim LKA 1 wurden die Teams je nach Anforderung von Thomandel zusammengestellt. Aber es ergab sich dennoch, dass man mit einem Kollegen oder einer Kollegin auch über einen längeren Zeitraum eng zusammenarbeitete. Thomandel teilte die Teams gerne in Anfänger und Fortgeschrittene sowie Männer und Frauen ein, was an sich natürlich nicht falsch war. Doch, auch wenn das als politisch nicht unbedingt korrekt galt, arbeitete Kammowski lieber mit Männern zusammen. Da konnte man schon mal über Stunden hinweg zusammensitzen und nichts sagen.

»Was ist los?«, fragte Svenja und sah ihn fragend an.

»Wir müssen noch in Steglitz vorbeifahren«, erklärte er Svenja statt einer Antwort. »Wegen der Kindesmisshandlung.«

Svenja drang nicht weiter in ihn und gab die neue Adresse ins Navigationsprogramm ein. Offenbar musste sie nicht jede Schwingungsnuance, die sie ohne Zweifel auffing, auch gleich ausdiskutieren. Damit konnte Kammowski erst mal leben.

## 11

# FAMILIE TIMISI

Montag, 10. Februar

Es war schon kurz nach siebzehn Uhr, als sie endlich in die Leydenallee einbogen. Sie hatten Glück, gerade machte ein grauer Lieferwagen einen der wenigen Parkplätze, die das Schneechaos gelassen hatte, frei.

Sie klingelten bei Familie Timisi im dritten Stock. Per Gegensprechanlage stellten sie sich vor und baten darum, hineingelassen zu werden. Ein Türöffner wurde gedrückt, und sie betraten das Mehrfamilienhaus. Im Treppenhaus, das nach einem undefinierbaren Gemisch gekochter Abendessen roch, begegneten sie einer älteren Dame, die ihnen neugierig nachsah.

Im dritten Stock erwartete sie eine junge Frau mit strähnigem, langem Haar und misstrauischem Blick.

»Sie können sich ausweisen?«

Frau Timisi studierte die Ausweise intensiv und glich ihre Gesichter mehrmals mit den Fotos ab, dann ließ sie sie zögernd ein.

Die Wohnung machte auf den ersten Blick einen ordentlichen Eindruck. Die geringe Freifläche des Wohnzimmers wurde allerdings von zwei großen Wäscheständern eingenommen, behängt mit noch feuchter Kinderwäsche und Windeln, die dem Raum etwas von einem tropischen Gewächshaus gaben, zumal noch ein überdimensionaler Philodendron die ganze Fensterfront einnahm. Das Kind war nicht zu sehen.

»Entschuldigen Sie bitte«, sagte Frau Timisi und versuchte, die Wäscheständer vor die Schrankwand zu schieben, um ihnen einen schmalen Gang zur Sitzecke freizugeben.

»Leben Sie alleine mit Ihrem Kind?«, fragte Svenja.

»Nein, ich bin verheiratet, mein Mann ist bei der Arbeit«, erwiderte die junge Frau mit erstauntem Gesicht.

»Worum geht es denn eigentlich?«

»Uns liegt eine Anzeige vor«, Svenja zögerte, bevor sie weitersprach, »wegen möglicher Kindesmisshandlung. Hier soll ein Kind außergewöhnlich viel und laut schreien.« Die Hitze in diesem Raum war unerträglich. Frau Timisi trug auch nur ein dünnes T-Shirt, aber sie hatten ihre dicken Winterjacken an. Svenja öffnete den Reißverschluss ihrer Jacke einen Spalt.

Frau Timisi sah sie ungläubig an. »Sie wollen mir allen Ernstes erzählen, dass sich jemand wegen des Geschreis eines Neugeborenen beschwert hat?«

»Nicht wegen Ruhestörung«, beeilte sich Kammowski zu erklären, »wohl nur aus Sorge um das Kind.«

»Hört, hört.« Höhnisch verzog Frau Timisi das Gesicht. Sie war dunkelhaarig mit hellem Teint und starken Augenbrauen, die über der Nase fast zusammenwuchsen, nicht klassisch schön, aber interessant. Kammowski fühlte sich an die Selbstporträts der Malerin Frida Kahlo erinnert. Die junge Frau glich im Augenblick jedoch mehr einem übermüdeten Teenager als einer erwachsenen Frau.

»Max ist erst zwei Monate alt und schreit wirklich noch viel. Das ist in den ersten Monaten aber normal, sagt der Kinderarzt. Anpassungsschwierigkeiten des Darms, das gibt sich mit der Zeit. Hoffe ich jedenfalls.«

Die letzte Bemerkung hatte mehr nach Zweifel denn nach Gewissheit geklungen. Müde berichtete sie, dass sich die Nachbarn, schon wenige Tage nachdem sie aus dem Krankenhaus entlassen worden waren, wegen des Geschreis beschwert hätten. Die Wohnungen seien leider sehr hellhörig, aber sie könne das Kind ja nicht wie ein Radio leiser stellen. Sie trage es schon fast den ganzen Tag im Brusttuch umher, weil das das Einzige sei, das helfe.

»Jetzt ist es ruhig«, stellte Svenja mit einem mitleidigen Lächeln fest.

»Ja, nach zwei Stunden Herumschleppen schläft Max jetzt seit zehn Minuten, und eigentlich hätte ich die kurze Zeit der Ruhe gerne für mich gehabt. Ich bin schon froh, dass er durch Ihr Klingeln nicht wieder wach geworden ist.« Der leise Vorwurf in der Stimme war nicht zu überhören.

»Wir sind gleich wieder weg, aber wir müssen einmal einen kurzen Blick auf das Kind werfen.« Kammowski lächelte Frau Timisi freundlich, aber entschieden an.

Sie zögerte. »Okay, wenn Sie versprechen, ganz leise zu sein.«

Der Säugling machte in seiner Wiege einen satten und zufriedenen Eindruck. Er schien zu träumen, die Augen wanderten unter den geschlossenen Lidern hin und her, und beim Atmen gab er leise schmatzende Geräusche von sich. Das Kind sah gesünder aus als seine übernächtigte Mutter.

Wieder im Wohnzimmer, erklärten sie der Frau, dass sie verpflichtet wären, Meldung beim Jugendamt zu machen, das sich sicher noch einmal bei ihr melden würde.

Frau Timisi verdrehte die Augen.

»Sie verstehen doch sicher, dass wir der Anzeige nachgehen mussten, oder?«, versuchte Kammowski zu beschwichtigen.

»Ist schon in Ordnung.«

»Gibt es niemanden, der Ihnen etwas unter die Arme greifen könnte?«

»Ich habe alle Hilfe, die ich brauche. Das Einzige, was fehlt, sind nette Nachbarn.«

»Hast du all die Stoffwindeln gesehen? Warum nimmt sie keine Einmalwindeln?«, fragte Svenja, als sie die Treppen hinunterliefen.

»Vielleicht sind die ihr zu teuer, oder sie ist so eine Ökotante.«

»Vielleicht schreit das Kind ja deshalb so viel, weil es dauernd nass ist?«

»Kollegin, das mag ja sein, ist aber nicht unser Job, das können die 125er morgen mit dem Jugendamt klären«, wies Kammowski sie etwas gröber als beabsichtigt zurecht. Svenja erwiderte nichts, nickte aber zustimmend.

Kammowski seufzte. Was taten sie hier eigentlich? So etwas war die Aufgabe von Hebammen, Sozialschwestern, Kinderärzten oder vom Jugendamt, aber doch nicht der Mordkommission. Sie hatten selbst Ausfälle durch Krankheit in der Abteilung und genug zu tun.

»Das ist vielleicht die Kehrseite davon, dass dauernd was von Kindesvernachlässigung in der Zeitung steht, jetzt fühlen sich viele aufgerufen, ihre Nachbarn anzuschwärzen«, sagte Kammowski, als sie wieder im Auto saßen. Er bemühte sich um einen verbindlicheren Tonfall.

»Kindesmisshandlung gibt es gar nicht so selten auch in Familien, denen man das nicht ansehen würde«, gab Svenja, für seine Begriffe etwas altklug, zu bedenken.

»Genau, und deshalb wird du gleich morgen deinen Bericht schreiben und alles an die zuständigen Kollegen weitergeben.«

Wieder hingen sie in endlosen Autoreihen fest, deren nebelfeuchte Ausdünstungen sich vor ihrer Windschutzscheibe zu einem weißen Vorhang sammelten und von der Lüftung direkt ins Wageninnere gesogen wurden. Kammowski stellte die Lüftung auf geschlossenen Kreislauf um. Aber es war schon zu spät, es stank nach Abgasen. Sie würden sicherlich noch einmal fast vierzig Minuten für die knapp acht Kilometer brauchen.

»War ein langer Tag«, sagte er zu Svenja. »Ist zum Glück nicht immer so.«

»Das hoffe ich«, lachte Svenja.

Nachdem Kammowski Svenja am Wittenbergplatz abgesetzt hatte, fuhr er den Dienstwagen in die Tiefgarage, und warf die Schlüssel in den Schlüsselkasten. Der Fahrdienstleiter war längst zu Hause. Kammowski grüßte den Pförtner und verließ das Revier.

Er sehnte sich nach seiner Couch, einer warmen Mahlzeit, einem Bier. Es ging schon auf sieben Uhr zu. Nach einem kurzen inneren Kampf siegte schließlich das schlechte Gewissen. Statt nach Hause zu radeln, bog er Richtung U-Bahn ab. Er zog sich die Kapuze seiner Jacke über den Kopf und kramte in der Tasche nach Kleingeld für den Fahrschein und seinen Handschuhen. Winzige Schneeflocken schwebten wie Federn vom Himmel. Es sah aus wie in einem Weihnachtsmärchen. Kammowski hatte plötzlich das Bild seiner Tochter als Fünfjähriger vor Augen, wie sie im Schneepflug der Skischule hinterherfuhr und versuchte, während der Fahrt Schneeflocken mit dem Mund zu erhaschen – unbeeindruckt von der Welt um sie herum, gefangen von den eigenen Gedanken und Empfindungen. Die Erinnerung daran, dass er heute noch mit seiner Ex-Frau würde telefonieren müssen, riss ihn unsanft aus seinen Träumereien.

Wie immer schien sich Kammowskis Mutter zu freuen, ihn zu sehen. Kammowski fragte sich, ob sie wusste, dass er mehr als zwei Wochen nicht mehr bei ihr gewesen war. Wenn ja, trug sie es ihm nicht nach. Sie lachte und klatschte in die Hände, als er das Zimmer betrat. Unterhalten konnte man sich ja schon länger nicht mehr mit ihr. Das machte die Besuche manchmal etwas mühsam. Sie hatten aber zu seiner eigenen Überraschung andere Wege der Kommunikation gefunden. Sie malten und sangen zusammen oder sagten Gedichte auf. Aus ihrer Zeit als Lehrerin war ihr der Umgang mit Farben und Pinseln vertraut. Außerdem kannte seine Mutter viele Lieder und Gedichte auswendig, und wenn man ihr ein Stichwort lieferte, konnte sie diese immer noch vollständig aufsagen.

»Wer reitet so spät durch Nacht und Wind …«, gab Kammowski vor, und sie antwortete prompt: »Es ist der Vater mit seinem Kind.«

# 12
# RÜCKBLICK

*Als Thomas gegen achtzehn Uhr im Tiergarten ankam, ahnte er sofort, dass etwas nicht stimmte. Überall hatten Gruppen von Läufern die Köpfe zusammengesteckt und schienen sich viel zu ernst über etwas zu unterhalten. Etwas Schreckliches musste geschehen sein.*

*Mit raschen Schritten trat Thomas auf eine Gruppe Chefärzte aus dem Konzern zu, die mit dem Verwaltungsleiter Maier aus Lichtenberg etwas abseits vom Verpflegungsstand redeten.*

*»Was ist denn das hier heute für eine Stimmung?«, fragte Thomas. »Hat man uns die Starterlaubnis entzogen?«*

*»Haben Sie es noch nicht gehört?«, erwiderte der Verwaltungsleiter. »Die Polizei hat heute Morgen die Geschäftsräume der Zentrale und das MVZ Schöneberg durchsucht und den Geschäftsführer Alexander, den Justitiar Pollak und den Chefarzt der Radiologie am Standort Schöneberg, Müller, verhaftet.«*

*»Das ist jetzt nicht wahr, oder? Was wird ihnen vorgeworfen?«*

*»Abrechnungsbetrug in den Medizinischen Versorgungszentren. Angeblich sollen die im MVZ Schöneberg Assistenten statt Fachärzte eingesetzt haben. Alexander soll das als Geschäftsführer so angewiesen haben, weil die billiger sind als Fachärzte.«*

*»So ein Quatsch, davon hätten wir doch etwas mitbekommen.« Timmendorf, ein Kollege aus dem Klinikum Schöneberg, schüttelte ungläubig den Kopf. »Was kann man tun?«*

*»Im Moment wohl gar nichts, der neue Geschäftsführer Steinkopf versucht, an Fakten zu kommen, vielleicht kann er uns morgen mehr erzählen.«*

*Auch der nächste Tag brachte keine Klarheit. Thomas hatte beim Bäcker alle Berliner Zeitungen gekauft, die er bekommen konnte. Die Schlagzeilen waren unglaublich: »Ärztebande zockt Krankenkassen ab«, »Patienten von falschen Ärzten behandelt« – einige Gazetten nahmen die Geschichte zum Anlass, gegen die habgierigen Ärzte zu hetzen. Eine Zeitung hatte sogar die Autos und Häuser von Pollak und Alexander fotografiert, wohl um nahezulegen, dass die von ihrem angeblichen Betrug nicht schlecht gelebt hatten.*

*»Das dürfen die doch nicht einfach so schreiben«, empörte sich Thomas, »das ist doch Rufmord.«*

*»Und wenn etwas dran ist?«, fragte seine Frau, mit der er beim Frühstück saß. »Die Zeitungen werden sich das doch nicht aus den Fingern gesaugt haben.«*

*»Tine, jetzt mach mal einen Punkt, du bist doch vom Fach und weißt, wie die ticken. Da wurde noch nicht einmal Anklage erhoben, und die stellen sie jetzt auf einen bloßen Verdacht hin an den Pranger. Denk mal an die Familien! Außerdem glaube ich das alles nicht. Die haben wie alle Geschäftsführer versucht, das Beste für den Betrieb herauszuholen, und sind allenfalls über das Ziel hinausgeschossen. Ich glaube auch nicht, dass sie systematisch Ausbildungsärzte im Medizinischen Versorgungszentrum Schöneberg haben arbeiten lassen, um sich zu bereichern. Wir sind doch ein Betrieb. Wenn es da so eine Anweisung gegeben hätte, hätte ich davon im MVZ Lichtenberg etwas mitbekommen müssen. Wir haben hier doch auch keine Assistenzärzte arbeiten lassen, und niemand hat uns je gedrängt, das zu tun.«*

*An allen Standorten des Konzerns wurden Betriebsversammlungen einberufen, um über die Lage zu informieren und Kai Steinkopf als den neuen Geschäftsführer zu präsentieren. Er hatte ja erst einige Tage vor dem Eklat bei den Schwestern angefangen, und man hatte noch keine Gelegenheit gehabt, ihn vorzustellen.*

*So fanden sich auch die Lichtenberger Kollegen im Speisesaal zusammen, wo sie von einer blassen, aber gefasst wirkenden Mutter Oberin begrüßt wurden.*

*Sie bedauere die Umstände, unter denen Herr Steinkopf zu den Barmherzigen Schwestern stoße, gab einen kurzen Überblick über seinen Werdegang und legte dar, warum die Wahl auf ihn gefallen war. Wie immer bei öffentlichen Auftritten tat sie dies energisch, suchte aber nach den richtigen Worten und drehte sich schließlich zu Steinkopf um. Der lächelte ihr aufmunternd zu. Nach all den Jahren an der Spitze dieses Unternehmens hatte die Oberin immer noch Schwierigkeiten, eine flüssige Rede zu halten. Sie war wohl doch in erster Linie Ordensschwester und keine auf dem gesellschaftlichen Parkett geübte Geschäftsfrau. Rasch überließ sie dem frischgebackenen Geschäftsführer das Rednerpult.*

*Kai Steinkopf trat nach vorne und ließ den Blick einen Moment lang schweigend über die Menschen kreisen. Er wirkte ruhig und distanziert. Thomas schätzte ihn auf Ende vierzig. In seinem grauen Designeranzug, mit den kurz geschorenen, schwarzen Haaren, die mit Gel in einer eckigen Form gehalten wurden, und seiner modischen Brille kam er Thomas vor wie der Inbegriff eines jungdynamischen Managers.*

*»Der könnte auch gut die Deutsche Bank leiten«, hörte Thomas jemanden hinter sich flüstern. Er drehte sich um. Natürlich, Lästermaul Boris Lampert, ein Assistenzarzt aus seiner Abteilung. Inzwischen hatte Steinkopf zu sprechen begonnen.*

*»Bevor ich mich an Sie wende, möchte ich fragen, ob sich Presse unter uns befindet?« Sie sahen einander verwundert an. Was sollte diese Frage? Das hier war eine interne Betriebsversammlung.*

*»Ich frage das nicht ohne Grund.« Steinkopf musterte misstrauisch die Reihen, bevor er fortfuhr. »Es hat in solchen Situationen immer wieder einmal Journalisten gegeben, die sich in interne Veranstaltungen eingeschlichen haben. Und Presse können wir hier gerade am allerwenigsten brauchen.« Er machte eine bedeutungsschwangere Pause.*

*Niemand trat vor, niemand verließ den Raum. Es herrschte einige Sekunden lang gespannte Stille, dann setzte Steinkopf seine Rede fort.*

*»Liebe Kolleginnen, liebe Kollegen, die Umstände, unter denen ich mich Ihnen als der neue Geschäftsführer vorstelle, sind nicht die, die ich mir gewünscht hätte.«*

*Wieder ließ er seinen Blick über die Anwesenden schweifen, verharrte bei Einzelnen, als wollte er sie persönlich ansprechen.*

*»Wie Frau Oberin Ihnen bereits dargelegt hat, interessiere ich mich schon seit Längerem für die Kliniken der Barmherzigen Schwestern, denn ich glaube, dass es sich um ein außergewöhnliches, gut aufgestelltes Unternehmen handelt.«*

*Er schenkte der Oberin ein charmantes Lächeln, was diese dankbar erwiderte.*

*»Und so habe ich mich sehr gefreut, als die Schwestern mir Anfang dieses Jahres ein Angebot machten, und keine Sekunde gezögert, es anzunehmen.«*

*Er machte wiederum eine Pause. Seine Tonlage veränderte sich, wurde streng. »Die Durchsuchungen und Verhaftungen des gestrigen Tages haben nun alles geändert. Unsere Aufgabe wird es zunächst sein, uns zu orientieren. Eines möchte ich von Anfang an klarstellen: Der Vorwurf der Staatsanwaltschaft zielt auf Vorkommnisse am MVZ Schöneberg. Ob diese Vorwürfe zutreffen, weiß derzeit niemand. Dies wird Gegenstand eingehender Prüfungen sein, nicht nur der Staatsanwaltschaft. Auch intern werden wir den Vorwürfen nachgehen und prüfen, ob Dinge falsch gelaufen sind.«*

*Er rückte sich die Brille zurecht.*

*»Sollte das der Fall sein, werden wir diese Dinge umgehend abstellen. Bis zum Abschluss der Ermittlungen gilt, und das möchte ich Sie dringlich bitten zu beherzigen, für die verhafteten Mitarbeiter die Unschuldsvermutung. Wir alle sollten uns vor voreiligen Schlüssen und Panikreaktionen hüten. Das sind wir unseren Mitarbeitern, die jetzt unter Verdacht stehen, schuldig. Das sind wir aber auch unserem Haus schuldig. Wir sollten das tun, wofür wir da sind, was wir bisher sehr gut konnten und was wir auch in Zukunft gut machen werden: kranken Menschen helfen. Ich bitte Sie daher eindringlich, lassen Sie jetzt nicht ab in Ihrem Engagement für unser Unternehmen. Gemeinsam werden wir das meistern, wenn jeder von Ihnen an seinem Arbeitsplatz auch weiterhin die gute Arbeit leistet, die er bisher geleistet hat. Die Barmherzigen Schwestern stehen für etwas in Berlin: Sie stehen für gute medizinische Versorgung im stationären und im ambulanten Bereich, und das soll auch weiterhin so bleiben.«*

*Wieder schwieg Steinkopf eine Weile. In schlechten Zeiten zusammenhalten, das war die Devise, und Steinkopf verstand es, dieses Gefühl in den Mitarbeitern auszulösen.*

*»Wir werden Sie über alle Abläufe zeitnah informieren. Bitte gehen Sie jetzt alle wieder an Ihre Arbeit«, sagte Steinkopf soeben, und dann waren sie alle entlassen.*

*»Wow, der hat Eindruck gemacht«, raunte Peter Milkert, der Chefarzt der Gastroenterologie, Thomas zu, als sie der Tür des Speisesaals zustrebten.*

*»Ja«, stimmte Thomas zu, »sieht so aus, als hätten wir Glück im Unglück gehabt, muss ja auch für ihn ein Horror sein. Da denkt der, er wechselt zu einem gut geführten Unternehmen, und nun muss er gleich den Frontmann in einer so gravierenden Angelegenheit machen.«*

*»Ja, muss er wohl«, grinste Milkert Thomas an, »unsere Schwester Oberin taucht offensichtlich mal wieder ab.«*

*Thomas nickte. Das war ein ständiges Ärgernis. Schwester Oberin, die als Aufsichtsratsvorsitzende dem Konzern vorstand, war nicht die Frau, die man sich an der Spitze eines solchen Konzerns gewünscht hätte. Oft starr in ihren Ansichten, immer auf der Hut davor, von »den Ärzten« nicht über den Tisch gezogen zu werden, hatte sie wenig Visionskraft, zu wenig für so einen Posten, da war man sich im Kreis der Chefärzte einig.*

*Kai Steinkopf hingegen wirkte offen, dynamisch, intelligent, vielleicht etwas sehr glatt und geschliffen im Auftreten. Thomas mochte sich nicht ausdenken, was geschehen wäre, wenn die Oberin und der Aufsichtsrat nicht kurz zuvor beschlossen hätten, die Geschäftsführung um Kai Steinkopf zu erweitern. Dann hätten sie jetzt ganz ohne Leitung dagestanden. Schwester Oberin wäre in der Tat nicht die Person gewesen, die das Ruder hätte in die Hand nehmen können, da musste er Milkert recht geben.*

# 13

## SVENJA & KAMMOWSKI

Dienstag, 11. Februar

Für den Morgen des nächsten Tages hatte Doro den Nachtportier des Hotels vorgeladen, in dem Steinkopf gestorben war. Svenja und Kevin Ordyniak nahmen die Befragung vor. Der Mann gab zu Protokoll, dass Herr Steinkopf nicht gerade Stammgast, aber doch regelmäßiger Besucher des Hotels gewesen sei. Er hatte sich stets ordnungsgemäß ausgewiesen und seine Personaldaten in den Registrierbogen eingetragen.

»Der Mann wohnt in Potsdam, haben Sie sich nicht gewundert, warum der häufiger bei Ihnen in Berlin übernachtet?«, fragte Svenja.

»Nein, das hat mich nicht gewundert, das kommt bei uns häufiger vor.«

»Was können Sie uns aus der Nacht berichten, in der Herr Steinkopf zu Tode kam?«, hakte Svenja rasch nach, als sie bemerkte, dass ihre Frage möglicherweise etwas naiv geklungen hatte.

»Eigentlich nichts Besonderes. Ich habe meinen Dienst um zweiundzwanzig Uhr angetreten. Der dauert dann immer bis sechs Uhr morgens. Es war eher ein ruhiger Abend mit wenig Gästen in der Bar. Der Nachtportier muss die Bar mitversorgen«, fügte er zur Erklärung hinzu. »Es kamen Nachtschwärmer vorbei, einige Pärchen. Ein paar Mädchen zum Aufwärmen. Eine Frau, die ich nicht aus dem Gewerbe kenne, hat einige Stunden in der Bar herumgehangen, als würde sie auf jemanden warten. Sie hat mehrere Whiskeys getrunken, mit ihrem Smartphone gespielt und sich dann ein Taxi rufen lassen. Die sah nicht so aus, als wollte sie das Berliner Nachtleben genießen, eher, als hätte sie Liebeskummer.«

»Hat sie die Bar auch mal verlassen?«, wollte Kevin wissen.

»Ich glaube nicht, höchstens mal kurz, um zur Toilette zu gehen. Ich war aber nicht die ganze Zeit hinterm Tresen. Wenn nicht viel zu tun ist, sind wir nachts im Büro. Es gibt ja auch Büroarbeit zu erledigen, und wenn einer der Gäste einen Wunsch hat, kann er sich mit einer Klingel bemerkbar machen. Für mich ist das eine ganz normale Nacht gewesen. Ich kann Ihnen wirklich nicht weiterhelfen, und ich würde jetzt gerne nach Hause gehen und schlafen.« Er stand auf und war schon im Gehen begriffen, wandte sich dann noch einmal um und sagte: »Eines noch, so gegen halb eins in der Nacht hat eine Frau angerufen und wollte sich mit diesem Herrn Steinkopf verbinden lassen. Da ist der aber schon nicht mehr ans Telefon gegangen. Ich habe mir nichts dabei gedacht, vermutete, der schläft schon oder hat keine Lust, ans Telefon zu gehen. Aber im Nachhinein muss man wohl sagen, dass er da vielleicht schon tot war.«

Am Mittag lagen die Berichte von der Ersten Inspektion und erste Erkenntnisse von der KTU auf Kammowskis Tisch. Bei der Leiche waren neben der Kleidung ein Schlüsselbund, eine Zigarettenpackung, eine Medikamentenschachtel, aus der zwei Tabletten fehlten, sein Smartphone, seine Brille und ein braunes Portemonnaie mit Scheckkarten und Geld gefunden worden. Außerdem ein Insulininjektor und ein Blutzuckermessgerät. Auf diesen Gegenständen waren nur die Fingerabdrücke des Toten gewesen. Wie Susanne Pötters bereits angedeutet hatte, waren darüber hinaus im ganzen Raum von mindestens zwanzig Personen Fingerabdrücke identifiziert worden, von denen einige aktenkundig waren, zumeist wegen

Beschaffungskriminalität oder Rauschgiftdelikten. Auf dem Objektivdeckel der Kamerafirma Nikon waren ebenfalls Fingerabdrücke nachgewiesen worden, die man noch nicht hatte zuordnen können.

Auf dem Ledergurt, der zur Strangulation geführt hatte, wurden keine Fingerabdrücke festgestellt.

»Müssten da nicht welche drauf sein, wenn das Sexspielzeug gewesen wäre?«, fragte Kammowski Susanne am Telefon.

»Deinen Gedankengang hatten wir auch. Wir haben uns den Gürtel sehr genau angesehen, aber nichts Rechtes gefunden.«

»Heißt das nun, es war gar nichts darauf zu finden oder nur nichts, was für einen verwertbaren Abdruck gereicht hätte?«

»Letzteres, also, das war schon interessant. Wir haben unvollständige Spuren in dem Bereich gefunden, der um seinen Hals gewickelt war, aber nichts an den Enden. Die waren blank.

»Und, was schließt Ihr daraus?«

»Nun, ich könnte mir vorstellen, dass das Opfer versucht hat, sich von dem Gurt zu befreien und dabei Spuren hinterlassen hat. Derjenige, der am anderen Ende gezogen hat, hatte wohl Handschuhe an.«

Eine Pause entstand.

»Wie sicher ist das?«, fragte Kammowski.

»Reine Spekulation«, gab Susanne Pötters zu. »Die Spuren waren so dürftig, dass ich nicht mal sicher sagen kann, dass sie wirklich vom Opfer stammen.«

Auf den Gläsern und der Flasche hatten sie reichlich Fingerabdrücke gefunden, und sie stammten nur von zwei Personen: vom Toten und einer ebenfalls aktenkundigen Person, Michael

Fritsche, vierundzwanzig Jahre alt. Fritsche hatte trotz seines jugendlichen Alters bereits eine einschlägige kriminelle Karriere hinter sich. Er kam aus zerrütteten Familienverhältnissen, war überwiegend in Heimen aufgewachsen und hatte sich bereits als Jugendlicher prostituiert. Er hatte eine Entzugsbehandlung wegen Heroinabhängigkeit hinter sich. Mit neunzehn war er wegen illegalen Rauschgiftbesitzes zu einer Bewährungsstrafe verurteilt worden, seither aber nicht mehr auffällig gewesen. Auch die Gideon-Bibel, die neben dem Toten gelegen hatte, wies Fingerabdrücke von Fritsche auf.

»Da werden wir den Herrn Fritsche wohl mal fragen müssen, was gestern Abend passiert ist«, sagte Kammowski, mehr zu sich selbst.

Doch Svenja antwortete: »Ich habe schon die Adresse herausgesucht. Wollen wir gleich los? Er wohnt circa eine halbe Stunde von hier.« Kammowski überlegte kurz. Es war nicht an ihr, hier die Kommandos zu geben. Andererseits gab es an diesem Vorschlag ja nichts auszusetzen. Also machten sie sich auf den Weg.

Michael Fritsche öffnete nicht auf ihr Klingeln. Seine Wohnung lag in einem Hinterhof in der Donaustraße. Überquellende Mülltonnen, verrostete Teppichstangen und jede Menge Fahrräder. Zum Teil ohne Räder, oder es waren eben nur noch diese angekettet. Die Mitte des Innenhofs wurde von einer alten Kastanie eingenommen, die trotz der Jahreszeit und den fehlenden Blättern eine düstere Dominanz ausstrahlte. Jemand hatte in einer Ecke versucht, ein Beet anzulegen. Braune Pflanzenreste ragten an Rankgittern aus dem noch mit Schnee bedeckten Beet heraus. Möglicherweise waren das mal Tomaten und Sonnenblumen gewesen. Svenja bezweifelte allerdings, dass in dieser feuchten und dunklen Ecke im Sommer tatsächlich etwas erblüht war und Früchte getragen hatte.

Im Hausflur roch es nach abgestandenem Urin. Es zog unangenehm, einem Flurfenster auf dem ersten Absatz fehlte das Fensterglas.

»Sollen wir mal bei den Nachbarn klingeln, vielleicht weiß jemand etwas?«, schlug Svenja vor und schritt zur Tat, ohne Kammowskis Antwort abzuwarten.

Aber sie hatten kein Glück. Die Gestalten, die hier ihre zum Teil verkaterten Köpfe aus der Tür steckten, waren aus Prinzip nicht zur Kooperation mit »den Bullen« bereit. Der Postkasten im Eingangsbereich quoll über von Briefen und Reklamewurfsendungen.

»Scheint länger nicht mehr geleert worden zu sein«, überlegte Svenja laut.

Kammowski nickte. Sie schoben Michael Fritsche eine Vorladung unter dem Türschlitz in die Wohnung.

»Okay, wir brauchen einen Durchsuchungsbeschluss, und wir müssen den Mann zur Fahndung ausschreiben«, sagte Kammowski, als sie wieder im Dezernat waren, und griff zum Telefon.

»Vielleicht ist er ja einfach bei seiner Arbeit«, gab Svenja zu bedenken.

»Ja, könnte sein, wobei nach der bisherigen Gesamtkonstellation eher davon auszugehen ist, dass er sein Geld mit Prostitution verdient hat. Du kannst ja mal versuchen, etwas herauszufinden. Frag mal bei der Sitte nach. Wenn wir da nicht weiterkommen, statten wir ihm heute Abend noch mal einen Besuch ab.«

»Hab ich schon getan«, überraschte sie Doro, die Kammowskis letzte Sätze gehört hatte und gerade mit einem Blatt Papier in der Hand den Raum betrat. Michael Fritsche war Ende letzten Jahres von der IHK Berlin als Jahrgangszweiter seiner Ausbildungssparte ausgezeichnet worden. Er hatte offenbar eine Ausbildung zum Fahrradmonteur bei einem Neuköllner Betrieb gemacht. Sie legte ihnen einen Zettel mit der Adresse und der Telefonnummer auf den Tisch.

»Hinfahren müsst ihr aber selbst.«

»Danke, das sind ja mal echte Neuigkeiten. Ist das wirklich unser Michael Fritsche? Wer hätte das gedacht, unser Verdächtiger geht einer regelmäßigen Arbeit nach.« Kammowski schüttelte den Kopf. »So schnell kann man sich von seinen Vorurteilen fehlleiten lassen.«

»Doro, kannst du klären, ob der Mann wirklich Diabetiker war und wer sein Hausarzt war?«, rief er Doro hinterher, die im Gehen eine zustimmende Handbewegung machte. »Außerdem muss Frau Steinkopf ihren Mann noch identifizieren, hat sie einen Termin?«

Nun drehte Doro sich doch noch einmal um. »Frau Steinkopf ist heute Nachmittag um 16 Uhr in der Gerichtsmedizin und steht dann zu einer Zeugenaussage bereit«, sagte sie etwas spitz. Wieso taten hier eigentlich alle immer so, als könne sie nur auf Zuruf arbeiten?

»Oh, okay, das ist gut, dann gehe ich mal kurz zu Thomandel rüber und informiere ihn, rufst du bitte in dem Betrieb an?«

Svenja hatte den Hörer schon in der Hand und nickte.

Fünfzehn Minuten später betrat Kammowski mit einer Bäckertüte wieder das Büro und grinste Svenja an. »Thomandel hatte keine Zeit, da habe ich uns mal etwas Nervennahrung besorgt.«

Svenja griff gerne zu, konnte es sich aber nicht verkneifen zu bemerken, dass Gebäck offenbar vom Essverbot in diesem Büro ausgenommen war. Kammowski hatte sie gleich zu Beginn davon in Kenntnis gesetzt, dass er es nicht gerne hatte, wenn in »seinem« Büro Stullen ausgepackt oder Mikrowellengerichte verspeist würden.

Kammowski grinste sie an. »Stimmt genau.«

»Ich habe in Fritsches Betrieb nur eine Telefonkraft erreicht, die keine Auskunft über Mitarbeiter geben wollte. Sie hat mir aber verraten, dass Fritsche nicht zum Dienst gekommen ist. Der Chef soll in einer halben Stunde wieder im Haus sein. Ich habe ihr gesagt, dass wir sofort vorbeikommen.«

Kammowski winkte entschieden ab. »Das mach jetzt mal alleine, Ich fahr rüber zur Gerichtsmedizin. Mal sehen, was die inzwischen herausgefunden haben.«

Eigentlich war es noch viel zu früh für einen Besuch in der Gerichtsmedizin, aber Kammowski hatte den Eindruck, dass seine junge Kollegin begann, ihn herumzudirigieren. Dem galt es von Anfang an Einhalt zu gebieten, wenn man sich nicht auf der Nase herumtanzen lassen wollte.

Auf dem Weg zum »Leichenkeller«, wie die Gerichtsmedizin in Polizeikreisen etwas salopp genannt wurde, hing er seinen Gedanken nach. Svenja war ihm nicht unsympathisch, aber heute kamen die jungen Kollegen selbstbewusst von der Polizeischule. Sie wussten schon alles, und wenn es ihnen doch an der einen oder anderen Stelle an Erfahrung fehlte, so sahen sie das so: Dafür bist du alter Sack ja da, mir das auch noch beizubringen. Als hätten die Älteren eine Bringschuld und sie, die Anfänger, ein Recht, das man einfordern konnte. Wenn er an sich selbst zurückdachte, erinnerte er sich an einen schüchternen jungen Mann, der niemals gewagt hätte, sich als Anfänger vorzudrängen und Vorschläge zur Handlungsweise zu machen. Man ließ den Älteren den Vortritt, und man wusste, dass man sich deren Vertrauen erst erarbeiten musste. Die gaben ihr Wissen nur in kleinsten Mengen preis, sie hatten es sich schließlich selbst hart erwerben müssen. Wissen war Macht, und man ging nicht so freizügig damit um.

Heute gab es für alles »Ermittlungspfade«, eine Art Leitlinie, wie man sich in der jeweiligen Situation zu verhalten hatte. Die alten Originale, die für ihren Erfolg berühmt waren, deren unkonventionelle Techniken man bewundert hatte und deren Fälle gerne an Weihnachtsfeiern zu später Stunde zum Besten gegeben wurden, gab es nicht mehr. Transparenz und Qualitätskontrolle hießen jetzt die Schlagworte. Kein Wunder, dass die Jungen meinten, jede Situation bereits durchgespielt zu haben. Und doch, der Praxisschock ließ meist nicht lange auf sich warten. Es war eben ein Unterschied, ob man im Flugsimulator saß oder ob man die Boeing selbst zurück auf den Boden bringen musste. Aber Svenja machte auf ihn wirklich einen hellwachen Eindruck. Fast schon zu engagiert. Man musste sie eher etwas bremsen als antreiben. Aber wenn jemand bei der Arbeit mitdachte und man ihm nicht alles vorkauen musste, war ihm das angenehm. Nur hätte Thomandel sie nicht in sein Büro setzen sollen.

Die Besuche im Leichenkeller waren für Kammowski nach all den Jahren immer noch unangenehm. Der Geruch dort ging ihm an die Nieren. Aber der Gerichtsmediziner, Professor Dr. Mehmet Becker, ein athletisch gebauter Mann, war ein origineller Typ. Anfang vierzig, türkischstämmig, mit einer Glatze, die durchtrainierten, gebräunten Arme tätowiert und immer ein Grinsen im Gesicht. Kälteempfindlich schien er nicht zu sein. In seinem Büro, sommers wie winters ungeheizt, lief er zumeist in einem T-Shirt umher, das sich eng über der imponierenden Pectoralismuskulatur spannte. Er wirkte wie ein Türsteher vor dem Berghain, einem bekannten Berliner Club, war aber ein exzellenter Pathologe und Gerichtsmediziner, der sich nicht mit dem Offensichtlichen zufriedengab, sondern gerne querdachte, wie er es selbst bezeichnete. Hatte Becker einmal Verdacht geschöpft, ließ er nicht mehr locker. Vielleicht als Ausgleich für seine, in Kammowskis Augen, grauenhafte Tätigkeit, trat er nebenberuflich als Kabarettist auf. Anfangs hatte er seine Kunst nur unter Freunden zum Besten gegeben. Inzwischen war er in seiner Freizeit auf Kleinkunstbühnen unterwegs.

»Was geht?«, empfing ihn Becker wie immer bester Laune, den Türkenslang nachahmend. Beckers Familie lebte schon in der zweiten Generation in Deutschland, er hatte einen deutschen Vater und sprach normalerweise reinstes Hochdeutsch.

»Das wollte ich von dir wissen«, gab Kammowski zurück. »Ich komme wegen der Hotelleiche.«

»Ja, hallo, Kollege, wo ist dein karibischer Rhythmus geblieben? Die ist doch erst seit einigen Stunden in meiner Obhut. Ich ruf dich an, wenn ich so weit bin. Was machst du überhaupt hier? Ich dachte, du trinkst Rum, rauchst 'ne Havanna und tanzt mit schönen Frauen Salsa?« Dazu wiegte er sich lasziv in den Hüften.

Kammowski grinste. »Schnee von gestern. Kannst du mir noch gar nichts erzählen?«

»Doch«, gab Becker zurück. »Tot ist er.«

»Sicher?«, grinste Kammowski.

»Ja, soweit man da sicher sein kann. Du weißt ja, die Medizin ist die ungenaueste aller Wissenschaften, und so mancher ist nach der Beerdigung aufgewacht und um ihn herum war alles so dunkel. Ich habe da gerade erst einen Artikel über einen interessanten Fall gelesen ...«

»Lass stecken!« Kammowski schüttelte sich.

»Aber eines ist erwähnenswert«, erwiderte Becker, wieder ernst werdend, »ich habe an der Leiche Sperma gefunden. Das haben wir schon untersucht, es stammt nicht von ihm selbst. Er ist anal penetriert worden.

»Du meinst, er ist vergewaltigt worden?«

»Nein, das habe ich damit nicht gesagt, bisher habe ich nichts gesehen, was auf Gewalt hinweist.«

»Was hast du denn sonst noch gesehen?«

»Mensch, Kammowski, jetzt nerv nicht, ich sag doch, ich sehe mir den erst noch genau an, aber auf den ersten Blick habe ich außer der Strangulation nichts gefunden, keine weiteren Verletzungen, die von Abwehr zeugen könnten. Ich glaube daher nicht, dass er vergewaltigt wurde. Er hat noch ein paar Einstiche, frischere und ältere, im Bauch und an den Oberarmen, von Injektionen.«

»Du meinst, der war ein Junkie?«

»Nein, sieht mehr nach subkutanen Injektionen aus. Wie wenn man sich Heparin oder Insulin spritzen muss«, beeilte sich Becker zu erklären. »Heroin spritzt man in die Vene.«

»Passt gut, wir haben einen Insulininjektor am Tatort gefunden.«

»Okay, dann ist das ja geklärt, alles Weitere steht dann in meinem Bericht, und den kriegst du frühestens morgen.« Becker schob ihn aus seinem Büro. »Ich habe noch andere Leichen vor mir«, behauptete er und zog fröhlich winkend Richtung Cafeteria ab, wie Kammowski schmunzelnd registrierte.

Nachdem Svenja und Kammowski von ihren Terminen zurückgekehrt waren, besprachen sie sich mit Doro. Svenja berichtete, dass Michael Fritsche seit Montag ohne Entschuldigung bei der Arbeit gefehlt habe, was absolut untypisch für ihn sei. Sein Chef hätte nur Positives berichtet: Nett, zuverlässig, engagiert, er wäre froh, wenn er immer solche Lehrlinge hätte.

»Da haben unsere Akten aber ein ganz anderes Bild von dem Mann gezeichnet.«

»Ja, sieht so aus, als hätte der noch mal die Kurve gekriegt.«

»Ja, vielleicht, aber wo steckt der Mann jetzt?«

Doro hatte die Mobilfunkbetreiber von Fritsche und Steinkopf ermittelt und konnte berichten, dass die beiden am Sonntagnachmittag miteinander telefoniert hatten. Fritsche hatte danach nicht mehr telefoniert. Sein Telefon hatte sich zuletzt in den frühen Morgenstunden des Montags in eine Funkzelle in der Nähe seiner Wohnung eingewählt und war danach offenbar ausgeschaltet worden.

»Sehr gut, Doro«, sagte Kammowski. »Dann müssen wir jetzt sofort in seine Wohnung rein, mit oder ohne Durchsuchungsbeschluss.«

»Mit«, grinste Doro und wedelte mit einem Blatt Papier in der Luft, als handele es sich um einen Fächer.

»Na, dann nichts wie los.«

Eine Stunde später öffnete ein Spezialteam Michael Fritsches Wohnung. Als Svenja als Erste die Wohnung betreten wollte, hielt Kammowski sie zurück.

»Ladies not always first«, sagte er in einem Tonfall, der keinen Widerspruch zuließ, und schob sie einfach beiseite, um selbst mit gezogener Waffe die Wohnung zu betreten. Aber diese Vorsicht erwies sich als unnötig. Die Wohnung war verlassen und machte einen geradezu unbewohnten Eindruck. Das spärliche Mobiliar wirkte kunterbunt zusammengewürfelt aus Sperrmüll und Ikea. Kein Bild schmückte die Wand, es gab keine Musikanlage, keinen Fernseher, keine Handystation. Da erschien das nagelneue und sicher teure Rennrad im Flur geradezu deplatziert. Aber vor dem Hintergrund von Fritsches beruflicher Tätigkeit war das nicht so verwunderlich. Der Brief mit der Vorladung, den sie am Vortag durch den Türschlitz geschoben hatten, lag ungeöffnet im Flur. Wenn Fritsche zwischenzeitlich in der Wohnung gewesen war, so hatte er den Umschlag jedenfalls nicht angerührt.

»Der Mann kann ja nicht vom Erdboden verschluckt worden sein«, sagte Kammowski in das Schweigen hinein. »Irgendeine Spur hinterlässt jeder. Oder wir finden ihn über die Ringfahndung.«

Olga Steinkopf erschien in einem eleganten, schwarzen Hosenanzug in der Gerichtsmedizin und wirkte noch attraktiver als am Vortag, als sie in Hauskleidung gewesen war. Sie war in Begleitung eines älteren Mannes, den sie als Karl-Heinz Peters, ihren Vater, vorstellte. Beide identifizierten ohne sichtbare emotionale Regung die Leiche als Kai Steinkopf.

»Wir müssen auch noch eine offizielle Befragung vornehmen«, sagte Kammowski.

»Willst du das nicht lieber im Beisein deines Anwalts tun?«, gab ihr Vater zu bedenken, aber Olga Steinkopf winkte ab und willigte ein, sie zusammen mit ihrem Vater ins LKA zu begleiten.

Frau Steinkopf berichtete, sie habe eine gute Ehe geführt, sei mit ihrem Mann glücklich gewesen, habe keine finanziellen Sorgen gehabt. Ihr Mann habe gut verdient, sie habe sich um die drei Kinder gekümmert. Ihres Wissens habe er keine Feinde gehabt. Von seiner Arbeit habe er zwar nie viel erzählt, sie könne sich aber nicht vorstellen, dass diese mit seinem Tod zusammenhänge, schließlich habe er in einem Krankenhaus gearbeitet.

»Wussten Sie denn, dass er in einem Hotel in der City übernachten wollte?«, hakte Kammowski nach, auf den der Bericht bisher allzu geschliffen gewirkt hatte.

»Nein, ich dachte, er sei auf einer Dienstreise in Belgien.«

Ihr Blick war jetzt der eines trotzigen Kindes, das die Welt nicht mehr verstand.

»Er ist am Freitagmorgen losgefahren und wollte am Montagabend erst spät zurück sein. Ich weiß nicht, warum er seine Pläne geändert hat, und ich weiß erst recht nicht, warum er dann nicht nach Hause kam.« Sie verschränkte die Arme, als wolle sie klarstellen, dass sie jetzt mit ihrem Bericht am Ende angekommen sei und in Ruhe gelassen zu werden wünsche.

Aber Svenja ließ sie noch nicht von der Angel. »Wann genau haben Sie zuletzt mit Ihrem Mann gesprochen?«

Hier zögerte Frau Steinkopf zum ersten Mal. Schließlich sagte sie: »Am Sonntagabend hat er mich aus Brüssel angerufen. Zumindest dachte ich, dass er da noch in Brüssel war. Das muss so gegen achtzehn Uhr gewesen sein.«

»Und wie ist er nach Brüssel gefahren?«, fragte Svenja.

»Mit seinem Auto, er hat einen BMW.« Als sie die erstaunten Blicke bemerkte, fügte sie hinzu: »Er hat unter Flugangst gelitten, und mit dem Zug ist er nicht gerne gereist.«

»Wissen Sie, mit wem er sich in Brüssel treffen wollte?«, setzte Kammowski das Gespräch fort.

»Er hatte dort einen geschäftlichen Termin, mehr weiß ich nicht.«

»Aber ist es nicht ungewöhnlich, dass er dort übers Wochenende bleiben wollte?«, bohrte Kammowski nach.

Frau Steinkopf schwieg einen Moment. »Mir hat er gesagt, dass er am Freitagnachmittag und am Montagmorgen Termine hätte, und ich hatte keinen Grund, an seinen Worten zu zweifeln.« Sie wirkte jetzt verschlossen, setzte dann aber doch noch erklärend nach, sie wisse wirklich nicht, mit wem er sich getroffen habe. Sie habe sich einfach nicht für seine dienstlichen Angelegenheiten interessiert, das sei kein Thema zwischen ihnen gewesen.

»Wo waren Sie selbst am Sonntagabend?«, fragte Kammowski.

»Zu Hause bei den Kindern, wo sonst.«

»Kann das jemand bestätigen?«

»Vielleicht mein Vater«, überlegte Frau Steinkopf. »Mit ihm habe ich noch zu Abend gegessen, dann habe ich die Kinder ins Bett gebracht. Später haben wir noch kurz zusammengesessen und sind dann zu Bett gegangen.«

»Hatte Ihr Mann eine Lebensversicherung zu Ihren Gunsten abgeschlossen?«

Olga Steinkopf zuckte mit den Achseln. »Das weiß ich nicht, um so etwas habe ich mich nicht gekümmert. Ich werde versuchen, es herauszufinden.«

»Tun Sie das.« Kammowski konnte sich einfach keinen Reim auf die Frau machen. War sie wirklich so naiv, oder konnte sie sich nur gut verstellen?

Frau Steinkopf schien seine Gedanken zu erraten. »Vielleicht hätte ich mich mehr um solche Sachen kümmern müssen«, sagte sie leise, »aber mir liegt das nicht, und Kai hatte auch so eine Art, diese Dinge zu seiner Sache zu machen. Ich hatte keinen Grund, ihm zu misstrauen. Da wird man irgendwann vielleicht etwas bequem.«

Auch Herr Peters war mit einem Gespräch einverstanden. Sie führten es gleich im Anschluss durch, nachdem Frau Steinkopf im Wartebereich Platz genommen hatte. Kammowski signalisierte Svenja, sie solle die Gesprächsführung übernehmen, und blieb im Hintergrund.

Karl-Heinz Peters hatte einen deutschen Pass, gab aber als Wohnort Bagdad an. Auf Svenjas fragenden Blick hin erklärte er: »Ich bin in der DDR Offizier gewesen. Nach der Wende musste ich mich selbstständig machen, und ich kann es mir nicht leisten, in Deutschland Steuern zu zahlen. So einer wie ich hat doch nichts an Rente zu erwarten, aber strafbar ist das nicht, was ich tue.«

Svenja war sich dessen nicht so sicher, sagte aber nichts. Das hatte mit dem Fall nichts zu tun, und das gab sie Herrn Peters mit einem Nicken zu verstehen.

Er sei nur zu Besuch bei seiner Tochter und könne ihre Aussage vollumfänglich bestätigen, fuhr Peters fort. Er sei gegen Mitternacht noch einmal mit dem Hund ums Haus gegangen und habe beim Weggehen Licht im Zimmer seiner Tochter gesehen. Als er zurückkam, sei es erloschen gewesen.

»Was hältst du von den beiden?«, fragte Svenja Kammowski, als sie wieder alleine waren.

»Schwer zu sagen.«

»Ich werde einfach das Gefühl nicht los, dass die uns nicht die Wahrheit sagen«, fuhr Svenja fort. »Die Frau muss doch eine Ahnung gehabt haben, was ihr Mann da treibt!«

»Wenn es ihr peinlich ist, wäre das auch ein Grund, nicht darüber reden zu wollen.« Kammowski strich sich bedächtig über den Bauch und ergänzte dann: »Wollen wir mal schauen, ob es in der Kantine noch etwas zu essen gibt?«

Svenja lehnte dankend ab. Ihr schmeckte das Essen in der Kantine nicht, nachmittags gab's da ohnehin nur noch belegte Brötchen, und sie hatten ja heute schon Kuchen gegessen.

»Ist besser, wenn man sich da blicken lässt, schon allein wegen der Sozialkontakte«, mahnte Kammowski, aber Svenja ließ sich nicht beirren.

»Liegt mir nicht so, der Kantinenklatsch.«

Kammowski verzog die Mundwinkel und rückte alleine ab. Das war fürsorglich gemeint gewesen. Als Neuling musste man sich erst einmal im Team einfinden, gemeinsame Kantinenbesuche waren da zumindest nicht hinderlich.

»Da hat jemand für dich angerufen, Matze«, informierte ihn Svenja, als Kammowski nach dem Besuch in der Kantine das Büro betrat.

»Für dich bin ich immer noch Mathias«, korrigierte er Svenja. Woher kannte Svenja auf einmal seinen Spitznamen von früher? Seit der Schulzeit hatte ihn niemand mehr Matze genannt, selbst Klaus war irgendwann zu Mathias übergegangen.

»Weiß ich nicht, sie hat gesagt, sie ruft wieder an«, gab Svenja ungerührt zurück, die es offensichtlich nicht für nötig hielt, auf seine Bemerkung einzugehen. Als von ihm keine Reaktion kam, fügte sie nach einer Weile hinzu: »Sie hat aber gesagt, wie sie heißt, Christine von Hehn. Und sie hat dir eine Nummer hinterlassen, falls du zurückrufen willst.«

Kammowski sah erleichtert auf. Er hatte einen Anruf seiner Ex-Frau befürchtet. Sie hatte ihm mit hörbarer Verärgerung schon frühmorgens auf die Mailbox gesprochen. Seit Tagen drückte er sich vor dem Gespräch. Telefonate mit Elly bedeuteten immer Ärger. Es ging vermutlich immer noch um die Abifahrt ihrer gemeinsamen Tochter. Charlotte war noch keine achtzehn, und sie brauchten daher auch sein Okay für die Fahrt, was er bisher verweigert hatte. Nicht nur wegen der Kosten, wie man ihm unterstellte. Er hörte doch täglich von Katastrophen, die auf diesen Sauforgien ohne verantwortliche Erwachsene in bulgarischen Billighotels passierten. Betrunkene Jugendliche stürzten sich vom Balkon in den zu flachen Swimmingpool, Mädchen wurden vergewaltigt oder geschwängert. Vielleicht war es aber auch einfach das kränkende Gefühl, in keine ihrer Entscheidungen noch wirklich einbezogen zu werden. Er fühlte sich immer mehr auf seine Aufgabe zu zahlen und zu unterschreiben reduziert. Trotzdem, er würde heute Abend nicht um den Anruf in Köln herumkommen.

Christine hatte er seit Jahren nicht mehr gesehen. Jetzt verstand er, warum Svenja ihn »Matze« genannt hatte. Mit Christine von Hehn, damals Tine genannt, hatte er zwei Jahre lang die Schulbank gedrückt, obwohl sie eigentlich unterschiedliche Schulen besuchten. Im Zuge neuer Koedukationskonzepte hatten sein Schulfreund Wolli und er am Deutschunterricht des Mädchengymnasiums teilgenommen. Sie waren sich damals ziemlich cool vorgekommen. Eine Zeit lang hatten sie ein unschlagbares Triumvirat gebildet. Wolli war später Kinderarzt geworden, Christine Journalistin, nur er, Matze, hatte das Jura-Studium nicht geschafft und war schließlich Bulle geworden. Sie hatten später eben in verschiedenen Welten gelebt, so hatte er sich erklärt, warum der Kontakt fast gänzlich abgebrochen war. Vor knapp zehn Jahren waren er und Christine sich allerdings noch einmal sehr kurz sehr nahegekommen, als sie sich zufällig in Dinslaken über den Weg gelaufen waren. Was wollte sie nach all den Jahren von ihm?

»Dann gib mir mal die Nummer«, sagte er leichthin zu Svenja, »ist nur 'ne Journalistin«, und er ärgerte sich über sich selbst, dass er sich rechtfertigte. Svenja nickte nur, während sie weiter in ihrer Akte las. Kammowski warf ihr einen verstohlenen Blick zu. Er wurde den Eindruck nicht los, dass Svenja ihn durchschaute. Als würde sie ihn schon seit Jahren kennen. Diese Erkenntnis ließ seine Laune nicht besser werden.

Verstimmt widmete er sich den Berichten von der Ersten Inspektion und dem vorläufigen der KTU.

Erst am späten Abend fiel ihm Christine wieder ein, als er beim Zubettgehen den Zettel, auf dem Svenja ihm die Telefonnummer notiert hatte, in seiner Jeanstasche fand. Er zögerte einen Moment, sah auf die Uhr. Ob es vielleicht schon zu spät war, noch anzurufen? Dann wählte er, seine Bedenken verscheuchend, die Nummer. Sie ging überraschend rasch ans Telefon. Also hatte sie noch nicht geschlafen!

Und dann war es wie früher, als lägen zwischen heute und ihrer letzten Begegnung nicht Jahre, sondern allenfalls Tage. Irgendwann kamen sie zu der Übereinkunft, dass die Nacht auch zum Schlafen da war, und sie verabredeten sich für das kommende Wochenende zum Essen.

# 14

## LKA

Mittwoch, 12. Februar

Thomandel tobte. »Wer hat dieses Bild an die Presse weitergegeben?« Seine Stimme schien sich überschlagen zu wollen, als er mit der *Berliner Gazette* in der Luft wedelte.

An den entscheidenden Stellen mit schwarzen Balken versehen und etwas unscharf, aber doch klar zu erkennen, wurde dort die unbekleidete Hotelleiche präsentiert.

**Erneut Skandal bei den Barmherzigen Schwestern zu Bernau – Geschäftsführer tot mit Bibel aufgefunden**

Die Skandale um den Berliner Krankenhausbetrieb der Barmherzigen Schwestern zu Bernau reißen nicht ab. Der Geschäftsführer des Unternehmens, Kai Steinkopf (48), dreifacher Familienvater, ist unter mysteriösen Umständen in einem Berliner Hotel ums Leben gekommen. Erst vor zweieinhalb Jahren hatte er die Leitung des Betriebs übernommen, nachdem die frühere Geschäftsleitung in den Verdacht geraten war, im großen Stil Krankenkassengelder veruntreut zu haben (wir berichteten). Auch Kai Steinkopf wurden zuletzt illegale Methoden unterstellt, bislang konnte ihm jedoch nichts nachgewiesen werden. Die Umstände seines Todes sind noch völlig ungeklärt. Aus Polizeikreisen verlautete, dass der Tote unbekleidet und mit einer Bibel neben sich aufgefunden wurde. Wollte er sich von seinen Sünden frei machen, bevor er vor seinen Herrgott trat? Oder handelt es sich um einen makabren Racheakt? Die Polizei tappt noch völlig im Dunkeln.
M.G.

Kammowski stöhnte. So ein Artikel konnte sämtliche Ermittlungen ruinieren. Und doch gab es immer wieder Kollegen, die mit der Presse zusammenarbeiteten. Auch er hatte gelegentlich ein paar Fakten herausgerückt, um an Informationen zu kommen. Die Presse konnte Quellen nutzen, die ihnen als rechtschaffenen Polizisten verschlossen blieben. Doch da gab es ungeschriebene, aber dennoch klar definierte Grenzen, und mit diesem Foto war die Grenze des Anstands und der Kollegialität eindeutig überschritten.

»Ich erwarte, dass derjenige, der das zu verantworten hat, sich unverzüglich bei mir meldet«, rief Thomandel in diesem Moment. Alle sahen auf Kammowski. Der verdrehte die Augen. Nur, weil das sein Fall war, hieß das nicht, dass er das Bild weitergegeben hatte.

»Was schaut ihr mich an«, raunzte er.

Da kamen ja wohl auch noch andere infrage, dachte er. Die Berichte von der Ersten Inspektion und den Bericht von der KTU hatte er gestern am späten Nachmittag durchgeblättert und offen auf seinem Schreibtisch liegen lassen, wie andere Akten auch. Da hätte jeder drangehen können. Zumindest jeder, der Zugang zu ihren Räumen hatte. Nach der Besprechung ging er in sein Büro, sah sich die Berichte noch einmal an, konnte ihnen aber keine neuen Erkenntnisse entnehmen.

Svenja schielte zu Kammowski hinüber, wurde aber aus seiner verschlossenen Miene nicht schlau. Offenbar ließ er sie nicht an seinen Überlegungen teilhaben. Stattdessen drängte er sie etwas unwirsch, endlich den Fall der Misshandlungsanzeige abzuschließen. Hier waren aber noch Telefonate mit dem Jugendamt und dem Kinderarzt zu erledigen. Die Abteilung 125 hatte sie gebeten, »den Fall noch rund zu machen«, bevor er an sie zurückging. Kammowski hatte großherzig zugesagt, aber mit keinem Wort erwog er die Möglichkeit, die Arbeit selbst zu übernehmen. Natürlich war sich Svenja darüber im Klaren, dass man als Anfänger den Alten Routinekram abnehmen musste. Aber der Umgang mit Kammowski gestaltete sich manchmal etwas zäh. Sie fand es auch merkwürdig, dass er sie gebeten hatte, sich für die Abfassung ihres Berichts zu Kevin Ordyniak ins Büro zu setzen. Ihr war es im Prinzip gleichgültig, an welchem Schreibtisch sie ihre Aktenarbeit erledigte, aber sollte sie sich wirklich einfach so aus dem gemeinsamen Büro vertreiben lassen?

Sie entschied, erst einmal keinen Streit anzufangen, zog mit ihrer Akte ins Nachbarbüro und führte einige Telefonate. Der Kinderarzt, dessen Namen ihnen Frau Timisi ohne Weiteres gegeben hatte, wollte natürlich wegen seiner Schweigepflicht keine Angaben machen, versprach aber immerhin, besondere Obacht walten zu lassen. Beim Jugendamt war die Familie bisher nicht aufgefallen. Die zuständige Mitarbeiterin sagte ohne Begeisterung einen Besuch zu. Dann telefonierte Svenja noch einmal mit der Nachbarin, die die Anzeige erstattet hatte. Diese räumte schließlich ein, niemals gesehen zu haben, dass das Baby misshandelt wurde. Sie hatte es nur schreien hören.

»Babys schreien doch manchmal«, sagte Svenja.

»Aber nicht stundenlang, das ist nicht normal. Da war es meine Pflicht, das zu melden.«

»Sicher, das haben Sie ganz richtig gemacht, besser einmal zu viel als einmal zu wenig«, seufzte Svenja. Sie war sich inzwischen sicher, dass es sich in diesem Fall eher um eine missgünstige Nachbarschaftsbeziehung handelte, aber das Bauchgefühl half in solchen Fällen nicht weiter, und sie war froh, der Angelegenheit nicht weiter nachgehen zu müssen. Sie dokumentierte alles, was bis dahin ermittelt worden war, und leitete die Akte dann an die zuständige Abteilung 125 weiter. Danach ließ sie sich von Doro auf einen »Kaff mit Schwätzchen« einladen.

Äußerlich glich Doro eher einer dieser durchgestylten, ältlichen Vorzimmerdamen, die mehr Energie in die Erhaltung ihrer äußeren Erscheinung als in die Qualität ihrer Arbeit steckten. Ihr Reich war ein großer Schreibtisch im Flur, wo Letzterer sich nischenartig erweiterte und wegen der kegelförmigen Oberlichter wie ein Innenhof wirkte. Von hier gingen die meisten Büros ihrer Abteilung ab. Doros Arbeitsplatz war dadurch Schaltzentrale, Vorzimmer, Portiersloge und Café in einem, und sie residierte darin, umgeben von einem Meer Kübelpflanzen wie in einem botanischen Garten. Jeder andere hätte ein ordentliches Büro eingeklagt, aber Doro hatte die Vorzüge des Standorts sofort erkannt. Hier kamen alle mehrmals täglich vorbei und hinterließen Informationen aller Art. Die Menschen waren ja so kommunikationsbedürftig! Sie hatte sich eine Korbstuhlgarnitur organisiert, einige spanische Wände und eine Espressomaschine und herrschte in ihrem Reich mit einer Selbstverständlichkeit, die dazu führte, dass sogar Thomandel, der dem Treiben anfangs abweisend gegenüberstand, klein beigeben musste.

»Du kannst hier doch kein Café aufmachen«, hatte er sich aufgeregt, aber inzwischen kam selbst er gelegentlich auf einen Kaffee vorbei. Der war ja auch Klassen besser als das, was der Automat am anderen Ende des Flurs auswarf. Und wenn Doro mal nicht zum Plaudern aufgelegt war, flötete sie: »Keine Zeit, Schätzchen«, und niemand hätte es gewagt, sie zu bedrängen.

Wenn etwas in den Datenbänken der Welt gefunden werden konnte, fand sie es. Aber wenn Doro jemanden nicht mochte, konnte sie ihn auch am ausgestreckten Arm verhungern lassen, hatte Kevin behauptet. Bisher machte Doro allerdings nicht den Eindruck, als wollte sie Svenja verhungern lassen. Sie war von Anfang an ausgesprochen freundlich gewesen und hielt auch jetzt nicht mit Ratschlägen hinterm Berg, zumal sie rasch begriffen hatte, dass Kammowski Anstalten machte, Svenja aus seinem Büro zu drängen.

»Thomandel hat dich ihm nun mal zugeteilt, das wird der alte Grantler schon noch fressen«, erklärte sie freundlich. »Bleibt ihm ja gar nichts anderes übrig. Jetzt setz dich einfach wieder rein, da stehen zwei Schreibtische, und einer davon ist deiner. Kümmere dich nicht weiter um ihn, wenn er murrt. Du wirst sehen, er ist kein schlechter Kerl, von dem kannst du viel lernen, und außerdem: Hunde, die bellen, beißen nicht.«

Mit sanftem Druck einer perfekt manikürten Hand auf ihrer Schulter gab sie Svenja zu verstehen, dass sie sich nicht dauerhaft in einem der Korbsessel verkriechen konnte. Und Svenja entschied, sich nicht mehr aus dem Büro schicken zu lassen.

Später nahm Kammowski keinen Anstoß daran, dass sie wieder das Büro teilten, lobte ihren Abschlussbericht zur Kindesmisshandlung, und sie führten einige Telefonate wegen eines neuen Falls: Am Vortag war eine Frau aus dem Landwehrkanal gezogen worden. Dann gingen sie gemeinsam zur Teambesprechung und berichteten über die bisherigen Ermittlungsergebnisse zum Fall Steinkopf.

Die Vernehmung der Ehefrau hatte keine sachdienlichen Hinweise geliefert. Die KTU hatte die Handykontaktdaten von Kai Steinkopf aufgelistet und ein Bewegungsprofil anhand der Einwahlpunkte erstellt. Demnach war er am Freitag tatsächlich nach Belgien gefahren, aber bereits am Samstag zurückgekommen. Olga Steinkopf behauptete aber, ihn am Freitag zuletzt gesehen zu haben. Doro berichtete, dass sie bisher die Nummer seiner Frau, von Michael Fritsche und verschiedene Nummern seiner Arbeitsstelle hätte zuordnen können. Andere, wie eine Nummer mit belgischer Vorwahl, war noch nicht identifiziert. »Da bin ich aber dran«, ergänzte sie.

»Morgen nehmen wir uns den Arbeitsplatz des Toten vor. Vielleicht erfahren wir da mehr über die Dienstreise nach Brüssel. Werner hat in Aussicht gestellt, dass sich seine Leute um das Arbeitszimmer des Opfers zu Hause kümmern«, beendete Kammowski den Rapport.

»Wieso morgen, warum nicht heute?«, wollte Thomandel wissen.

»Wir können auch heute hin, aber du hast uns die tote Frau aus dem Landwehrkanal zugeteilt. Da müssen wir auch dranbleiben, oder?«

»Was ist denn eigentlich mit dem Obduktionsbericht von Steinkopf?«, lenkte Thomandel vom Thema ab.

»Den haben wir noch nicht«, räumte Kammowski ein. »Becker legt sich zwar fest, dass Steinkopf durch Strangulation zu Tode gekommen ist, aber seine endgültige Beurteilung, ob nun Selbsttötung oder Mord, steht noch aus.«

»Mensch, Kammowski, dann kümmere dich mal darum, wir haben morgen um neun Uhr einen Termin mit dem Staatsanwalt. Bis dahin müssen alle Fakten auf dem Tisch sein.«

Als sie wieder in ihrem Büro waren, lag der Abschlussbericht der KTU vor. Kammowski las ihn aufmerksam und reichte ihn dann Svenja.

Auf dem Boden des Hotelzimmers hatte rötlicher Splitt gelegen. Falls das Hotelzimmer vor Steinkopfs Anwesenheit halbwegs gereinigt worden war, könnte dies ein Hinweis sein.

Der Tote hatte ihn jedenfalls nicht mit hereingetragen. Unter seinen Schuhen, die eine Profilsohle aufwiesen, war kein Splitt nachweisbar gewesen.

Bei dem Medikament, das bei Steinkopf gefunden worden war, handelte es sich um Viagra, ein potenzsteigerndes Mittel.

»Also, Svenja, was ist zu tun?«, fragte Kammowski, nachdem auch sie die Akte studiert hatte.

»Wir müssen mit der Gerichtsmedizin klären, ob er Viagra eingenommen hat«, antwortete Svenja prompt. »Ich dachte immer, das ist für alte Männer«, ergänzte sie nachdenklich, »war er nicht noch ein bisschen jung dafür?«

»Es soll vorkommen, dass auch junge Männer solcher Hilfsmittel bedürfen.«

»Hey, Matze, sprichst du jetzt aus Erfahrung?«

»Hör mal, ich bin für dich immer noch Mathias oder Herr Hauptkommissar Kammowski«, entgegnete Kammowski, dem das Gespräch eindeutig in die falsche Richtung ging.

Doch Svenja war mit ihren Gedanken längst woanders, da der Ehemann der Frau aus dem Landwehrkanal zur Zeugenaussage eingetroffen war. Sie vernahmen ihn, überprüften sein Alibi und suchten am Nachmittag weitere Freunde, Bekannte und behandelnde Ärzte auf. Die Frau war offenbar psychisch krank und war bereits mehrmals wegen Suizidversuchen in Krankenhäusern gewesen.

Kurz vor Feierabend gelang es Svenja, Professor Becker wegen des Obduktionsberichts telefonisch zu erreichen. Er behauptete, dass er seinen Bericht schon gefaxt hätte. »Den müsstet ihr längst haben.«

»Haben wir aber nicht«, antwortete Svenja. »Könnten Sie mir vielleicht die wichtigsten Ergebnisse zusammenfassen und ihn dann noch einmal faxen?«

»Wo ist denn Kammowski?«, fragte Becker.

»Sie können ruhig mit mir reden«, versicherte ihm Svenja. »Herr Kammowski und ich, wir tauschen uns diesbezüglich aus, ich bin seine neue Kollegin, Svenja Hansen.« Dabei drückte sie den Knopf der Freisprechanlage.

Kammowski grinste. Das versprach ein interessanter Dialog zu werden.

»Also gut, Kollegin Hansen«, setzte Becker an, »Ihr Opfer ist mit großer Wahrscheinlichkeit an einer Kombination von Strangulation und Unterzuckerung gestorben. Er hat Urin unter sich gelassen, einen Zungenbiss gehabt, was für einen epileptischen Anfall vor dem Tod spricht, was wiederum im Rahmen einer Unterzuckerung durchaus nicht ungewöhnlich ist. Das Gehirn liegt in der Fixierung, dazu kann ich noch nichts sagen.«

Er schien zu warten, ob dieser Fakt bei seiner Gesprächspartnerin eine Wirkung hervorrief. Als das nicht der Fall war, fuhr er seufzend fort: »Die Einblutungen in die Bindehaut seiner Augen sprechen sowohl für einen Anfall als auch für Strangulation. Nun, für die Strangulation spricht wiederum eindeutig, dass er mit einem Gurt um den Hals gefunden wurde, nicht wahr?« Becker lachte über seinen Witz. »Er weist ja auch am Hals Strangulationsmale und die übliche Einflussstauung auf, die durch das Abklemmen der großen Venen am Hals verursacht wird. Können Sie mir folgen, Kollegin?«

»Bisher kein Problem, Herr Professor«, sagte Svenja.

»Obwohl er eingepullert hatte«, fuhr Becker fröhlich fort, »war das Blasenvolumen mit zweihundertdreißig Milliliter relativ hoch, was auf eine lange Agonie hindeutet.«

»Eine was?«, fragte Svenja.

»Er hat es nicht leicht gehabt.«

»Sie meinen, er ist langsam gestorben?«, fragte Svenja.

»Genau das«, antwortete Becker. »Strangulieren geht ja eigentlich recht schnell. Ich halte folgenden Ablauf für möglich: Die Strangulation war nicht mit dem primären Ziel der Tötung begonnen worden, sondern mit dem Ziel, das lustvolle Erleben einer sexuellen Handlung zu steigern. Diese Form des Sexspiels ist häufiger, als man denkt … na ja, also durch eine Unterzuckerung, entweder durch eine versehentliche oder durch eine absichtliche Falschdosierung von Insulin, wurde möglicherweise ein epileptischer Anfall ausgelöst. Sowohl der Anfall als auch die Unterzuckerung oder beides zusammen können zu einem Koma geführt haben. Als Folge des Komas wurde die Strangulation nicht so zeitig wieder gelöst, wie es der Mann eigentlich geplant hatte, als er sie sich zum Lustgewinn selbst beibrachte. Alles zusammen hat dann langsam zum Tod geführt. So langsam, dass die Blase, die sich im Anfall eigentlich entleert hatte, noch Zeit hatte, sich wieder zu füllen. Den Rest haben das Kokain und das Viagra besorgt, das wir in seinem Blut in deutlicher, wenn auch nicht in bedenklicher Konzentration nachgewiesen haben.«

»Kokain hat der auch genommen?«, wunderte sich Svenja.

»Ja, er hat nichts ausgelassen, was gut und teuer ist, liebe Kollegin, nimmt ja heute fast jeder – außer uns natürlich.«

Svenja ging nicht darauf ein, sondern fragte stattdessen: »Nimmt auch jeder Viagra?«

»Selbstverständlich nein!«, erwiderte Becker so entschieden, als hätte Svenja ihn nach seinem persönlichen Substanzgebrauch befragt. »Das tun nur die Herren mit Potenzschwierigkeiten. Übrigens können auch Frauen Viagra einnehmen, wussten Sie das?«

Svenja überging auch diese Bemerkung. »War der nicht ein bisschen jung dafür?«

Becker seufzte, heute kam er nicht auf seine Kosten. »Diabetiker leiden in späteren Jahren häufig an Impotenz. Der Zucker greift die Nerven an. Und unser Opfer hatte schon seit seiner Jugend Diabetes.«

»Hat er sich nun selbst umgebracht oder war es jemand anders?«

»Meine liebe junge Kollegin, ich bin Pathologe, aber nicht der liebe Gott. Das müssen Sie schon Kammowski fragen. Hihi, der war gut.« Offenbar war ihm gerade aufgefallen, dass er Kammowski als Gott bezeichnet hatte.

»Das werden wir, Becker«, mischte sich Kammowski grinsend ein.

»Hallo, Kammowski, du bist ja auch da«, lachte Becker laut durchs Telefon.

»Genau, und die letzten zehn Minuten haben mir sehr viel Freude bereitet.«

»Alter Spanner«, schimpfte Becker.

»Also, lass mich noch mal zusammenfassen, du meinst also, wir können den Fall zu den Akten legen?«

»Das müsst ihr schon selbst entscheiden. Die Strangulation wurde ganz klar von hinten durchgeführt. Aber es fanden sich keinerlei Abwehrspuren, keine Hämatome. Wenn der Mörder allerdings sehr schnell war, dann war das Opfer vielleicht ohnmächtig, bevor es sich wehren konnte. Fakt ist, die Strangulation hat ihm mit großer Wahrscheinlichkeit nur das Bewusstsein genommen, aber nicht das Leben. Das war dann eher die Unterzuckerung oder beides. Vielleicht ist der Mörder auch gestört worden. Oder es war doch ein Unfall beim Sex. Aus pathologischer Sicht spricht allerdings einiges dafür, dass ein männliches, nicht impotentes Subjekt mit ihm auf Tuchfühlung gegangen ist.«

»Wir können sogar noch ergänzen, dass sie zusammen Sekt getrunken haben.«

»Wenn man schon gehen muss, sollte man das doch mit etwas mehr Stil tun«, meinte Becker. »Da wäre Champagner das Mindeste.«

»Ach«, sagte Kammowski, »das wird überschätzt.«

»Da hast du auch wieder recht, Kollege, ich bin ja sowieso gegen Alkohol.«

»Hast du eigentlich auch die Tote aus dem Landwehrkanal auf deinem Tisch?«

»Nein, die hat meine Kollegin untersucht. Sie sagt, dass es Selbstmord gewesen sein könnte. Die Leiche weist keine Anzeichen von Gewalteinwirkung auf und hatte Wasser aus dem Landwehrkanal in der Lunge.«

»Danke, das ist hilfreich. Ach, sag mir mal Bescheid, wenn du wieder einen Auftritt hast«, sagte Kammowski abschließend.

Becker versprach ihm Freikarten, und dann legten sie auf.

»Was war das denn?«, fragte Svenja.

Kammowski grinste. »Nicht was, wer. Und die Antwort ist, das war Professor Becker, Gerichtsmediziner. Und du hast dich verdammt gut geschlagen, der hat mit seinem losen Mundwerk schon abgebrühtere Kollegen in die Flucht getrieben. Im zweiten Leben ist er Komiker, und du musst aufpassen, was du sagst, wenn du nicht zum Gegenstand seiner nächsten Show werden willst. Die erste Inspektion hat übrigens einen Abschiedsbrief von der Frau im Landwehrkanal gefunden. Doro hat diverse Menschen ihres Umfelds vorgeladen, wenn das erledigt ist, können wir wenigstens diesen Fall hoffentlich abschließen.«

Kurze Zeit später traf tatsächlich das Fax mit dem Obduktionsbericht ein. Als Todeszeitpunkt hatte Becker einen Zeitraum zwischen null Uhr und zwei Uhr morgens angegeben. Kammowski schien unzufrieden zu sein, nachdem sie den Bericht aufmerksam studiert hatten.

»Was gefällt dir nicht daran?«, wollte Svenja wissen.

»Ach, ich weiß nicht recht, ich schätze, der Staatsanwalt wird die Akte schließen wollen. Aber komisch ist das schon, dass sein Sexualpartner immer noch verschollen ist. Hast du die Fahndungsberichte noch mal durchgesehen?«

»Ja, er ist bisher nirgends aufgetaucht.«

»Ich glaube einfach nicht, dass das ein Unfall war«, erwiderte Kammowski. »Wir bräuchten etwas mehr Zeit. Zumindest bis wir Michael Fritsche gefunden haben.«

Svenja begann, ihre Sachen zusammenzupacken.

»Sport ist Mord«, kommentierte Kammowski mit Blick auf ihre überdimensionale neongelbe Sporttasche.

»Kann man so oder so sehen, Kammowski.«

Kammowski blieb allein zurück, er hatte es nicht eilig. Für ihn war das Leben nicht so streng in Freizeit und Arbeitszeit getrennt, wie das bei der jetzigen Generation der Fall zu sein schien. Er hatte noch nie auf Knopfdruck abschalten können. Seine Fälle nahm er in Gedanken stets mit nach Hause. Und da dort niemand mehr auf ihn wartete, konnte er auch gleich hier im Büro sitzen bleiben. Doch dann war da auch noch seine Mutter. Wenn er es nicht zweimal in der Woche schaffte, nach ihr zu sehen, plagte ihn das schlechte Gewissen. Er hatte sie nach Berlin geholt und nun lag die ganze Verantwortung bei ihm. Seine Schwester lebte in der Schweiz und rauschte ein paar Mal im Jahr an, sprach sich dann nicht einmal mit ihm ab. Das war keine Hilfe.

Die Kunst des Lebens besteht darin, das, was gemacht werden muss, gerne zu machen.

Welcher schlaue Mensch hatte das noch gesagt? Ob er sich selbst daran gehalten hatte?

Endlich raffte er sich auf und verließ eine knappe Stunde

nach Svenja das Büro. Kurz entschlossen bog er auf dem Heimweg ab, kaufte am Blumenstand in der U-Bahn ein paar Tulpen und besuchte seine Mutter im Pflegeheim. Eine Stunde lang saß er bei ihr. Sie brabbelte Worte vor sich hin, die für ihn keinen Sinn ergaben. Später am Abend rief er Elly an. Das Gespräch war gar nicht so schwierig. Sie machte ihm keine Vorwürfe und fragte sogar, wie sein Urlaub gewesen war. Das mochte vielleicht daran liegen, dass er sein Einverständnis für die Abifahrt gegeben und das entsprechende Formular unterschrieben am Morgen in den Postkasten geworfen hatte. Er hatte tief im Inneren gewusst, dass er sich nicht ernsthaft dagegen wehren konnte und seine Argumente dünn waren.

Heute Abend war Kammowski mit sich zufrieden.

# 15
# RÜCKBLICK

*Thomas schaute zum dritten Mal in den letzten Minuten zur Uhr. So etwas hatte es noch nicht gegeben. Auch der vorherige Geschäftsführer war nicht immer umgänglich gewesen, aber Steinkopf hatte sich in nur wenigen Monaten einen miserablen Ruf erarbeitet.*

*Heute ließ Steinkopf sieben Chefärzte, einen Controller und den Verwaltungschef bereits seit einer Stunde warten. Er hatte von unterwegs angerufen, er sei jeden Moment da, dann dauerte es aber doch noch eine weitere halbe Stunde. Während der gesamten Besprechung wirkte Steinkopf dann fahrig und ungeduldig. Der Controller, der seinen Bericht über die Entwicklung der letzten drei Monate abzugeben hatte, war in seinem Vortrag immer wieder abgelenkt und irritiert. Steinkopf raufte sich die Haare, fläzte sich breitbeinig auf dem Stuhl und sah unentwegt auf sein Smartphone.*

*Ganz so, als liefe, während er sich hier mit niederen Dingen der Klinikroutine herumärgern musste, in der Zentrale ein Krimi ab, in den er permanent involviert wäre und den er per Telefon, E-Mail und SMS parallel steuern müsste. Währenddessen schlang er ein belegtes Brötchen nach dem anderen hinunter. Dann stand er auf, drehte sich kurz um, zog das Hemd hoch und verabreichte sich eine Insulinspritze. Thomas und seine Kollegen schauten einander verstohlen an. Dieses Verhalten stand im krassen Gegensatz zu dem distinguierten Eindruck, den er bei seiner Einführung vor wenigen Monaten gemacht hatte. Zeigte der Mann jetzt sein wahres Gesicht?*

*Endlich war der Controller ans Ende seines Vortrags ge-*

*kommen. Steinkopf forderte nun den Chefarzt der Kardiologie auf, Gründe zu benennen, warum die Zahl der Patienten, die Katheter-Eingriffe am Herzen bekommen hatten, im Vergleich zum Vorjahreszeitraum nicht wie geplant zugenommen hatte.*

*»Sie sind in diesem Punkt weit hinter den Erwartungen zurückgeblieben, Herr Dr. Terborg.«*

*Terborg, ein gestandener Chefarzt, ließ sich nicht so rasch einschüchtern. »Die Zahl der Menschen, die einen Herzinfarkt erleiden, kann ich nicht beeinflussen«, gab er freundlich, aber bestimmt zur Antwort.*

*Das war nicht, was Steinkopf hören wollte. Erst vor wenigen Monaten war das neue Herzkatheterlabor eingeweiht worden. Steinkopfs Haltung und seine Stimmlage ließen keinen Zweifel daran, dass er nicht gewillt war, Chefarzt Terborg dieses vermeintliche Versagen durchgehen zu lassen, nachdem so viel in die Abteilung investiert worden war. Als führe die notwendige Modernisierung einer Katheteranlage automatisch zu mehr Untersuchungszahlen, dachte Thomas. Ein Chefarzt war in erster Linie immer noch ein Arzt, der Krankheiten verhindern oder behandeln und nicht die Zahl der Patienten mit Krankheiten steigern sollte. Oder war dieser Steinkopf jetzt etwa der Meinung, dass Terborg die Katheteruntersuchungen dadurch hätte erhöhen sollen, dass er sie auch bei Patienten durchführte, die sie gar nicht brauchten? Das hätte Steinkopf selbstverständlich so nie formuliert. Dadurch hätte er sich ja angreifbar gemacht. Was er von seinen Chefärzten verlangte, war die Leistungssteigerung mit sauberen Händen. Und wenn das nicht gelang, weil es eben nicht möglich war, hatte sich der Chefarzt zu wenig um seine ärztlichen Zuweiser gekümmert, oder er war eben insgesamt einfach unfähig.*

*Das Schlimmste daran war, dass diese mit Vehemenz an die Ärzte herangetragene betriebswirtschaftliche Erwartung einer permanenten Leistungssteigerung dazu führte, dass man als Arzt die Grenzen dessen, was medizinisch sinnvoll war, verschob, ohne es selbst zu bemerken. Ganz zu schweigen davon, dass die Bonuszahlen der leitenden Ärzte direkt an die Leistungszahlen der Abteilung geknüpft waren. Das wurde zwar gemeinhin als unethisch angesehen, war eigentlich nicht mehr zulässig, wurde aber bei allen privaten Trägern immer noch so gehandhabt. Und wenn man sich gegen dieses System auflehnte, wurde man eben gegen einen anderen Kollegen ausgetauscht. Es hieß, dass die jährliche Fluktuation von Chefärzten in einigen großen Krankenhausketten mittlerweile bei zehn Prozent lag.*

*Als Steinkopf chefärztliches Organisationsverschulden ins Feld führte, fühlte sich Kollege Terborg dann doch so sehr in die Enge gedrängt, dass er versuchte, sich zu verteidigen: Ein Oberarzt habe das Haus verlassen, und sie hätten noch keinen Nachfolger gefunden, zwei Assistentenstellen seien nicht besetzt, und sie seien froh und stolz gewesen, die Arbeit dennoch halbwegs in den Griff bekommen zu haben. Außerdem habe die MVZ-Affäre und ihre Presseresonanz nicht eben dazu beigetragen, das Vertrauen der Bevölkerung in die Kliniken der Barmherzigen Schwestern zu bestärken. Triumphierend schaute Terborg in die Runde. Er meinte, diesem Jungmanager, der keinerlei klinische Erfahrung hatte, einmal ganz klar gesagt zu haben, wie der Hase lief. Steinkopf war indes erstarrt. Betont langsam stand er nun auf und sagte leise, aber mit unverkennbar drohendem Unterton: »Herr Dr. Terborg, ich kann beim besten Willen nicht erkennen, was die miserablen, absolut unzureichenden Zahlen Ihrer Abteilung mit dem MVZ zu tun hätten. Wer in der gegenwärtigen Situation meint, querschießen zu müssen, der hat die Zeichen der Zeit nicht erkannt. In meiner Welt ist das ganz einfach: Entweder wir überleben diese Scheiße hier, oder wir gehen unter. Und die Ereignisse der letzten Wochen als Grund für schlampige Arbeit vor Ort anzuführen, geht ja wohl an der Wahrheit komplett vorbei. Wer jetzt keine Leistung bringen will, der ist hier fehl am Platz.«*

*Terborg war aschfahl geworden, schwieg aber. Auch den anderen Anwesenden stand das Unbehagen ins Gesicht geschrieben. Niemand sprach. Schließlich ging man kommentarlos zum nächsten Tagesordnungspunkt über. Es war, als hätte sich eine klebrige Schicht aus Beklommenheit über die Anwesenden ausgebreitet. Der neue Geschäftsführer hatte soeben sein wahres Gesicht gezeigt. In seiner Welt waren die Dinge ganz einfach. Andere Welten würde er nicht zulassen.*

# 16

## LKA/KONZERNZENTRALE

Donnerstag, 13. Februar

Am nächsten Tag nach der Frühbesprechung traf sich das Team Mordfall Steinkopf wie verabredet bei Thomandel. Staatsanwalt Obermeister, ein gewissenhaft und etwas langweilig wirkender Mann Ende dreißig, trank schon seinen Kaffee und unterhielt sich angeregt mit Thomandel. Kammowski meinte, die Worte Berliner Gazette aufzuschnappen, war sich aber nicht sicher. Als Svenja und er eintraten, unterbrachen sie abrupt das Gespräch. Kurze Zeit später stieß auch Werner zu ihnen.

Kammowski hatte mit Svenja vereinbart, dass sie vortragen solle. Er wollte nur eingreifen, wenn sie Hilfe brauchte. Das war aber nicht der Fall. Knapp und präzise fasste Svenja alle Fakten zusammen. Und genau wie Kammowski befürchtet hatte, waren sowohl der Staatsanwalt als auch Thomandel nach kurzer Diskussion der Meinung, dass man die Akte schließen sollte.

»Wenn der Gerichtsmediziner sich nicht auf Fremdeinwirkung festlegen kann, sondern Selbsttötung durch Unfall für wahrscheinlich hält und sonst nichts auf ein Gewaltdelikt hindeutet, dann reicht mir das nicht für eine Mordermittlung. Dann sollten wir hier nicht unsere Ressourcen verschwenden«, sagte Thomandel.

»Er hat nicht geschrieben, dass er es für wahrscheinlich hält, nur für möglich. Genau genommen hat er sich gar nicht festgelegt«, wandte Kammowski ein, »und ich habe da kein gutes Gefühl.«

»Bauchgefühl bringt uns aber nicht weiter«, entgegnete Staatsanwalt Obermeister. »Wir sollten uns an die Fakten halten.«

»Aber unsaubere und unvollständige Recherche wollen wir uns doch auch nicht nachsagen lassen, oder? Und was für Fakten denn? Wir waren noch nicht einmal bei Steinkopfs Arbeitsstelle. Und seinen Arbeitsplatz zu Hause haben wir uns auch noch nicht vorgenommen.«

Der Staatsanwalt sah sie fragend an, dann wanderte sein Blick zu Thomandel. Kammowski wurde klar, dass er gerade ein Eigentor geschossen hatte. Warum konnte er nur manchmal einfach nicht seinen Mund halten.

»Der Durchsuchungsbeschluss für den Arbeitsplatz liegt jetzt vor, da können wir sofort loslegen«, beeilte Thomandel sich zu sagen. Er war wie immer um Ausgleich bemüht.

»Und unser Hauptverdächtiger oder zumindest der Mann, der ihn zuletzt gesehen hat, dieser Michael Fritsche, der ist immer noch nicht aufgetaucht.«

»Also gut«, räumte der Staatsanwalt ein. »Dann klären Sie noch etwas das Umfeld ab, damit wir uns nichts nachsagen lassen müssen. Aber wenn Sie mir nächste Woche nichts Belastbares bringen, bleibt es bei meiner Entscheidung.«

»Damit war zu rechnen«, sagte Kammowski, als sie bei Doro saßen. »Wir müssen jetzt einen Zahn zulegen, sonst sind wir den Fall los, und wenn ich eines nicht glaube, dann, dass Steinkopf aus Versehen ums Leben gekommen ist.« Er sah Doro erwartungsvoll an.

Die schüttelte den Kopf. »Ich kann euch momentan auch nichts weiter liefern.«

Kammowski, Svenja, Werner und Ordyniak blickten sie stumm an.

»Außerdem, liebe Kollegen, seid ihr mir zwar in meinem Etablissement jederzeit willkommen, aber wenn nicht bald mal eine großzügige Spende in meinem Schwein landet, gibt die Kuh keine Milch mehr.«

Dabei machte sie ein so komisch-beleidigtes Gesicht, dass alle lachen mussten.

Kammowski zückte sein Portemonnaie und steckte einen Fünfzigeuroschein in das Schwein. Auch die anderen leisteten ihren Tribut, und Doro schien zufriedengestellt.

»Wir beide«, Kammowski zeigte auf Svenja, »fahren jetzt in das Büro von Kai Steinkopf.« Er wandte sich an Werner. »Bleibt es dabei, dass ihr zur Witwe rausfahrt und euch sein Arbeitszimmer dort anseht?«

»Wir helfen, wo wir können.« Werner war heute auffallend gut gelaunt, und er und Kevin machten sich sogleich auf den Weg.

Steinkopfs Sekretärin hielt mit ihrer Antipathie nicht hinter dem Berg, als sie nach möglichen Feinden des Opfers befragt wurde.

»Wissen Sie«, sagte sie, »man soll ja nicht schlecht über die Toten reden, aber …« Sie senkte die Stimme. »Fragen Sie lieber mal, wer ihm wohlgesinnt war. Der hat hier doch die halbe Belegschaft ausgetauscht. Sie wissen ja sicher, dass wir vor rund zweieinhalb Jahren ein staatsanwaltschaftliches Ermittlungsverfahren zu verkraften hatten. Herr Steinkopf war erst kurz vorher eingestellt worden. Kaum, dass er die Regie übernommen hatte, hat er alle entlassen, von denen er annahm, dass sie dem alten Geschäftsführer nahestanden, oder die ihm aus sonstigen Gründen nicht passten. Und ihm passte vieles nicht. Der Rest der Belegschaft ist nach kurzer Zeit freiwillig gegangen: Sekretärinnen, Juristen, Sachbearbeiter, Personalleiter. Der Mann hat ganze Abteilungen aufgelöst. Zum Teil Menschen, die dem Betrieb seit Jahrzehnten treu gedient hatten. Und Sie müssen nicht glauben, dass die Neuen ihn gemocht hätten.«

»Und Sie wurden davon verschont?«, wollte Kammowski wissen.

»Wo denken Sie hin, ich bin auch neu, aber man hört ja das eine oder andere. Und ich bin auch schon wieder dabei, mich nach einer Alternative umzusehen. Eine solch angespannte Stimmung hält keiner auf Dauer aus«, zog sie ihr vernichtendes Resümee.

Eine Stunde lang durchsuchten sie Steinkopfs Büro, das die Erste Inspektion bereits am Tag der Auffindung der Leiche versiegelt hatte, beschlagnahmten seinen Terminkalender, den die Sekretärin in Papierform neben dem digitalen führte, und brachen schließlich eine verschlossene Schublade auf.

»Jetzt schau dir das mal an«, sagte Svenja, »das eröffnet eine ganz neue Perspektive auf die Dinge.« Sie hielt Kammowski einige Fotos hin. Sie zeigten Steinkopf in enger Umarmung mit einem Mann. Doro, der sie die Bilder rasch mailten, konnte den Partner nach kurzer Zeit als Michael Fritsche identifizieren.

»Ja, jetzt wird es langsam interessant«, sagte Kammowski. »Dann war das doch kein One-Night-Stand? Ist unser Herr Steinkopf vielleicht erpresst worden?«

»Wer lässt sich denn heute noch wegen seiner homosexuellen Neigungen erpressen?«, warf Svenja skeptisch ein. »Ist doch inzwischen gesellschaftsfähig, hindert niemanden daran, Außenminister oder Bürgermeister zu werden.«

»Stimmt schon«, räumte Kammowski ein, »aber vielleicht sieht das anders aus, wenn man verheiratet und Geschäftsführer eines katholischen Unternehmens ist. Falls Steinkopf ein

Doppelleben geführt hat, dann garantiere ich dir, dass weder die Ehefrau noch das katholische Unternehmen begeistert darüber waren.«

»Katholisches Unternehmen«, echote Svenja, »scheinheiliges Unternehmen, meinst du wohl, wie war das noch gleich, hieß es nicht neulich, der Vatikan werde von einer homosexuellen Geldwäscher-Bande beherrscht?«

»Jetzt lass die Kirche mal im Dorf«, erwiderte Kammowski, »das zu ermitteln ist zum Glück nicht unsere Aufgabe.«

»Ich denke, ich fahre heute noch raus nach Bernau zu den Ordensschwestern, willst du mit?« Er schien sie ganz selbstverständlich einzubeziehen, wie Svenja registrierte.

»Gerne, warum nicht.«

»Weil uns die Fahrt gut anderthalb Stunden kosten wird, eine Strecke.«

»Oh, ich habe nichts Besonderes mehr vor, aber wenn das so aufwendig ist, sollen wir sie dann nicht besser vorladen?«

»Ja, aber ich ziehe es vor, die Leute in ihrer natürlichen Umgebung zu befragen. Da können sie sich nicht so einfach verstellen. Außerdem hast du den Staatsanwalt gehört. Wenn wir nächste Woche nichts Belastbares auf dem Tisch haben, ist Schluss.«

»Also dann auf nach Bernau!«

»Wenn wir über den Berliner Ring fahren, ist es weiter, geht aber vielleicht schneller.«

»Wir machen es so, wie du es meinst, du bist der Chef«, erwiderte Svenja. Ihr war das völlig egal, sie war einfach erleichtert, dass Kammowski sie endlich als vollständige Kollegin zu akzeptieren schien.

# 17

## SCHWESTERN ZU BERNAU

Donnerstag, 13. Februar

Das Kloster der Schwestern zu Bernau erschloss sich seinen Besuchern am Ende einer Platanenallee als imposante, weitläufige Anlage. Das ehemalige Zisterzienserkloster war im zwölften Jahrhundert von Markgraf Otto I. von Brandenburg gegründet worden und über Jahrhunderte ein treibender Entwicklungsfaktor in der Region gewesen. Heute lag es geradezu idyllisch abgeschieden von jedweder Alltagshektik. Auf einem gepflegten, parkähnlichen Gelände waren um eine kreuzförmige Pfeilerbasilika eine Reihe von Ställen und Nebengebäuden sowie das Haupthaus der Ordensschwestern gruppiert. Das Kloster selbst war vor nicht allzu langer Zeit mit viel Liebe zum Detail restauriert und mit modernen Elementen aus Glas und Stahl stilsicher und teuer erweitert worden. An vielen der anderen Gebäude nagte jedoch sichtbar der Zahn der Zeit; die meisten schienen ungenutzt zu sein.

Auf ihrem Weg zum Klosterhauptgebäude sahen sie eine Nonne, die eiligen Schrittes einem der Nebengebäude zustrebte. Ein Hinweisschild am Eingang lud ein, den zwischen Kirche und Kloster gelegenen Klostergarten zu besuchen, wo in einem angrenzenden Shop neben typischen Klosterkräutern auch Duft-, Tee-, Färbe- und Räucherpflanzen käuflich zu erwerben seien, oder sich im Kloster-Café mit selbst gebackenem Kuchen verwöhnen zu lassen. Svenja sog die friedliche Atmosphäre ein und sagte mehr zu sich selbst: »Im zwölften Jahrhundert wäre ich auch ins Kloster gegangen.«

Kammowski grinste, sagte aber nichts.

Oberin Schwester Marona, im bürgerlichen Leben geborene Heidrun von Walthersheim, empfing sie im Besucherzimmer. Sie war eine imposante Erscheinung, knapp ein Meter achtzig groß, mit der betont aufrechten Haltung, die Adligen wohl schon im Kindesalter beigebracht wurde. Wenngleich jenseits der sechzig, wirkte sie aufgrund ihrer schlanken Figur jünger. Beim Nähertreten offenbarten tiefe Falten in den immer noch ebenmäßigen Gesichtszügen Alter und eine gewisse Mutlosigkeit.

Auch die Mutter Oberin hatte im Visier der Öffentlichkeit gestanden, als die betrügerischen Machenschaften ans Licht gelangt waren, aber man hatte ihr nichts nachweisen können, und die Mutter Oberin war eine der Ersten gewesen, deren Ermittlungsverfahren eingestellt wurde. Sie selbst sah sich als Opfer der Ärzteschaft, die sie hinters Licht geführt hatte. Es hatte ja bereits zuvor Gerüchte gegeben, dass die Oberin mit Alexander, dem früheren Geschäftsführer, der von Haus aus Arzt gewesen war, nicht mehr so gut konnte und sie deshalb Steinkopf als zweite Spitze des Betriebs berufen hatte. Sie hätte sich, nachdem der neue Geschäftsführer seine Tätigkeit aufgenommen hatte, ganz aus der Führung des Betriebs zurückziehen und nur noch für ihre Ordensschwestern in Bernau da sein wollen. Und jetzt standen sie, ihr Orden und ihre Krankenhäuser wieder auf so unerfreuliche Weise im Rampenlicht.

Als Kammowski ihr nun die Bilder zeigte, die er im Schreibtisch von Steinkopf gefunden hatte, rang sie um Fassung. Das könne sie nicht glauben, Herr Steinkopf sei so ein netter, vertrauenerweckender junger Mann gewesen mit so einer netten Familie. Sie könne sich das alles überhaupt nicht erklären.

»Als ob nur ein Heterosexueller mit Familie nett und vertrauensvoll sein kann«, schimpfte Svenja auf dem Rückweg vor sich hin. »Wir leben doch nicht mehr in den Fünfzigern.«

»Habe ich dir doch gesagt, dass Mutter Oberin not amused gewesen wäre, wenn Steinkopf sich geoutet hätte«, erwiderte Kammowski. »Tatsächlich ist sie die Erste in diesem Verein, die dem Mann etwas Nettes abgewinnen konnte.«

»Du meinst, die seiner Fassade etwas Nettes abgewinnen konnte«, konterte Svenja.

Kammowski zuckte mit den Achseln. Den Rest der Fahrt hingen sie schweigend ihren Gedanken nach.

»Ich habe den Eindruck, dass die Frau mit dem Job überfordert war«, sagte Svenja, kurz bevor sie auf den Hof des LKA einbogen.

»Und das sagt eine Frau, die vorhat, Polizeipräsidentin zu werden, hört, hört!«

»Nein, Kammowski, im Ernst, ich habe das recherchiert. Frau von Walthersheim hat einen Hauptschulabschluss und eine Krankenschwesternausbildung. Mit achtzehn ist sie in den Orden eingetreten. Mit dreißig hat man sie zur Oberin und damit zur Chefin des gesamten Unternehmens gemacht. Ohne jede weitere Ausbildung. Wahrscheinlich hat es damals schon nicht viel Auswahl gegeben, es ist ja nicht so, als könnte sich der Orden vor Nachwuchs kaum retten. Es blieb ihr gar nichts anderes übrig, als sich auf ihre Berater zu verlassen.«

»Nun, dann hat sie offenbar zweimal danebengegriffen, und ich dachte, ihr Frauen habt da intuitiv immer den richtigen Riecher.«

»Kammowski, ich glaube, an deinem Frauenbild müssen wir noch arbeiten.« Sie grinste.

»An mir wird überhaupt nicht gearbeitet, schon gar nicht von so Jungfröschen, wie du einer bist.«

# 18

## OSTERMEIER

Sonntag, 16. Februar

Friedrich Ostermeier saß bei einem Espresso in einem Café in der Katzbachstraße und überlegte. Vielleicht war das hier ja doch nicht seine Sache. Aber das Wasser stand ihm bis zum Hals. Er musste jetzt rasch an Geld kommen. Und doch war da wieder diese Unsicherheit, das Gefühl, alles in den Sand zu setzen, am Ende immer der Versager zu sein. Es gab in seinem Leben nur selten Momente, wo er dieses Gefühl mal loswurde. Wenn er beim Wetten gewann, zum Beispiel, und wenn er seinen Gewinn dann an einem Abend auf den Kopf haute.

Ostermeier schüttete den letzten Schluck Kaffee hinunter. Schließlich zog er sein Handy aus der Tasche und wählte Christines Nummer. Die Mailbox ging dran. Er zögerte, wusste nicht recht, was er sagen sollte, sprach schließlich einige Worte, legte auf und verließ das Lokal, ohne sich noch einmal umzudrehen.

Der Schnee, der in kleinen Flocken unaufhörlich vom Himmel fiel, schien die Geräusche der Großstadt in Watte zu packen. Die Wege im Park waren kaum erkennbar und stellenweise spiegelglatt, da, wo Bäume den Neuschnee weggehalten hatten.

Auf dem Weg von der S-Bahn Yorckstraße über die Katzbachstraße durch den Viktoriapark bis zum Golgatha begegnete Ostermeier kaum einer Menschenseele. Schon nach wenigen Metern hatte er verflucht, dass er seine teuren Lederschuhe nicht durch Winterstiefel ersetzt hatte. Er kannte sich hier nicht aus und hatte gedacht, das Golgatha sei ein gewöhnliches Lokal mitten in Kreuzberg. Und nun lag es auf dem Kreuzberg.

Die Sohlen seiner Schuhe waren zu glatt, und auf der kurzen Strecke durchweichten seine Schuhe vollkommen, er würde die Schneeränder schlecht wegbekommen. Und wieder überkam ihn das Gefühl, selbst die banalsten Dinge wie die passende Kleidung nicht geregelt zu bekommen.

Es wurde bereits dunkel, und da das Golgatha zwischen Oktober und März meist geschlossen war und die Räumlichkeiten in dieser Zeit nur bei Bedarf geöffnet wurden, war es hier an einem Winternachmittag fast menschenleer.

Jetzt lief er schon fast zehn Minuten vor der Gaststätte auf und ab. In dieser Zeit waren nur eine junge Frau mit Kind und Schlitten und ein eng umschlungenes Pärchen vorbeigekommen, die offenbar wussten, dass der Ziehweg zum Lokal, das durch einen Zaun vom Park und dem vorne angrenzenden Stadion getrennt war, am anderen Ende einen zweiten Ausgang hatte. Die Tische und Stühle des Biergartens waren mit Ketten zu Gruppen zusammengeschlossen und warteten auf die Sommersaison. Auf den runden Tischen lag der Schnee einige Zentimeter hoch und ließ sie wie Torten aussehen. Seitlich stand ein Schuppen, der im Sommer wohl als Grillgutausgabe genutzt wurde. Die hölzernen Läden waren geschlossen und mit Vorhängeschlössern verriegelt. Die seitlichen Wände waren als Plakatierflächen missbraucht worden.

Ostermeier blieb stehen und las die veralteten Veranstaltungsankündigungen. Die Kälte hatte Hände und Füße klamm werden lassen. Da half auch die zweite Zigarette nichts. Aus Langeweile schlenderte er zur Mauer hinüber, um den dort angebrachten Spruch besser lesen zu können: »Dorthin mein Erdenpilger, dort halte süße Rast, dort wirf dem

Sündentilger zu Füßen deine Last. Dann geh und rühme selig, wie wohl dir dort geschah, der Weg zum Paradiese geht über Golgatha!«

Sehr witzig! Er wendete und ging wieder zurück zum Schuppen. Wieder warf er einen Blick auf die Uhr. Langsam wurde ihm die Sache unheimlich. Das war doch kein Ort für so ein Gespräch. Hatte er den Treffpunkt am Telefon falsch verstanden? Oder der Mann wusste nicht, dass das Lokal geschlossen war. Er schien ja nicht von hier zu sein, zumindest meinte Ostermeier einen osteuropäischen Akzent herausgehört zu haben. Der Mann hatte gesagt, dass er ihn an der roten Jacke erkennen könne. Hier war niemand mit einer roten Jacke. Hier war überhaupt niemand. Es wurde jetzt zusehends dunkel. Dieser Ort war ihm unangenehm. Warum hatte er den Treffpunkt nicht selbst vorgegeben? Um sein mulmiges Gefühl in den Griff zu bekommen, rief er sich wieder zur Ordnung. Es war alles geregelt. Er hatte sich abgesichert. Er hatte gesagt, dass er die gewünschten Unterlagen nicht mitbringen werde und es bei diesem Gespräch vor allem darum gehen solle, sich in Ruhe über die Konditionen zu unterhalten. So blöd war er auch nicht. Er hatte dem Mann gesagt, dass er die Unterlagen bei einem Notar hinterlegt habe. Das stimmte zwar nicht, dafür war gar keine Zeit gewesen, und schon gar nicht hatte er das Geld dafür. Aber er war auch nicht so dumm, das Material in seiner Wohnung oder seinem Büro zu verwahren. Trotz der Eile hatte er ein besseres Versteck gefunden.

Gerade als er entschieden hatte, die Warterei zu beenden, näherten sich schneegedämpfte Schritte. Ostermeier drehte sich um. Aber sie gehörten wieder nur zu einem Spaziergänger. Ein alter Mann in dunklem Lodenmantel und Hut führte gemächlichen Schrittes seinen Hund, eine Art Dackel, aus.

Auch er schien den hinteren Ausgang des umzäunten Areals zu kennen. Der Mann nickte ihm freundlich zu, der Köter blieb an jeder Ecke stehen, schnüffelte ausgiebig und setzte dann seine Marke.

Ostermeier mochte keine Hunde. Wie man so viel Aufhebens um diese Kläffer machen konnte, die die Gehwege vollschissen und ihm die Schuhe ruinierten. Gelangweilt wandte er sich wieder ab, um sich im Windschatten des Schuppens eine Zigarette anzuzünden. Er beschloss, noch diese Zigarettenlänge abzuwarten und dann zu gehen.

Der Schuss traf ihn völlig unvermittelt. Eigentlich hörte er nur einen gedämpften Knall. Er registrierte, dass das Plakat vor ihm von einer blutigen Masse bespritzt wurde. Die Erkenntnis, dass es sich dabei um sein Gehirn handelte, und der rasende Schmerz im Hinterkopf stellten sich fast zur selben Zeit ein und ließen ihn in die Knie gehen. Unaufhaltsam näherte sich ihm der hartgefrorene Boden. Er hörte noch, wie die Schritte sich wieder entfernten. Dann fühlte er, wie von dem Weiß des Schnees ein Sog ausging, dem er sich nicht entziehen konnte. Kalter Nebel umhüllte ihn, zog ihn davon, er sank tiefer und tiefer, und die Konturen seines Körpers lösten sich auf.

»Ich hätte auf mein Gefühl hören sollen«, war sein letzter Gedanke.

# 19

## KAMMOWSKI

Sonntag, 16. Februar

»Schön, dich mal wiederzusehen, Christine«, sagte Kammowski, als er Christine umarmte. Sie hatten sich am Sonntagabend zum Essen im Steakhaus verabredet. Kammowski nahm ihr den Mantel ab und musterte sie verstohlen, während sie von der Bedienung an einen Fenstertisch geleitet wurden. Sie war etwas kräftiger geworden, als er sie in Erinnerung hatte, hatte sich aber ansonsten kaum verändert. Die braunen Haare hatte sie schon immer mittellang als Bob getragen, mit Ponyfransen vor dem Gesicht. Jetzt waren sie allerdings von grauen Strähnen durchsetzt. Wenn sie lächelte, und das tat sie gerade ausgiebig, hätte man meinen können, sie säßen noch nebeneinander im Deutschunterricht.

»Du hast dich überhaupt nicht verändert«, sagte er zu ihr.

Sie grinste schief. »Na ja, du dich schon ein bisschen.«

»Nein wirklich, das sollte jetzt kein billiges Kompliment sein«, verteidigte sich Kammowski. »Ich hatte gerade das Gefühl, dass wir beide jetzt in der Schule nebeneinandersitzen könnten. Kennst du das nicht auch von dir? Das Gefühl altert einfach nicht mit. Ich meine, solange ich mich nicht ansehe, fühle ich mich jetzt nicht anders als mit Mitte zwanzig.«

Christine lächelte, und Kammowski fuhr fort: »Vermutlich geht das den meisten so. Erst neulich habe ich in der U-Bahn eine Frau beobachtet, die eine für ihr Alter und die Jahreszeit absolut unpassende Kleidung trug. High Heels und ein Kleid im Fred-Feuerstein-Leopardenstil, so kurz und dünn, dass einem beim bloßen Anblick kalte Schauer über den Rücken liefen. Sie kleidete sich wie eine Zwanzigjährige oder wie sie sich als Zwanzigjährige vermutlich gerne gekleidet hätte. Sie fühlt sich immer noch so, ihr Gefühl ist nicht mit ihr gealtert.«

»Du bist also der Meinung, dass ich mich unpassend kleide«, zog Christine grinsend die logische Schlussfolgerung.

»Nein, Quatsch, so war das doch nicht gemeint.« Erschrocken sah er sie an, hatte sie ihn wirklich so missverstanden?

Lachend drückte Christine ihm den Arm. »Ich versteh schon, was du meinst, ich war nur nicht darauf gefasst, dass wir schon so bald in tief greifende philosophische Gespräche eintauchen.« Wieder lachte sie, und Kammowski war einen Moment lang unsicher. Meinte sie das jetzt ironisch?

Doch Christine griff seinen Gedanken auf und spann ihn weiter: »Du hast schon recht, da ist was dran. Ich glaube auch, dass das Körpergefühl am Ende der Pubertät festgelegt wird, und dann bleibt es so, egal, wie sich der Körper verändert. Zumindest, solange keine echten Gebrechen oder Schmerzen hinzukommen. Nur so kann man sich erklären, warum der Mensch, der einen morgens im Spiegel ansieht, einem immer fremder wird, oder? Allerdings, um auf dein Beispiel zurückzukommen, müssten wir dann jetzt auch darüber reden, wer denn festlegt, was für ein bestimmtes Alter an Kleidung passend ist.«

Es war unglaublich, genau wie früher, als sie stundenlang über Gott und die Welt reden konnten. Und so war es auch vor knapp zehn Jahren gewesen, als sie sich zufällig in Dinslaken im Jägerhof nach langer Zeit einmal wieder getroffen hatten. Das war die Zeit gewesen, als sich bei Kammowskis Mutter erstmals Zeichen der Demenz gezeigt hatten. Zunächst hatte er Pflegerinnen engagiert, die sich um die Mutter kümmerten. Immer häufiger aber hatte er selbst in Dinslaken nach dem Rechten sehen müssen. An einem dieser Wochenenden, genervt von endlosen Disputen mit seiner Mutter, die nicht einsehen wollte, dass sie Hilfe brauchte, war er abends noch auf ein Bier in den Jägerhof gefahren. Dort hatte er dann Christine getroffen, die ihrer Familie ebenfalls mal wieder einen Besuch abstattete.

Sie hatten sich als einsame Statisten in einem fremden Theaterstück erkannt und den Abend damit verbracht, nach gemeinsamen Erinnerungen zu suchen. Mit jedem Glas waren sie tiefer in ihre Jugenderinnerungen eingetaucht und hatten darauf angestoßen – und später wohl auch ohne Grund. Am nächsten Morgen war Kammowski allein erwacht. Er hatte sich grässlich gefühlt und sich nur noch daran erinnern können, dass sie gemeinsam ein Taxi genommen hatten und kichernd wie Sechzehnjährige die Treppe in seinem Elternhaus hochgestolpert waren. Nach dieser Nacht hatten sie nie wieder Kontakt zueinander aufgenommen.

»Bist du noch öfter in Dinslaken?«, unterbrach Christine die Stille.

»Nein, nach unserem letzten Treffen dort praktisch gar nicht mehr. Das Haus ist inzwischen verkauft, und meine Mutter habe ich bald nach unserer Begegnung nach Berlin geholt. Sie lebt jetzt in einem Heim.«

»Oh, das ist ja eine ganz schöne Umstellung. Wie hat sie es verkraftet?«

»Frag lieber mal, wie ich das verkraftet habe.« Kammowski verzog das Gesicht. »Anfangs war sie sehr unglücklich und hat mir Vorwürfe gemacht, aber dann hat sie sich abgefunden. Ehrlich gesagt fand ich es schrecklich, ihr das antun zu müssen. Aber es ging nicht anders. Später hat sie sich eingebildet, wieder in Oberhausen, ihrer alten Heimat, zu leben. Darüber hat sie sich freuen können. Überhaupt kann sie sich jetzt viel mehr freuen als früher. An den Augenblicken, an den kleinen Dingen. Wie ein Kind, das nicht nach gestern oder morgen fragt. Es ist merkwürdig, manchmal fühle ich mich ihr heute näher als früher, aber gerade zu Beginn der Demenz war ich oft am Rand der Verzweiflung«, sagte Kammowski nachdenklich, der nicht gerne an die Phase zurückdachte, als seine Mutter zwar nicht mehr allein zurechtkam, aber noch den starken Willen vergangener Zeiten hatte. »Inzwischen hat sie ihr Gedächtnis und jeden zeitlichen Bezug völlig eingebüßt. Ich glaube, sie weiß nicht mal mehr, wer ich bin.«

»Ist schwer, wenn die Eltern plötzlich zu Kindern werden. Macht einem auch klar, dass die eigene Zeit begrenzt ist.«

Kammowski nickte. Es war wirklich wie früher, sie verstanden sich ohne große Worte.

Dann kamen ihre Steaks, und sie aßen beide mit großem Appetit. »Wie schön, mal eine Frau zu sehen, die nicht nur in ihrem Salat pickt und vorgibt, schon vor dem Essen satt zu sein.«

»Ändert leider nichts daran, dass man mit jedem Lebensjahr weniger essen muss, wenn man nicht dick werden will.«

»Oh, erinnere mich nicht daran, meine Diät ist längst wieder überfällig.«

»Machst du etwa immer noch diese schrecklichen Nulldiäten?«

»So ab und an.« Kammowski wollte dieses Thema nicht vertiefen.

»Erzähl mal von dir. Du bist inzwischen verheiratet?« Er wies auf den Ehering an ihrem Finger. »Hast du auch Kinder?«

»Ja und nein.« Sie schien zu überlegen, ob sie weitersprechen sollte. Dann ergänzte sie: »Kinder habe ich leider keine. Aber ich war verheiratet. Mein Mann ist gestorben. Ist noch nicht so lange her.«

»Oh, das tut mir leid«, sage Kammowski. Er erinnerte sich nicht, dass Christine damals in Dinslaken von einem Ehemann oder einem festen Partner gesprochen oder einen Ehering getragen hätte. Aber das wäre vielleicht auch kein Thema für einen solchen Abend gewesen.

Christine nickte. »Und du?«

»Elly und ich, wir sind inzwischen geschieden. Die Kinder leben bei ihr in Köln, sind ja auch schon fast erwachsen.«

Christine sagte nichts, und auch er verspürte wenig Lust, über seine gescheiterte Ehe zu sprechen.

»Wie kommt es eigentlich, dass du dich nach so langer Zeit mal wieder meldest? Und warum hast du auf dem Revier angerufen? Hast du etwas Bestimmtes auf dem Herzen?«

Christine schien zu zögern. »Ehrlich gesagt weiß ich das auch nicht so genau. Vielleicht hatte ich einfach Sehnsucht nach einem Freund von früher. Weißt du, seit Thomas' Tod und bei meinem unsteten Beruf … Ich bin manchmal ziemlich einsam.«

Sie machte eine Pause.

»Und die Telefonnummer des LKA war einfacher zu recherchieren, ich wusste ja, dass du da irgendwo arbeitest, ich wusste aber nicht genau, wo du wohnst, und ich hatte keine private Telefonnummer.«

»Weißt du eigentlich, wie es Wolli geht?«, fragte Kammowski. Irgendwie war das zwischen ihnen in der Schulzeit so eine Art Dreiecksbeziehung gewesen, intensiv, aber – soweit er wusste – immer platonisch.

»Nein, den habe ich bestimmt seit zwanzig Jahren nicht mehr gesehen.«

»Warum haben wir uns eigentlich später nie mehr getroffen? Wir haben doch zumindest die letzten Jahre alle in Berlin gelebt?«

Christine zögerte mit der Antwort. »Manchmal treffen sich Lebenslinien, driften dann aber doch wieder auseinander. Wir waren uns in der Schulzeit sehr nahe, aber wir waren ja damals alle noch im Aufbruch, wussten noch nicht, wo uns der Weg hinführten sollte. Wir waren uns gegenseitig Rettungsanker und Leuchtbojen in der noch unheimlichen Welt der Erwachsenen. Und als diese Zeit vorbei war, wollten wir uns vielleicht nicht auf eine oberflächliche Wir-treffen-uns-auf-ein-Bier-Freundschaft reduzieren, hatten aber auch nicht mehr genügend Gemeinsamkeiten, oder es fehlten einfach die Gelegenheiten.«

»Ja, so könnte es gewesen sein«, lachte Kammowski sie freundlich an. So ähnlich jedenfalls. Nach seiner heutigen Einschätzung waren Wolli und er damals über beide Ohren in Christine verknallt gewesen. Sie hatten sie angebetet, und sie hatte diese Situation genossen und damit gespielt, sich aber nicht für einen von ihnen entschieden. Und diese Nacht ihres unverhofften Wiedersehens vor einigen Jahren hatte auch nichts daran geändert.

»Trotzdem merkwürdig, dass wir nie ein richtiges Liebespaar geworden sind«, sagte Kammowski beim Abschied und nahm Christine leicht in den Arm. Sie wich nicht zurück, ging aber auch nicht auf seine Vertraulichkeit ein.

»War wohl immer irgendwie der falsche Zeitpunkt.«

»Und jetzt? Was willst du jetzt von mir? Einen Freund für einsame Stunden?«

Er schaute sie aus seinen warmen, braunen Augen an, nicht vorwurfsvoll, eher interessiert. Sie lachte verlegen.

»Ist spät geworden, Matze, lass uns das ein anderes Mal ergründen.«

# 20

## GOLUBEV

Sonntag, 16. Februar

Leonid Wladislaw Golubev machte seinem Nachnamen »Taube« keine Ehre, aber darüber hatte er sich noch nie den Kopf zerbrochen. Er wurde 1961 in Usbekistan geboren. Seine Eltern waren beide früh gestorben, und er hatte seine Kindheit in Heimen verbracht. Mit acht Jahren hatte er sein erstes Fahrrad gestohlen, mit vierzehn konnte er bereits auf eine beachtliche Karriere jugendlicher Bandenkriminalität zurückblicken. Für ihn war das eine Frage des Überlebens gewesen. Er und sein sieben Jahre jüngerer Bruder Michail waren nach dem Tod der Eltern mehr oder weniger auf sich gestellt gewesen, und er hatte sich um Michail kümmern müssen. Aus dem Kleinen sollte mal etwas werden, und es war ihm tatsächlich gelungen, ihn aus seinen kriminellen Geschäften herauszuhalten, obwohl er, der Beschützer, insgesamt viermal verurteilt worden war.

Mit Vitaly Bilurev, er nannte ihn Slawa, hatte er sich im Knast angefreundet. Als Slawa früher entlassen wurde, hatte er ihm versprochen, sich um Michail zu kümmern. Slawa war ein ganz Großer geworden. Und Slawa war nicht einer von denen, die ihre Freunde vergaßen, sobald sie im Sekt badeten, zum Frühstück Kaviar aßen und in einem Privatjet verreisten. Leonid würde es ihm nie vergessen, dass er sich um Michail gekümmert hatte. Slawa hatte sich nicht nur seiner angenommen, sondern er hatte ihm auch eine erstklassige Ausbildung in einem Schweizer Internat zukommen lassen mit anschließendem Studium in Deutschland und den USA. Sein kleiner

Bruder sprach nun neben seiner Muttersprache fließend Englisch, Deutsch und Französisch.

Seit einigen Jahren leitete Michail ein Notariat und eine große Kanzlei für Steuer- und Wirtschaftsrecht am Gendarmenmarkt. Nur dass er bei der Heirat den Namen seiner deutschen Frau, Burmeister, angenommen hatte, nahm Golubev ihm übel. Golubev war doch kein Name, dessen man sich schämen musste! Und überhaupt, seit wann nahm man als Mann den Namen der Frau an?

Golubev selbst hatte es nicht einmal zu einem Schulabschluss gebracht. Aber das störte ihn nicht. Er arbeitete nun schon seit vielen Jahren für Slawa, wenngleich sein letzter Auftrag schon fünf Jahre zurücklag. Anfangs war er sein Leibwächter gewesen, dann der Mann für schwierige Fälle, die Spezialaufträge. Um den Posten hatte er sich nicht gerissen, er war da irgendwie hineingewachsen. Einer musste ja Slawas Geschäftspartnern klarmachen, wie sie sich zu entscheiden hatten. Wenn man Golubev gefragt hätte, ob er in seiner Tätigkeit schon einmal hätte Menschen töten müssen, hätte er mit der Antwort nicht gezögert. Er hätte gesagt, es habe Gelegenheiten gegeben, wo man nicht anders hätte handeln können. Dabei sei es aber immer um eine konkrete Gefahr gegangen oder um die Ehre.

Und jetzt gab es eine konkrete Gefahr, das hatte Slawa ihm genau erklärt, auch für seinen Bruder, und Slawa hatte sich in solchen Dingen noch nie geirrt. Und bisher hatte Golubev auch immer eine Eins-a-Performance abgeliefert. Dies sollte sein letzter Auftrag sein, aber warum ihm dieser jetzt so aus dem Ruder lief, wusste Golubev selbst nicht zu sagen. Der Hauptauftrag war zwar ordnungsgemäß abgeschlossen, aber es hatte Komplikationen gegeben, und er hatte Glück gehabt. Auf Glück hatte er sich früher nicht verlassen. Da hätte ihn auch das Klingeln eines Telefons nicht so aus der Fassung bringen können. Er hatte Panik bekommen und versäumt, sich davon zu überzeugen, dass der Mann tot war, sondern Hals über Kopf den Raum verlassen. Das hätte schiefgehen können.

Und dann war da noch ein zweiter Mann gewesen, der ihn gesehen hatte. Er hatte ihn zwar aufspüren und beseitigen können, aber Slawa war dennoch unzufrieden gewesen und hatte daraus keinen Hehl gemacht. Leonid hatte die Leiche nicht verschwinden lassen, und Slawa befürchtete, dass das ein Fehler gewesen war. Außerdem hatte er zweimal dieselbe Waffe verwendet. Das hatte Slawa rasend gemacht. Und es stimmte, so ein Patzer wäre ihm früher nicht passiert. Er wurde alt und war jetzt schon zu lange das sorglose Leben eines Rentners gewohnt.

Langsam und sorgfältig schälte er die Knolle Knoblauch, die er auf einem Wochenmarkt am Winterfeldplatz gekauft hatte, schnitt die Zehen mit seinem Taschenmesser in feine Streifen, bestreute sie mit Salz und steckte sich einen nach dem anderen sorgfältig kauend in den Mund. Dazu aß er eine Scheibe Vollkornbrot. Ein gesundes Essen war die Grundlage jeder Arbeit, dachte er, während er den scharfen Geschmack, den der Knoblauch auf der Zunge hinterließ, mit einem Glas Wodka hinunterspülte.

Das größte Problem war, dass sie immer noch nicht an die Informationen gelangt waren, die Slawa brauchte. Bei sich getragen hatte der Dummkopf sie jedenfalls nicht. Golubev schüttelte den Kopf. Slawa erpressen zu wollen, das war schon dreist und konnte nur jemandem passieren, der ihn nicht kannte oder unverzeihlich dumm war. Aber so dumm, die Unterlagen bei sich zu tragen, war er eben doch nicht gewesen. Golubev hatte keine Ahnung, wo er jetzt noch suchen sollte. Er hatte Slawa gesagt, dass er bereits alles sorgfältig durchsucht und nichts gefunden hatte, und er hatte vorsichtig angedeutet, dass man es vielleicht dabei belassen solle.

»Such weiter!«, hatte Slawa nur barsch erwidert. Golubev hatte ihn ihm gegenüber noch nie so unfreundlich erlebt. Er würde warten, bis sich die Aufregung gelegt hätte und die Polizei abgezogen war, dann wollte er sich die Wohnung und das Büro noch ein zweites Mal vornehmen. Golubev fragte sich inzwischen ernsthaft, ob der Typ geblufft haben könnte, immerhin hatte er so viel gewusst, dass er sein Wissen zu Geld machen wollte. Das war sein Verhängnis gewesen. Den großen Slawa forderte man nicht heraus. So war das eben. Er würde seinen Aufenthalt in Berlin wohl verlängern müssen. Er würde sich die Handykontakte des Mannes vornehmen. Das Telefon hatte er nach dem Herunterladen vernichtet. Er würde jeden Einzelnen abchecken müssen, und er durfte keine Fehler mehr machen. Slawa würde keine Fehler mehr dulden, darüber war sich Golubev emotionslos im Klaren. So mancher Weggenosse hatte die Truppe plötzlich verlassen müssen. So war das Geschäft eben. Man wusste, worauf man sich einließ.

Nur schade, dass er seinen Bruder nicht besuchen konnte. Es war schon so lange her, und er hätte auch gerne seine Neffen und Nichten einmal wiedergesehen. Doch das war jetzt nicht möglich. Golubev selbst hatte keine Kinder. Er seufzte laut. Arbeit war Arbeit und Wodka war Wodka.

# 21

## SVENJA

Montag, 17. Februar

Svenja war jetzt seit zwei Wochen beim Berliner LKA. Die erste Woche, als Kammowski noch im Urlaub gewesen war und niemand für sie so recht Zeit gehabt hatte, hatten sich die Tage endlos hingezogen. Sie hatte das Gefühl gehabt, im Weg zu stehen, kaum wahrgenommen zu werden, obwohl alle freundlich zu ihr gewesen waren. Oft hatte sie nicht gewusst, was sie als Nächstes tun sollte. Seit sie mit Kammowski zusammenarbeitete, war es nicht mehr langweilig, aber mal behandelte er sie wie eine gute Kollegin, dann wieder schien ihn ihre bloße Anwesenheit zu stören. Und manchmal bezog er sie zwar in seine Überlegungen mit ein, doch sie wurde den Eindruck nicht los, dass er in Wirklichkeit mit sich selbst sprach und erst, wenn sie antwortete, ihre Anwesenheit realisierte.

Für Svenja war der Polizeidienst immer schon der Traumjob gewesen. Sie hatte sich nicht vorstellen können, nur am Schreibtisch zu sitzen. Und obwohl sie wusste, dass dies auch einen großen Teil ihrer Arbeit als Kommissarin ausmachen würde, so erwartete sie doch einen abwechslungsreichen Job mit vielen Möglichkeiten, sich zu spezialisieren und aufzusteigen. Natürlich war das mit der Polizeipräsidentin in dem Gespräch mit Kammowski ein Scherz gewesen, aber sie wollte tatsächlich Karriere machen. Ihr Vater war in Hamburg bei der Schutzpolizei gewesen, und sie hatte ihn immer sehr bewundert. Aber als Streifenpolizistin sah sie sich nicht. Ihre Eltern waren keineswegs glücklich gewesen, dass sie zur Polizei und dann auch noch nach Berlin ging. Sie habe schließlich Abitur und solle etwas Ordentliches studieren. Sie hatten ihr geraten, Lehrerin zu werden, weil man diesen Beruf so gut mit Kindern vereinbaren könne. Aber Svenja wollte nicht Lehrerin werden. Sie liebte ihre Eltern, empfand ihre Fürsorge aber oft als einengend. In erster Linie wollte sie endlich unabhängig sein, auf eigenen Füßen stehen und ihre eigenen Entscheidungen treffen. An Kinder dachte sie noch lange nicht. Zur Enttäuschung ihrer Eltern, die ihr prophezeit hatten, dass Berlin ein krimineller Moloch sei, in dem man vereinsame, hatte sie sich sehr gut eingelebt. Sie hatte über die Polizeischule und den Sport Freunde gefunden, auch gelegentliche Affären gehabt, aber sie wollte sich noch nicht auf eine feste Beziehung einlassen. Nach Abschluss der Ausbildung war sie stolz, dass man ihre Bewerbung beim LKA sofort berücksichtigt hatte. Jetzt sprühte sie vor Unternehmungsgeist, wollte loslegen und sich in der Praxis beweisen.

Als sie dem dicken Kammowski zugeteilt worden war, hatte sie zunächst gedacht: »Murphy's Law«, was schiefgehen kann, geht schief. Doro, mit der sie sich schon etwas angefreundet hatte, bevor Kammowski aus dem Urlaub gekommen war, hatte ihr zwar geraten, nicht auf seine brummige Art einzugehen, aber das war leichter gesagt als getan. Erst heute Morgen – sie hatte gerade einen Apfel aus der Tasche gezogen und vielleicht etwas zu kraftvoll hineingebissen – hatte er sie aus dem Nichts heraus gerüffelt: »Noch einmal zum Mitschreiben, wir essen hier keine Butterbrote, weder mit Leberwurst noch mit Ei, und wir pflegen hier auch keine Topfpflanzen.«

Svenja hatte sich geärgert, war aber klug genug gewesen, sich nicht auf eine längere Diskussion einzulassen.

»Das ist ein Apfel, Kammowski, kein Ei, kein Leberwurstbrot«, hatte sie nur leichthin entgegnet und ihre Arbeit am Computer fortgesetzt. Immerhin hatte er »Wir« gesagt. Sie beschloss, dies als etwas verquere Art Kammowskis zu interpretieren, dass er sich mit ihrer Anwesenheit abgefunden hatte.

Jetzt schlug Kammowski ihr allerdings vor, sich für den Rest des Vormittags der MK Ostermeier anzuschließen, dessen Leitung Max Werner übernommen hatte.

»Und was ist mit dem Fall Steinkopf? Der ist doch noch nicht abgeschlossen.«

»Ich bin dran. Doch du musst ja die anderen Kollegen auch kennenlernen, und der Mord im Viktoriapark ist für dich sicher interessanter als der Papierkram hier.« Er deutete auf seinen Schreibtisch, wo sich Berichte stapelten.

Sie erwog zu protestieren, willigte dann aber ein. Kammowski wollte ganz offensichtlich seine Ruhe haben.

»Kannst du mich kurz auf den neuesten Stand bringen?«, bat Svenja Max Werner, als sie kurz darauf zu seiner Truppe stieß.

»Na, will der alte Eigenbrötler sein Büro mal wieder für sich haben?«, lästerte Werner, kam ihrer Bitte jedoch nach. »Friedrich Ostermeier hat als Privatermittler gearbeitet. Am Sonntag ist er erschossen im Viktoriapark gefunden worden, vor dem Lokal Golgatha. Die diensthabenden Kollegen haben den Tatort gesichert. Sieht aus wie eine Hinrichtung«, erklärte Werner. »Ein einziger gezielter Schuss. Die Kugel wurde aus kurzer Entfernung abgegeben, traf ihn in den Hinterkopf und ist an der Stirn wieder ausgetreten. Dort hat sie ein ziemliches Loch hinterlassen und ist in einem Holzschuppen stecken geblieben. Laut Ballistik handelte es sich um eine Kleinkaliberwaffe. Wir klären noch, ob die Waffe schon mal als Tatwerkzeug aufgefallen ist.«

»Warum lässt man seinen Mörder so nah an sich herankommen?«, fragte Svenja.

»Vielleicht hat er ihn gekannt?«

»Oder er kannte ihn gerade nicht und hat nichts Böses geahnt. Wenn mir im Park jemand über den Weg läuft, denke ich ja nicht automatisch, dass der mich erschießen will.«

»Was wollten die nur um diese Jahreszeit und bei dem Wetter an so einem trostlosen Ort?« Werner schüttelte sich, als sei ein Winterspaziergang am Sonntag das Letzte der Dinge, die er freiwillig tun würde.

»Nun, die Absicht des einen kennen wir inzwischen, die Beweggründe des anderen werden wir herausfinden«, gab er sich selbst die Antwort. »An die Arbeit, Kollegin, schauen wir uns mal im Büro des Mordopfers um.«

Doro hatte ihnen gerade eine Einbruchsmeldung überbracht. Jemand war in die Büroräume des Privatdetektivs Friedrich Ostermeier eingebrochen.

# 22

## MK OSTERMEIER

Montag, 17. Februar

Es war kurz vor neun Uhr, als Svenja und Max Werner im Büro des ermordeten Privatdetektivs eintrafen. Ihnen bot sich ein Bild der Verwüstung. Das Türschloss war mit brachialer Gewalt aus dem Holz herausgebrochen worden. Akten lagen überall verstreut herum, Regale waren aus ihrer Verankerung gerissen, Schubkästen auf den Boden entleert worden. Selbst Bilder waren achtlos von der Wand gerissen worden, wahrscheinlich um nachzusehen, ob sich dahinter ein Safe verbarg. Das hier musste eine Menge Lärm verursacht haben. In dem Haus waren zwar nur Büros untergebracht, aber vielleicht hatten sie ja Glück und jemand hatte noch spätabends gearbeitet und etwas beobachtet.

Die Sekretärin, eine dralle Mittfünfzigerin mit dauergewelltem Haar und schlecht sitzendem beigefarbenem Kostüm, das auch das bunte Halstuch nicht aufwerten konnte, stand unter Schock. Sie hatte morgens das zerstörte Büro vorgefunden, die Polizei benachrichtigt und war inzwischen auch über den Tod ihres Chefs informiert. Aufgeregt lief sie zwischen Kaffeemaschine und ihrem Arbeitsplatz am Empfang hin und her und stellte immer wieder dieselben Fragen, bis Werner sie anwies, sich zu setzen und zu beruhigen. Die KTU war schon fertig, und Svenja und Werner konnten sich jetzt das Büro beziehungsweise das, was davon übrig geblieben war, ansehen und die Sekretärin befragen.

Frau Siller war die personifizierte Hilflosigkeit. Nein, sie könne ihnen keine Auskunft über die Fälle der letzten Zeit geben. Da habe Herr Ostermeier sie nicht ins Vertrauen gezogen. Nein, sie wisse auch nicht, ob sich Herr Ostermeier bedroht gefühlt habe. Und sie habe auch keine Veränderung an ihm bemerkt.

»Aber womit Herr Ostermeier seine Brötchen verdient hat, das wissen Sie schon, oder?«, gab Werner etwas genervt von sich.

»Gab es eine Kundenkartei?«, übernahm Svenja.

»Ja, selbstverständlich, aber die hat Herr Ostermeier persönlich über seinen Rechner geführt. Ein Privatermittler muss so diskret sein wie ein Arzt oder ein Anwalt, hat er immer gesagt.«

»Der Computer ist ja leider gestohlen worden«, rief Werner frustriert aus. »Ihr Chef wird sich doch nicht nur auf seine Dateien verlassen haben, irgendwo muss er doch noch eine schriftliche Ablage gehabt haben, oder?« Ungeduldig hob er wahllos eine der Akten vom Boden auf und begann, darin herumzublättern. Es würde Tage dauern, bis sie sich durch diesen Berg gearbeitet hätten.

»Ich nehme an, dass Herr Ostermeier Datensicherung betrieb, nicht wahr?«, fragte Svenja weiter.

»Ja«, bestätigte Frau Siller, »er hatte eine Sicherungsfirma beauftragt, die das für ihn erledigt hat. Wissen Sie«, raunte sie Svenja zu, »darauf war der Chef ganz stolz. Bei ihm konnten keine Daten gestohlen werden. Auf dem Rechner waren ja gar keine Daten, die wurden alle auf einer Wolke gespeichert.«

Svenja lächelte aufmunternd. »Können Sie mir die Firma nennen?«

»Ja, das kann ich, aber darf ich das denn auch?«

»Frau Siller, Ihr Chef wurde ermordet, wir vermuten, dass es mit einem seiner Fälle zusammenhängen könnte, Sie dürfen nicht nur, Sie müssen diese Angaben machen.«

Sie setzten Frau Siller, nachdem diese ihre Aussage gemacht hatte, in ein Taxi und warteten auf die Kollegen, die das Büro mit einem provisorischen Schloss versahen und es versiegelten. Dann fuhren sie zur Wohnung des Opfers, die ebenfalls aufgebrochen und systematisch durchwühlt worden war. Die Erste Inspektion war bereits dort gewesen und hatte die KTU informiert.

Auch die Wohnung gab keine weiteren Hinweise preis, außer vielleicht, dass Herr Ostermeier ein Junggeselle gewesen war, der Wert auf teure Kleidung gelegt hatte und dem Ordnung sehr wichtig gewesen war. Abgesehen von der Unordnung, die der Einbrecher auch hier hinterlassen hatte, schien alles seinen festen Platz gehabt zu haben.

Es war später Mittag, als sie ins LKA zurückkamen. Svenja ging zu Doro, um sie zu bitten, bei der Staatsanwaltschaft die Herausgabe der Daten von der Sicherungsfirma zu beantragen.

»Das muss warten«, sagte Doro fröhlich. »Jetzt müssen wir erst mal zur Dienstbesprechung. Kammowski hat schon zweimal nach dir gefragt. Offenbar vermisst er dich schon, wenn du mal ein paar Stunden nicht bei ihm bist.«

»Von wegen«, maulte Svenja, »er hat mich ja selbst weggeschickt.«

# 23
# RÜCKBLICK

*Thomas schreckte hoch, schaute schlaftrunken auf seinen Wecker. Es war kurz vor sechs. Wer klingelte da so penetrant an der Haustür? Hatte Tine ihren Schlüssel vergessen?*

*Sie hatte vor einer Viertelstunde das Haus verlassen, weil sie einen frühen Zug nach München erreichen musste, und, nachdem sie ihm zum Abschied einen Kuss gegeben hatte, war er noch einmal in einen tiefen Schlaf gefallen. Rasch streifte er sich etwas über und ging in den Flur.*

*»Landeskriminalamt«, sagte eine Stimme aus der Gegensprechanlage. »Wir haben einen Hausdurchsuchungsbeschluss, bitte machen Sie die Tür auf.«*

*Ein Mann um die fünfzig und eine deutlich jüngere Kollegin zeigten ihre Ausweise und erklärten ihm, dass er, Dr. Thomas Franke, beschuldigt sei, sich an bandenmäßiger Abrechnungskriminalität im Medizinischen Versorgungszentrum der Barmherzigen Schwestern zu Bernau beteiligt zu haben.*

*»So ein Quatsch!«, entfuhr es Thomas.*

*»Sie sind nicht verpflichtet, eine Aussage zu machen, aber alles, was Sie jetzt sagen, kann gegen Sie verwendet werden«, belehrte ihn der Polizeiobermeister. Als sei der Ausspruch »so ein Quatsch« schon ein Schuldeingeständnis, das gegen ihn verwendet werden könnte. Aber er hätte ohnehin nicht gewusst, was er hätte sagen sollen, er verstand ja gar nicht, worum es hier überhaupt ging. Offenbar war der MVZ-Skandal jetzt auch in seinem MVZ angekommen.*

*Schon nach den Verhaftungen vor einigen Wochen und*

*den Untersuchungen in Schöneberg waren sie ihre eigenen Bereiche durchgegangen. Bei ihm hatte definitiv kein Mitarbeiter irgendeinen persönlichen Vorteil gezogen. Es hatten auch keine Ausbildungsassistenten als Ärzte gearbeitet. Sicher, es hatte Kollegen gegeben, die in Klinik und MVZ tätig waren, aber das war nicht gesetzeswidrig. Allerdings mussten diese Ärzte getrennte Verträge mit Klinik und MVZ haben und bei der Kassenärztlichen Vereinigung gemeldet sein.*

*Thomas hatte die Verbindung von stationärer und ambulanter Tätigkeit als eine Qualitätsverbesserung seiner Arbeit angesehen. Nie wäre er auf den Gedanken gekommen, damit gegen Gesetze verstoßen zu haben. Er und die anderen Kollegen hatten dafür nicht einen Cent mehr bekommen. Wo war da der Betrug?*

*»Sie haben jetzt die Möglichkeit, uns alle Vertragsunterlagen zum MVZ auszuhändigen. Wenn Sie das nicht tun, müssen wir Ihre Wohnung durchsuchen«, unterbrach der Polizeihauptmeister Thomas' Gedankengang in einem Ton hart an der Grenze zur Unfreundlichkeit. Als hätte er bemerkt, dass er etwas übers Ziel hinausgeschossen war, fügte er freundlicher hinzu: »Sie können einen Zeugen hinzurufen, vielleicht einen Nachbarn.«*

*Thomas stellte sich vor, wie sein Nachbar reagieren würde, wenn er ihn um diese Uhrzeit aus dem Bett klingelte. Trotz der ernsten Situation musste er grinsen: »Das dann doch wohl lieber nicht.«*

*»Sie gehen sehr gelassen mit der Situation um«, befand der Polizist.*

*»Liegt vielleicht daran, dass ich mir keiner Schuld bewusst bin«, erwiderte Thomas.*

*»Die meisten Verdächtigen sind erst einmal verzweifelt«,*

stimmte seine junge Kollegin nun zu, die bisher noch nichts gesagt hatte.

»Ist für Sie auch nicht einfach, morgens um sechs Uhr bei Leuten auf der Matte zu stehen, oder?«, überlegt Thomas laut.

»Unser Job.« Die Polizistin lächelte ihn freundlich an.

Nachdem Thomas die gewünschten Unterlagen ausgehändigt hatte und alle Formalitäten erledigt waren, teilten die Polizisten ihm mit, dass er sich nun in die Klinik zu begeben habe, weil auch seine Diensträume untersucht würden.

»Ich darf mich aber noch kurz duschen und anziehen, oder?«

Das wurde ihm gestattet, und Thomas hörte, wie der Polizist im Hinausgehen per Handy jemandem mitteilte, dass sich der Beschuldigte kooperativ verhalten habe und in etwa einer Stunde in der Klinik eintreffen würde.

An diesem Tag wurden in allen Standorten der Barmherzigen Schwestern zu Bernau bei allen Kollegen, die im MVZ gearbeitet hatten, Durchsuchungen durchgeführt. Es war eine der größten polizeilichen Aktionen, die jemals in Deutschland im medizinischen Sektor in Bewegung gesetzt worden waren. Bei einer jungen Kollegin von Thomas, die noch mit Erstwohnsitz bei ihren Eltern in einem kleinen Ort in Bayern gemeldet war, stand die Polizei in Begleitung des örtlichen Bürgermeisters ebenfalls morgens um sechs Uhr vor der Tür der verschreckten Eltern. Daraus machten die Zeitungen dann: »Hausdurchsuchungen in Berlin und im ganzen Bundesgebiet«

»Wenn man das vorher gewusst hätte, hätte man heute Morgen glatt eine Bank ausrauben können«, versuchte Kollege Terborg beim Mittagessen in der Cafeteria zu scherzen.

*Aber zum Scherzen war niemandem zumute. Bandenmäßiger Betrug, dafür bekam man mindestens fünf Jahre, ganz zu schweigen davon, dass einem im Fall einer Verurteilung die Berufserlaubnis für Ärzte entzogen würde.*

# 24

## MK OSTERMEIER

Montag, 17. Februar

Am Nachmittag kam Svenja mit einer Nachricht zu Kammowski ins Büro gestürmt. Die EDV-Sicherungsfirma hatte die Ostermeier-Dateien zur Verfügung gestellt. In einer Datei waren Bilder von Steinkopf und Fritsche abgelegt, jene Bilder, die sie in Steinkopfs Büro gefunden hatten.

»Okay, die Fälle hängen also irgendwie zusammen«, schlussfolgerte Kammowski. »Allerdings kann Steinkopf Ostermeier schlecht ermordet haben, weil er bei dessen Tod bereits selbst nicht mehr unter den Lebenden weilte. Wäre ja auch zu einfach gewesen. Und warum einfach, wenn's auch kompliziert geht. Wir sind schließlich die Behörde für schwierige Fälle.«

Sie lachten.

Svenja wurde wieder ernst. »Darf ich dich etwas fragen, Matze?«, fragte sie mit einem scheuen Blick zu Kammowski.

»Nur zu, aber ich heiße Mathias, wie du inzwischen wissen solltest.«

Svenja ging nicht auf seinen Einwand ein. »Die Frau, die da neulich für dich angerufen hatte, kennst du die näher?«

»Hör mal, Svenja«, sagte Kammowski, »ich finde dich recht sympathisch, als Kollegin, aber privat ist privat und Job ist Job.«

»Okay«, sagte Svenja. Sie wandte sich ab und schwieg.

Das passte Kammowski jetzt auch nicht. »Warum hast du gefragt?«

»Och, nichts.«

»Nun sag schon.«

Svenja zögerte immer noch.

»Doro hat die Handyverträge von diesem Ostermeier gecheckt, und wir haben eine Liste seiner Telefonate«, sagte sie schließlich.

»Ja und weiter? Nun lass dir doch nicht alles aus der Nase ziehen.«

»Mach ich doch gar nicht, aber die Information könnte privat sein.«

Kammowski verdrehte die Augen. »Nun spuck es schon aus.«

»Also gut. Christines Nummer war auch dabei.«

»Was für eine Christine?«

»Na, welche Christine werde ich schon meinen, deine natürlich.«

»Wieso meine Christine?« Kammowski war perplex. »Sprichst du jetzt wirklich von Christine von Hehn, die Frau, die neulich hier angerufen hat?«

»Ich kenne keine andere Nummer von einer Christine, die du auch kennst.«

»Bist du sicher?« Kammowski war nicht mehr nach Scherzen zumute. »Bist du dir da wirklich sicher?«

»Ja, das bin ich. Ich hatte mir ihre Nummer doch hier für dich aufgeschrieben.« Sie deutete auf ihre Schreibtischunterlage. »Außerdem kann ich mir Zahlen gut merken«, ergänzte sie entschuldigend, als sei das etwas, wofür man sich schämen müsste.

»Was hattest du mit Ostermeier zu tun?«, platzte es aus Kammowski hervor, als Christine ihm die Tür öffnete.

»Was ist mit Ostermeier?«

»Er wurde ermordet, und er hat kurz vor seinem Tod mit dir telefoniert.«

»O Gott, das kann doch nicht wahr sein.«

Sie schaute ihn entgeistert an. Sie standen immer noch halb im Hausflur.

»Komm doch erst mal rein.«

Christine hatte gerade geduscht. Sie hatte ein Handtuch um den Kopf gewickelt, trug eine Leggins und ein fast durchsichtiges, chiffonartiges Trägershirt, unter dem sich die Ansätze ihrer Brüste deutlich abzeichneten. Sie rauchte. Trotz der Februarkälte draußen lief sie barfuß, und ihre Zehennägel waren tiefrot lackiert.

Lackierte Fingernägel mochte Kammowski nicht, aber dem sinnlichen Eindruck roter Fußnägel an weiblichen Füßen konnte er sich nicht entziehen. Und Christine hatte ausgesprochen wohlgeformte Füße. Sie waren eher klein, wirkten jugendlich, ohne jene Deformitäten, die sich im Laufe des Lebens oft einstellten.

»Willst du einen Kaffee?«, unterbrach Christine seine Gedanken.

»Christine, ich will keinen Kaffee, ich will eine Antwort. Nach dreißig Jahren meldest du dich plötzlich wieder bei mir, und drei Tage später stellt sich heraus, dass du mit einem Mordopfer telefoniert hast. Was hast du mit Ostermeier zu tun?«

»Zehn Jahre«, erwiderte Christine.

»Wie bitte?«

»Es ist keine dreißig Jahre her, dass wir uns das letzte Mal sahen.«

»Das ist doch egal, ich will eine Antwort von dir!«

»Reden wir oder verhörst du mich?«, fragte Christine mit gepresster Stimme.

Als sie seinen fassungslosen Blick sah, fuhr sie versöhnlich fort. »Jetzt setz dich erst mal.«

Kammowski folgte ihr zögerlich in den großen Wohnraum, an den sich eine kleine Küchenecke anschloss.

Überall lagen Sachen verstreut. Kleidungsstücke, die auf ihrer Couch gelegen hatten, warf sie achtlos auf den Boden, um ihm einen Platz anbieten zu können. Auch eine professionelle Nikon-Kamera folgte, etwas weniger rabiat, den Kleidungsstücken. Das teure Objektiv hatte nicht einmal zum Schutz einen Deckel, wie Kammowski registrierte. Irgendwie schien er einen Hang zu unordentlichen Frauen zu haben. Elly war auch so eine Chaotin gewesen.

»Ich bin Journalistin, Matze. Und ich bin da an einer Geschichte dran gewesen. Ostermeier hat mir manchmal bei den Recherchen geholfen, das ist alles. Ich fasse es noch immer nicht, dass der tot ist. Was ist passiert?«

»Das darf ich dir nicht sagen. Aber er hat kurz vor seinem Tod mit dir telefoniert, das steht fest.«

Christine holte ihr Handy. »Er hat mir am Sonntag auf die Mailbox gesprochen.« Sie rief die Mailbox ab und reichte Kammowski das Telefon: »Christine, ich wollte dir nur kurz Bescheid geben, ich habe erst mal keine Zeit mehr, um für dich zu ermitteln«, sagte Ostermeiers Stimme. »Ich habe einige andere Jobs reinbekommen. Da ist auch nichts dran an der Sache. Der Typ ist zwar ein Arschloch, aber soweit ich feststellen konnte, alles im üblichen rechtsfreien Raum. Wir sehen uns. Ach ja, noch etwas«, Ostermeier räusperte sich und schien zu zögern, »wenn ich in der vereinbarten Angelegenheit nicht mehr für mich sprechen kann, dann vertritt mich Frau Helmchen.«

Damit endete die Aufzeichnung.

»Wer ist denn diese Frau Helmchen?«

»Keine Ahnung, der Typ hat ’nen Knall, vielleicht seine neue Sekretärin, was weiß denn ich.«

»Was sollte er für dich ermitteln?«

Christine schien zu zögern. »Darüber möchte ich noch nicht sprechen.«

»Christine, ich gebe dir hier und jetzt einmalig die Chance, mir alles zu erklären. Wenn du mir nicht die Wahrheit sagst, können wir unser Gespräch auch gerne auf dem Revier fortsetzen.«

»Das ist aber eine lange Geschichte«, warnte sie.

»Ich habe Zeit«, erwiderte Kammowski und zog den Mantel aus.

Da stand sie auf, öffnete eine Flasche Chianti, goss ihnen ein und erzählte ihm eine Geschichte, die ihm ebenso abstrus wie unglaubwürdig vorkam.

## 25

## CHRISTINE

Dienstagfrüh, 18. Februar

Christine hatte an einem Artikel über Abrechnungsbetrug in einem Medizinischen Versorgungszentrum gearbeitet.

»Ein Medizinisches Versorgungszentrum, ein MVZ, ist so etwas wie eine Poliklinik: Unter einem Dach arbeiten mehrere angestellte Ärzte verschiedener Fachrichtungen zusammen, idealerweise an ein Krankenhaus angebunden. Solche Polikliniken hat es in der DDR immer schon gegeben. Sie wurden aber mit der Wiedervereinigung erst einmal abgewickelt. Im Westen waren niedergelassene Ärzte immer Unternehmer. Die Zeiten haben sich aber geändert. Nicht jeder Arzt möchte heute das Risiko eines Unternehmers eingehen, viele wünschen sich geregelte Arbeitszeiten und ein festes Einkommen. Und plötzlich entstand eine Reihe von zum Teil sehr großen MVZ. Niedergelassene Ärzte und ihre Standesvertretung, die Kassenärztliche Vereinigung, beobachteten diese MVZ-Gründungen zum Teil mit Argusaugen, denn sie befürchteten einen erheblichen Wettbewerbsnachteil. Die Klinik hatte vielleicht noch ungenutzte Räumlichkeiten für das MVZ, musste keine mieten – und denk einmal an die teuren Geräte eines Radiologen. Wenn der niedergelassene Arzt sich seine Geräte als Unternehmer anschaffen muss, verschuldet er sich in Millionenhöhe. In der Klinik stehen diese Geräte ohnehin herum und können nun vom MVZ mitgenutzt werden.«

Kammowski verdrehte die Augen. »Komm mal auf den Punkt.«

»Diese Informationen sind wichtig, um den Rest zu verstehen. Einem großen Berliner Klinikbetrieb wurden damals illegale Machenschaften in ihren MVZ vorgeworfen, das hat damals eine richtige Lawine losgetreten.«

»Ich glaube, ich erinnere mich daran«, warf Kammowski ein. »Da gab es vor etwa zwei Jahren bei uns eine Riesenaktion. Die Soko MedBande beschäftigte kurzzeitig die ganze Berliner Polizei.«

»Ja, genau, Hunderte von Wohnungen und Büros wurden durchsucht. Die haben keinen Stein auf dem anderen gelassen.«

»Immerhin lautete der Vorwurf Bandenkriminalität.«

»Nein, das Ganze war eine völlig überzogene und unverhältnismäßige Aktion. Es ist nun mal sehr medienwirksam, Ärzten persönliche Bereicherung und Betrug vorzuwerfen. Am Ende wurde keiner der Beschuldigten verurteilt. Selbst bei den Hauptbeschuldigten wurde das Ermittlungsverfahren nach § 153a der Strafprozessordnung eingestellt. Das heißt, die Staatsanwaltschaft verzichtete auf eine Anklageerhebung, und die Beschuldigten waren im Gegenzug mit der Zahlung einer Geldauflage einverstanden. Ein übliches Verfahren, wenn sich die Staatsanwaltschaft selbst nicht sicher ist, ob die Beweise am Ende für eine Verurteilung durch das Gericht reichen werden. Für unschuldig Beschuldigte ist das dann eine dicke Kröte, die zu schlucken ihnen von ihren Anwälten aber dringend geraten wird. Nach dem Motto: Lieber ein Ende mit Schrecken, als ein Schrecken ohne Ende. Denn das Charmante an dem Deal ist, man ist nicht vorbestraft, und wenn das Verfahren einmal nach § 153a eingestellt ist, darf man wegen dieser Sache nicht mehr belangt werden.«

»Ich glaube nicht, dass die Kollegen hier ohne nachvollziehbare Verdachtsmomente aktiv wurden«, erwiderte Kammowski matt. Aber sicher war er sich nicht. Auch er hatte gehört, dass bei keinem der ehemals mehr als hundert Verdächtigen auch nur ein Verfahren eingeleitet wurde, geschweige einer verurteilt wurde. Aber so war das nun einmal in einem Rechtsstaat. Im Zweifelsfall für den Angeklagten. Das hieß noch lange nicht, dass die alle keinen Dreck am Stecken gehabt hatten. Es konnte aber natürlich auch bedeuten, dass da ein Ermittlungsbeamter oder ein Staatsanwalt einen karriereförderndern Großprozess gewittert und sich völlig verrannt hatte. Kammowski hatte auch läuten hören, dass die Angelegenheit nach kurzer Zeit wie ein heißes Eisen von einem Staatsanwalt zum nächsten geschoben worden war, weil sich keiner die Finger daran verbrennen wollte.

»Du steckst ganz schön tief in der Materie drin«, sagte Kammowski nachdenklich und goss noch etwas Wein nach. Sie hatten die Flasche schon fast geleert.

»Du kennst mich doch.«

Kammowski sagte nichts. Kannte er sie wirklich? Was wusste er überhaupt von dieser Frau? Er musterte sie verstohlen. Jede ihrer Bewegungen war von einer sanften, fließenden Eleganz, einer gewissen Zerbrechlichkeit gekennzeichnet, und doch wies sie die innere Körperspannung einer Tänzerin auf. Der Klang ihrer Stimme, das Halbdunkel des Zimmers, die Müdigkeit, die wohlige Wärme des Rotweins und der angenehme Geruch ihrer Zigaretten vermischten sich zu etwas, das er in tiefen Zügen in sich aufsog. Er versuchte, dagegen anzukämpfen und einen klaren Kopf zu behalten.

»Christine, das ist eine hochspannende Geschichte, aber was zum Teufel hat das alles mit Ostermeier zu tun? Und wie soll ich das verstehen, dass du mich nach so langer Zeit anrufst und kurz darauf in direktem Kontakt zu einem Mordopfer stehst?«

»Ich mach uns einen Kaffee«, sagte Christine lächelnd, »die Geschichte ist noch lange nicht zu Ende. Ich hatte dich gewarnt, willst du heute noch mehr hören?«

»Ich könnte dir stundenlang zuhören«, gestand Kammowski. Sie zog sich in die Küchenecke zurück, um die Kaffeemaschine in Gang zu setzen. »Willst du geschäumte Milch?«

Kurz darauf setzte sie ihren Bericht über zwei dampfenden Kaffeetassen fort: »Bei den Schwestern wurde die Schadenssumme einfach aus dem errechnet, was alle MVZ seit ihrer Eröffnung erwirtschaftet hatten – ein zweistelliger Millionenbetrag.«

»Bei was für Schwestern?«, hakte Kammowski ein.

»Na, der Betrieb, um den es da ging, er gehört den Barmherzigen Schwestern zu Bernau«, antwortete Christine leichthin.

»Das fasse ich jetzt nicht«, sagte Kammowski.

»Was gibt's daran nicht zu verstehen?« Ohne eine Antwort abzuwarten fuhr Christine fort. »Der damalige Geschäftsführer der Schwestern, ein Dr. Alexander, wurde sofort entlassen. Der hat, glaube ich, sogar zwei Monate in Untersuchungshaft verbracht. ›In beiderseitigem Einvernehmen getrennt‹, hieß die offizielle Version des Rauswurfs. Der zweite Geschäftsführer, Kai Steinkopf, war selbst erst wenige Tage im Amt, als der Skandal passierte. Ihm konnte man daher nichts vorwerfen. Er hat die übliche, vollumfängliche Zusammenarbeit mit den Ermittlungsbehörden versichert und dann eine Säuberungsaktion im Betrieb vorgenommen, die ihresgleichen sucht. Er hat sich in den kommenden Monaten von allen Mitarbeitern um den alten Geschäftsführer radikal getrennt.«

»Christine, weißt du, was du da gerade sagst?«, unterbrach Kammowski Christine. Vor Aufregung war er aufgesprungen.

»Was meinst du, Matze?«

»Mensch, Christine, du hast mir gerade einen persönlichen Bezug zu einem zweiten Mordopfer geliefert.«

»Wieso das denn?«

»Hast du keine Zeitung gelesen? Dieser Herr Steinkopf ist ja inzwischen auch tot, möglicherweise ermordet worden.«

»Ich kenn den doch gar nicht, jedenfalls nicht persönlich«, murrte Christine. »Hör mal, Matze, ich habe dich gefragt, ob du die Geschichte hören willst, ich kann nichts dafür, dass sie dir nicht gefällt. Ich bin auch noch nicht fertig.«

»Mir reicht's eigentlich schon bis hierher«, murmelte er, setzte sich aber wieder hin.

»Die Kliniken der Barmherzigen Schwestern zu Bernau hatten damals, wie andere Kliniken auch, etliche Facharztsitze von Ärzten erworben, die eigentlich in den Ruhestand treten wollten und die nur noch einige Stunden pro forma im MVZ weiterarbeiteten. Ein solches Vorgehen ist aber nun mal im Gesetz nicht vorgesehen. Das KV-Recht – KV steht für Kassenärztliche Vereinigung, wie schon gesagt, die Selbstverwaltung der niedergelassenen Ärzte – sagt ganz klar: Ein medizinischer Facharztsitz darf nur dann in ein MVZ eingebracht werden, wenn der Einbringer dort auch persönlich tätig wird. Ein zweiter Vorwurf lautete, die MVZ seien nicht eindeutig genug von den Kliniken abgegrenzt worden, es habe keine klare Trennung bei Räumlichkeiten, Personal und Geräten gegeben. Das Brisante an der Angelegenheit war damals, dass dieses Vorgehen – sowohl der Erwerb als auch die Vermischung von Klinik und MVZ – überall gängige Praxis gewesen war, in unterschiedlichem Ausmaß vielleicht, aber ganz sauber ist diesbezüglich wohl kaum ein MVZ gewesen.«

»Christine, komm zur Sache, mich interessiert nicht, wie man so ein MZ gründet.«

»MVZ, aber okay, ich versuche, mich kürzer zu fassen. Dieser Steinkopf, der neue Geschäftsführer, machte kurzen Prozess und handelte mit der Kassenärztlichen Vereinigung einen Kompromiss aus, es war von fünfzehn Millionen Euro Strafzahlung die Rede, zumindest aber in einer Höhe, der die Schwestern in erhebliche Bedrängnis gebracht haben soll. Außerdem wurden freiwillig alle MVZ geschlossen.«

»Vielleicht blieb ihm nichts anderes übrig«, wagte Kammowski einen Einwand. »Schadensbegrenzung sozusagen.«

»Nun ja, das genau ist die Frage, immerhin sind andere Häuser und Konzerne, die dann im Sog dieser Bugwelle ähnlicher Vergehen beschuldigt wurden, anders damit umgegangen, und bei den Barmherzigen Schwestern standen plötzlich eine Menge Leute ohne Arbeit da und eine Menge Patienten ohne ihre Ärzte.«

»Und was hat dich an dieser Geschichte nun so interessiert?«, fragte Kammowski.

»Ich habe Informanten, die behaupten, dass das alles kein Zufall war. Die vermuten, dass dieser Steinkopf systematisch geplant hatte, den Betrieb zu ruinieren.«

»Aber da hätte er doch den Ast abgesägt, auf dem er sitzt.«

»Vielleicht saß er ja die ganze Zeit auf einem ganz anderen Ast.«

»Willst du mir jetzt etwa eine Verschwörungsgeschichte auftischen?«, fragte Kammowski ungläubig.

Christine wirkte jetzt zurückhaltender. »Es gab jedenfalls immer mehr Hinweise darauf, dass dieser neue Geschäftsführer nicht das Wohl seiner Mitarbeiter und vielleicht auch nicht das Wohl seines Betriebs im Sinn hatte.«

Kammowski schwieg. Das hörte sich alles logisch an, aber andererseits auch so ungeheuerlich, dass man es kaum glauben mochte.

»Diese Information an sich wäre noch kein Grund für mich gewesen, mich der Sache anzunehmen. Ich habe zwar damals die Presse verfolgt, aber mehr aus privatem, nicht aus beruflichem Interesse. Beim Lesen der betreffenden Zeitungsartikel ist mir dann aber etwas aufgefallen. Steinkopf wurde in der Presse gerne als der ›Aufräumer‹ bezeichnet, als der Saubermann, der überall erst grobe Missstände beseitigen müsse. In einem Artikel wurde das durchaus kritisch hinterfragt. So wurden Krankenhäuser aufgezählt, in denen Steinkopf zuvor gearbeitet hatte und die ebenfalls in polizeiliche Ermittlungen verstrickt gewesen seien, die sich später als haltlose Anschuldigungen entpuppten. Die Kollegin, die diesen kritischen Artikel geschrieben hat, kenne ich. Du kannst dir vorstellen, wie überrascht ich war, als ich einige Monate später erfuhr, dass sie inzwischen Pressesprecherin bei den Barmherzigen Schwestern geworden war. Das war zumindest merkwürdig.«

»Du meinst, Steinkopf hat sie gekauft?«

»Wäre ja im Bereich des Möglichen. Jedenfalls war sie mir gegenüber plötzlich sehr zugeknöpft, und da habe ich angefangen, zu recherchieren. Dieser Steinkopf war nach seinem Abschluss als Steuerberater zunächst als Assistent der Geschäftsführung, später als Geschäftsführer in drei Kliniken tätig. Anfangs bei den Moselkliniken, einem großen privaten Klinikkonzern mit mehr als hundertfünfzig Häusern in ganz Deutschland. Dann hat er überraschend zu einem kommunalen Haus gewechselt.«

»Inwiefern war das überraschend?«

»Matze, das ist ein großer Konzern, normalerweise dient man sich da hoch. Man geht von dort nicht freiwillig nach zwei Jahren weg, und schon gar nicht in ein kleineres Haus«, erklärte Christine. »Kaum war er in dem kommunalen Haus angekommen, deckte er dort einen angeblichen Betrugsskandal auf. Zwei Ärztinnen, Dr. Marianne Degenhardt und Dipl. med. Ulrike Zurbindel wurden beschuldigt, ihr vom Konkurs bedrohtes Krankenhaus zu retten, indem sie Akten manipulierten. Der Klinik drohte eine Rückerstattungsforderung bereits geleisteter Gelder, die die Kommune nicht hätte schultern können. Das Haus musste verkauft werden. Und jetzt rate mal, wer es übernommen hat?«, fragte Christine herausfordernd.

»Woher soll ich das wissen?«

»Die Moselkliniken!«, kam ihm Christine triumphierend zu Hilfe. »Später wurden alle Verfahren gegen die Mitarbeiter eingestellt. Und das Schärfste kommt noch: Steinkopf selbst hat die Klinik bald wieder verlassen. Ist einfach ein Haus weitergezogen, diesmal zur Volksgesundheit, einem privaten Verbund aus fünf Krankenhäusern in Brandenburg. Und auch diesen Betrieb hat er erst runtergewirtschaftet und dann an einen anderen Konzern verkauft.«

»Lass mich raten, wieder die Moselkliniken?«

»Nein, diesmal hat das nicht geklappt«, gab Christine zu und grinste, »aber sie waren Mitbieter.«

»Was ja nicht verboten ist«, ergänzte Kammowski. »Diesmal hat es aber keine Beschuldigten oder Betrugsvorwürfe gegeben, oder?«

»Matze, versteh doch. Dem geht es nicht um falsche Beschuldigungen, der versucht nur, die Übernahme vorzubereiten. Und je nachdem, was er vorfindet, entwickelt er eine Strategie, die ihn am Ende als den Saubermann dastehen lässt. Denn nur mit diesem Ruf wird er im nächsten Betrieb wiedereingestellt. Wenn der Betrieb schon vor Steinkopfs Ankunft in den roten Zahlen steht, muss er nur noch die traurige, aber zur Sanierung notwendige Übernahme vorbereiten. Wenn das vorher ein gesunder Betrieb war, muss er ihn erst in finanzielle Schwierigkeiten bringen, aber so, dass es nicht auf ihn zurückfällt. Die Barmherzigen Schwestern waren sein Meisterstück, denn hier musste er nicht nur einen gesunden Betrieb in Probleme bringen, sondern zuvor auch noch einen starken Geschäftsführer aus dem Weg räumen.«

»Was in dem Fall aber nicht so schwer war, weil der bei Mutter Oberin ohnehin in Ungnade gefallen war«, ergänzte Kammowski.

»Ach wirklich? Davon weiß ich nichts«, sagte Christine.

Kammowski biss sich auf die Zunge. Er durfte keine Ermittlungsergebnisse preisgeben.

»Also ehrlich, Christine, willst du mir jetzt ernsthaft erzählen, dass die Moselkliniken den Steinkopf vorschicken, um Kliniken zu ruinieren, damit sie sie günstig aufkaufen können?«

Christine hielt ihr Rotweinglas gegen das Licht der Deckenlampe, als suchte sie im Wein nach der Antwort. »Keine Ahnung, möglich wäre es. Deshalb hatte ich ja Ostermeier ins Rennen geschickt, und du kannst mir glauben, dass jetzt beide tot sind, trägt nicht dazu bei, dass ich an meiner Story zu zweifeln beginne.«

Das war ein schlagendes Argument.

»Morgen wirst du deine Geschichte noch einmal im LKA erzählen müssen«, sagte Kammowski schließlich. »Ich bin gespannt, was die Kollegen dazu sagen.«

Schließlich stellte er noch die Frage, die ihn zunehmend bedrückte. »Und was war nun genau meine Rolle in der Geschichte?«

»Matze, das habe ich dir doch gesagt, ich brauche einen guten Freund, einen, der außerdem noch vom Fach ist und mir in der Geschichte vielleicht weiterhelfen kann.«

»Aber von dir aus hättest du mir nichts davon erzählt.«

»Irgendwann bestimmt.«

Katzenartig streckte sie ihre Glieder, stand auf, ging zum Fenster und öffnete es weit. Kammowski folgte ihr, und gemeinsam schauten sie auf die Stille der nächtlichen Straße herunter. Seit dem Morgen war es deutlich wärmer geworden. Der Schnee hatte zu schmelzen begonnen. Inversionswetterlage. Dichter, grauer Nebel hatte die Stadt bereits den ganzen Tag umhüllt wie eine Decke und war nun in einen feinen Dauerregen übergegangen. Kaum ein Mensch war um diese Zeit unterwegs. Kammowski atmete tief ein. Die kalte, feuchte Februarluft von draußen kühlte ihre erhitzten Gesichter. Die Frische tat gut. Kammowski war jetzt ganz nahe an Christine herangetreten. Von ihrem Nacken stiegt ein zarter Duft aus Körpergeruch und einer Spur Parfüm auf, der sich mit der Frische der Nachtluft mischte und den Geruch von Zigaretten verdrängte.

»Fehler!«, stand mit großen Lettern in einer Region seines Gehirns geschrieben, auf die er aber schon keinen Zugriff mehr hatte.

# 26
# RÜCKBLICK

*Die Tür fiel knallend hinter Dr. Thomas Franke ins Schloss. Seine Sekretärin blickte erstaunt auf. Was für eine Laus war dem Chef denn heute über die Leber gelaufen? Sie hatte ihm lediglich mitgeteilt, dass morgen wieder Anwälte durch das MVZ geführt werden müssten.*

*»Was soll das, das ist nun die dritte Kanzlei in dieser Woche, ich habe auch noch anderes zu tun!« Thomas war sauer. In der Tat hatte die neue Geschäftsführung unter Steinkopf in dieser Woche bereits zwei Kanzleien damit beauftragt, Begehungen vorzunehmen, um die »Missstände« intern aufzudecken.*

*Das war zwar plausibel, sie wurden schließlich beschuldigt, in der Organisation der MVZ Fehler gemacht zu haben, aber reichte da nicht eine Kanzlei? Mussten es gleich drei sein? Und das in der jetzigen Krise, wo alle aufgerufen waren, in ihren Bereichen zu sparen.*

*Thomas atmete tief durch, inzwischen wusste er ja, worauf es den Juristen ankam, vielleicht ging es diesmal schneller.*

*Die Hinweisschilder zum MVZ waren nicht ganz korrekt, da gab es konkrete Vorschriften, und die hatte man offenbar nicht alle beachtet. Außerdem hatten sie am Standort formal zwei MVZ, konnten jedoch nur eine Anmeldung nachweisen. Thomas wäre nie auf den Gedanken gekommen, dass das ein Problem war, wusste aber inzwischen, dass auch das gegen Vorschriften verstieß. Sie hätten für jedes MVZ komplett getrennte Anmeldebereiche gebraucht.*

*Warum hatten sie überhaupt zwei MVZ gehabt statt eines? Man hatte ihm mal gesagt, dass das mit dem Erwerb der Pra-*

*xen und MVZ zu tun hatte. Das hatten doch alles die Justiziare der Firma geregelt. Thomas wäre es nie in den Sinn gekommen, dass es seine Aufgabe gewesen wäre, diese Struktur zu hinterfragen. Auch, dass die MVZ-Patienten des Röntgenarztes nicht zur Anmeldung des MVZ, sondern direkt zum Röntgen gingen, war falsch gewesen. Das hätte vom Organisationsbetrieb des Krankenhauses strikt getrennt werden müssen.*

*Immerhin war es bei ihnen in Lichtenberg niemals passiert, dass Assistenzärzte oder Fachärzte, die nicht bei der KV gemeldet gewesen waren, im MVZ gearbeitet hatten. Das hatten sie klar getrennt.*

*Allerdings hatte ein Chirurg einem der Anwälte erzählt, dass er gelegentlich seinen Oberarzt als Vertretung geschickt hatte, wenn er zu MVZ-Sprechzeiten im OP aufgehalten worden war, damit die Patienten versorgt wurden und nicht auf ihn warten mussten. Das war fürsorglich gedacht, und er hatte ja keinen jungen Assistenzarzt damit beauftragt, sondern einen gestandenen Facharzt, aber es war illegal gewesen. Im MVZ darf nur arbeiten, wer der KV gemeldet ist. Und dieser Oberarzt war nicht gemeldet gewesen.*

*Thomas musste zugeben, viele dieser Vorschriften hatte er erst in den letzten Wochen kennengelernt. Sie waren da geradezu naiv gewesen. Die Administration der Barmherzigen Schwestern – immerhin erfahrene Anwälte und Geschäftsführer – und die von ihnen für die zentrale Organisation aller MVZ beauftragten Mitarbeiter hatten keine Einwände gehabt, und sie hatten das nicht hinterfragt.*

*Die Stimmung im Haus war nach wie vor gedrückt. Der ehemalige Geschäftsführer, sein Justitiar und der Radiologe waren nicht mehr inhaftiert, aber man erfuhr nichts. Thomas hatte wenigstens eine Grußnachricht schicken wollen, aber keine private Adresse gekannt. Die Sekretärin der neuen Geschäftsführung meinte bloß, Herr Steinkopf hätte verfügt, dass die Nachrichten aller Häuser zunächst an sein Büro geschickt werden sollten, man wolle sie dann gebündelt Herrn Alexander zukommen lassen. Später sollte Thomas erfahren, dass diese Grüße nie ihren Empfänger erreicht hatten.*

*Sie fühlten sich seit Wochen wie in einem gefährlichen Schwebezustand. Unter ihnen rumorte die Erde, aber sie wussten nicht, ob, wo und wann der Vulkan ausbrechen würde.*

*Thomas hatte jetzt doch einen Anwalt verpflichtet. Andere Kollegen scheuten noch die Kosten. Sie fühlten sich unschuldig und konnten sich nicht vorstellen, dass das jemand anders sehen könnte. Der Vorwurf des Betrugs stützte sich ja in erster Linie darauf, dass sie nur Scheinverträge gehabt und in Wirklichkeit gar nicht im MVZ gearbeitet hätten. Aber das ließ sich doch einfach widerlegen! Sie konnten Patientenkontakte nachweisen, durch Akten, notfalls durch Zeugenaussagen ihrer Patienten. Und die übrigen Vorwürfe: fehlerhafte Akquise der Praxen, falsche Praxisschilder, Vermischung von Klinik- und MVZ-Belangen – dafür war die Administration verantwortlich gewesen, aber doch nicht sie als angestellte Ärzte.*

*Thomas' Anwaltskosten wuchsen mit jedem Telefonat, in dem er am Ende doch wieder feststellen musste, dass der Anwalt nichts Neues bewirkt hatte.*

*Steinkopf hatte die anfängliche Zusage, allen Rechtsbeistand zukommen zu lassen, rasch relativiert. Jetzt hieß es nur noch, der Betrag, für den die Versicherung des Hauses aufkomme, werde unter allen Mitarbeitern aufgeteilt, die Anwaltskosten nachweisen könnten. Klar, eine Rechtsschutzversicherung hatten sie alle, aber doch keine, die Strafrechtsverfahren mit abdeckte, auch Thomas hatte das feststellen müssen. Wer wäre auch auf die Idee gekommen, dass so etwas einmal eine Rolle spielte? Verdammt, da arbeiteten sie in gutem Glauben für ein Unternehmen und wurden nun einfach im Regen stehen gelassen.*

# 27

## KAMMOWSKI

Dienstag, 18. Februar

Die Nacht war zu kurz, und ich bin schon zu alt, um das hier durchzuhalten«, dachte Kammowski während der Morgenbesprechung. In seinem Kopf hämmerte jeder Pulsschlag, und das Licht schmerzte in den Augen. Sein einziger Wunsch war, aufstehen zu können, um sich zwei Aspirin zu holen. Aber Manfred Thomandel kannte kein Erbarmen, denn die Sache mit dem Artikel in der *Berliner Gazette,* der vor einer Woche erschienen war, ließ ihm offenbar keine Ruhe.

»Da sich bis heute keiner bei mir gemeldet hat, der für diese Sauerei verantwortlich ist«, sagte er gerade und wedelte mit einer Kopie des Artikels über Steinkopf in der *Berliner Gazette* herum, »habe ich die Angelegenheit jetzt der Innenrevision übergeben. Von nun an ermittelt Kollege Donnermark in dieser Sache. Und diesmal«, sagte er mit Blick auf Kammowski, »werde ich mich nicht vor den Betreffenden stellen. Das muss derjenige selbst ausbaden.«

Kammowski zuckte nur die Achseln, er war nicht in der Lage, adäquat zu reagieren.

»Kann ich das Corpus Delicti noch einmal haben?«, bat er. Thomandel schob ihm die Kopie des Artikels kommentarlos über den Tisch zu.

Nach zwei Aspirin, einer Maxalt und zwei Tassen Kaffee weilte Kammowski wieder unter den Lebenden und rief Uwe Donnermark an, den er vom Sehen kannte.

»Habt ihr ernsthaft mich im Verdacht? Wie kommt ihr überhaupt darauf?«

»Bisher beschuldigen wir niemanden, wir ermitteln in jede Richtung, wie es sich gehört. Immerhin ist das dein Fall. Aber keine Sorge, gegen die Kollegen von der Ersten Inspektion und der KTU wird ebenso ermittelt. Die Presse hatte keinen Zugang zum Tatort, das haben wir bereits geklärt. Wir hoffen eigentlich, dass sich noch jemand outet, um die Sache nicht noch schlimmer zu machen, falls es doch jemand von uns war.« Er machte eine bedeutungsvolle Pause.

»Ihr wisst also überhaupt nichts und beschuldigt erst einmal die halbe Berliner Polizei, ja?« Kammowski warf den Hörer auf die Gabel, ohne die Antwort abzuwarten.

»Findest du es nicht richtig, dass die Polizei sich selbst überwacht?«, wagte Svenja schließlich einen zaghaften Einspruch. Sie hatte Kammowski noch nie so wütend gesehen und es vorgezogen, erst einmal nichts zu sagen. »Ist doch besser, als wenn solche Sachen von anderen aufgedeckt werden. Schwarze Schafe gibt's schließlich überall. Und wenn sich keiner meldet, muss man der Sache nachgehen.«

»Liebe Svenja«, antwortete er in väterlichem Ton, während er sich die schmerzende linke Schläfe massierte, »hast du auf der Polizeischule nicht gelernt, dass man Menschen nicht grundlos beschuldigen darf? Und hast du mal darüber nachgedacht, dass sich keiner gemeldet haben könnte, weil es keiner von uns gewesen ist?«

»Fragt sich dann aber, wie die Presse an die Geschichte und das Foto herangekommen ist«, ließ Svenja nicht locker.

»Da könnte man ja erst einmal bei der Presse ermitteln und nicht gleich intern bei uns«, meinte Kammowski.

Svenja musterte ihn nachdenklich. »Du hast dich doch mit dieser Journalistin getroffen, vielleicht hat sie dich beklaut?«

Kammowski überlegte. Die Akte war die ganze Zeit hier auf seinem Schreibtisch gewesen. Schließlich erklärte er Svenja, dass Christine zu keinem Zeitpunkt Zugang zu Polizeiakten gehabt habe. Und berichtete auch gleich, was er in der Nacht zuvor erfahren hatte, wobei er auf bestimmte Details verzichtete.

Svenja reagierte zurückhaltend auf Christines Geschichte. Kein Wunder, sie hörte sich ja wirklich abenteuerlich an.

Gedankenverloren wanderte Kammowskis Blick von den Bildern der KTU zu dem Artikel, den Thomandel heute angeprangert hatte. Dann stürmte er mit einem Mal Türen werfend los, vorbei an Doro, die ihm überrascht nachschaute.

Die KTU hatte ihre Räumlichkeiten zwei Stockwerke tiefer. Dort ließ sich Kammowski versichern, dass alle Bilder, die die Abteilung gemacht hatte, ohne Ausnahme in der Akte Steinkopf waren. Sie verglichen die Aufnahmen noch einmal mit dem Bild aus der Zeitung. Es war definitiv nicht dabei! Das Foto aus der Zeitung war aus einer ganz anderen Perspektive aufgenommen worden.

»Ich habe Donnermark schon gesagt, dass das nicht von uns ist«, rief Susanne Pötters Kammowski hinterher, aber da war er schon wieder davongestürmt. Vom Büro aus versuchte Kammowski, die Kollegen der Ersten Inspektion zu erreichen – vergeblich.

»Wenn die Kollegen von der Ersten Inspektion nicht doch noch Fotos gemacht haben, dann«, er tippte mit dem Zeigefinder auf den Artikel, »ist das hier definitiv kein Polizeifoto!«

»Aber, wenn das nicht von der Polizei ist, von wem ist es dann?« Svenja sah ihn aufgeregt an. »Weißt du, was du da sagst?«

»Allerdings«, stieß Kammowski zwischen zusammengepressten Zähnen hervor.

»Wer außer der Polizei war am Tatort und hat dort fotografiert?«

Kammowski bat Svenja, mit dem Portier des Hotels Kontakt aufzunehmen. Er selbst ließ sich mit dem Büro des Chefredakteurs der *Berliner Gazette* verbinden. Aber er hatte kein Glück. Holger Strohm wurde erst am Abend zurückerwartet. Die Sekretärin versprach, ihm eine Nachricht zu hinterlassen. Er würde umgehend zurückrufen.

Den restlichen Vormittag arbeitete Kammowski an seinem Bericht wegen der Toten im Landwehrkanal. Die Frau hatte sich das Leben genommen, die Akte wurde geschlossen.

Svenja wurde von Thomandel wieder Werner zugeteilt, weil Kevin freihatte. In einem türkischen Laden in der Sonnenallee war eine junge Frau erschossen worden. Den ganzen Vormittag verbrachten sie am Tatort und befragten alle Personen, die sich zum Zeitpunkt des Mordes im Laden aufgehalten hatten.

Nachmittags kam Christine vorbei und gab offiziell ihre Geschichte zu Protokoll. Thomandel leitete selbst das Gespräch. Er enthielt sich danach jeden Kommentars in Kammowskis Richtung und setzte für den nächsten Morgen eine Lagebesprechung an, wo alle bisher verfügbaren Informationen zu den Fällen Ostermeier und Steinkopf zusammengetragen werden sollten.

# 28

## LKA

Mittwoch, 19. Februar

Zur Teambesprechung am nächsten Morgen war auch der Staatsanwalt anwesend. Kammowski und Werner schilderten den Stand der Ermittlungen.

»Kollegen, wir haben jetzt zwei Tote und einen Vermissten, die offenbar miteinander in Verbindung stehen«, begann Kammowski. »Der eine, Kai Steinkopf, war Geschäftsführer bei dem Berliner Klinikkonzern der Barmherzigen Schwestern und hatte offenbar eine homosexuelle Beziehung zu dem Vermissten, Michael Fritsche. Es spricht einiges dafür, dass der zweite Tote, Friedrich Ostermeier, Privatermittler, Steinkopf damit erpresst haben könnte. In Ostermeiers Nachlass fanden sich eindeutige Fotos der beiden, ebensolche Fotos wurden im Büro von Steinkopf sichergestellt. Da Steinkopf eine Woche vor Ostermeier zu Tode kam, schließt dies aus, dass Steinkopf eine mögliche Erpressung auf diese Art hätte lösen wollen. Max, kannst du berichten, was ihr im Fall Ostermeier zusammengetragen habt?« Kammowski nickte Werner zu. Der stand auf und referierte knapp die bisherigen Fakten.

Ostermeier war vor drei Tagen im Viktoriapark aus nächster Nähe erschossen worden. Die Waffe hatte man nicht sicherstellen können, aber es handelte sich wahrscheinlich um eine Kleinkaliberwaffe. Bisher gab es keine Verdächtigen. Aus der Tatsache, dass mehr oder weniger zeitgleich sowohl seine Büroräume als auch seine Wohnung aufgebrochen und durchsucht worden waren, lasse sich zwar schließen, dass er möglicherweise jemanden erpresst haben könnte, sichere Hinweise habe man aber nicht finden können. Immerhin konnte Doro in Erfahrung bringen, dass er Wettschulden hatte. »Da sind wir noch dran«, schloss Werner seinen Bericht.

»Okay«, ergriff Kammowski wieder das Wort. »Während an der Ermordung Ostermeiers also kein Zweifel besteht, legt sich der Pathologe bei Steinkopf leider nicht fest. Steinkopf war Diabetiker und ist schlussendlich wohl an einer Überdosis Insulin gestorben. Er wies zwar Strangulationsmale auf, es fehlen aber eindeutige Hinweise auf Fremdeinwirken, sodass momentan auch zur Diskussion steht, ob die Strangulation im Rahmen eines erotischen Aktes erfolgte, der Tod also ein Unfall war. Als Hypothese wäre also auch zu formulieren, dass Michael Fritsche untergetaucht ist, verschreckt durch einen versehentlichen Tod seines Freundes Steinkopf. Das würde zumindest erklären, warum wir über seinen Verbleib noch nichts in Erfahrung bringen konnten. Die Fahndung läuft und wurde bereits auf Europol ausgeweitet. Fritsche ist wegen Drogendelikten und Beschaffungsprostitution vorbestraft und könnte daher einen Kontakt zur Polizei vermeiden wollen. In den letzten Jahren ist er allerdings nicht mehr straffällig geworden und einer geregelten Arbeit nachgegangen. Unsere Anstrengungen sollten sich darauf konzentrieren, Fritsche umgehend aufzuspüren. Was hat das Sittendezernat denn beizutragen?«

»Nichts«, meldete sich ein Kollege der Sitte zu Wort, den sie gebeten hatten, an der Besprechung teilzunehmen. »Er ist in den einschlägigen Kreisen nicht mehr aufgetaucht. Wir haben einen früheren Freund von Fritsche befragen können, der aussagte, dass Fritsche geradezu langweilig geworden sei. Es sei das Gerücht umgegangen, dass er einen festen Freund habe, den aber niemand kannte.«

»Was ist mit Familie?«

»Negativ«, meldete sich Doro zu Wort.

»Jedenfalls niemand, zu dem er noch Kontakt gehabt hätte. Der arme Junge scheint ganz allein auf der Welt gewesen zu sein. Keine Kontenbewegungen, keine Strafzettel. Die Krankenhäuser wurden abgefragt. Unbekannte Tote, die ihm ähnlich sähen, sind bisher nicht in den Leichenhäusern der Stadt aufgetaucht. Der Mann ist wie vom Erdboden verschluckt.«

»Was ist mit der Ehefrau des Todesopfers? Eifersucht wäre doch ein naheliegendes Motiv«, schaltete sich jetzt erstmals der Staatsanwalt in das Gespräch ein. »Denken Sie daran, in neunzig Prozent der Fälle ist der Mörder in der unmittelbaren Umgebung des Opfers zu suchen.«

»Frau Steinkopf hat ein Alibi«, antwortete Svenja. »Sie war zu Hause, und das bezeugt ihr Vater.«

»Hm.« Der Staatsanwalt runzelte die Stirn. »Der hätte ja vielleicht auch ein Motiv, wenn er feststellt, dass sein Schwiegersohn nicht treu ist.«

»Bisher gibt es keine Hinweise darauf, dass sie oder er am Tatort waren. Aber wir sind noch dran«, eilte Kammowski Svenja zu Hilfe.

»Dann aber mal ran an die Kartoffeln.« Thomandel schien es unangenehm zu sein, dass der Staatsanwalt den Finger in eine mögliche Ermittlungslücke gelegt hatte.

»Okay«, sagte Kammowski, als sich keine weiteren Kollegen mehr zu Wort meldeten. Er schien zu zögern, gab sich dann aber einen Ruck und sprach mit fester Stimme weiter. »Kollegen, es gibt noch einen weiteren Aspekt, über den ich berichten möchte, weil er die Fälle Steinkopf und Ostermeier noch stärker verbinden könnte.

Die Journalistin Christine von Hehn, mit der ich von früher privat bekannt bin, hat heute zu Protokoll gegeben, dass sie Ostermeier kannte und ihn wiederholt zu Recherchearbeiten verpflichtet hatte.«

Thomandel unterbrach ihn. »Ja, ich habe heute selbst mit ihr gesprochen. Sie erklärt uns den Kontakt jetzt so, dass sie Ostermeier gebeten hat, die Biografie von Kai Steinkopf für einen Artikel zu recherchieren. Offenbar hatte sie Steinkopf im Verdacht, für eine Klinikkette mit illegalen Methoden neue Häuser zu akquirieren. Sie hat uns eine Handyaufzeichnung zur Verfügung gestellt, wonach Ostermeier sie noch kurz vor seinem Tod angerufen hat, um den Auftrag abzulehnen. Er sei beruflich überlastet. Frau von Hehn vermutet nun, dass er doch etwas herausgefunden haben könnte, und sieht einen Zusammenhang zu seinem Tod. Jedoch gibt es keine erhärtenden Fakten.«

Kammowski schluckte. Während er Thomandels Vortrag lauschte, war ihm klar geworden, wie unwahrscheinlich sich diese Geschichte anhörte. Die anderen schienen derselben Auffassung zu sein, denn es war unruhig im Raum geworden.

»Nun gut«, sagte der Staatsanwalt. »Für so einen Zusammenhang fehlt mir momentan die Beweisgrundlage. Ich bleibe bei meiner Einschätzung von letzter Woche: Wenn der Gerichtsmediziner sich nicht festlegt und keine neuen Fakten auftauchen, werden wir den Fall Steinkopf als Selbsttötung durch Unfall zu den Akten legen. Trotzdem sollten Motiv und Alibi der Ehefrau und des Schwiegervaters wasserdicht recherchiert werden.«

Wieder sah er zu Thomandel. »Ich möchte nicht, dass uns da Ermittlungsfehler vorzuwerfen sind. Aber wenn nichts Neues auf den Tisch kommt, schließen wir die Sache ab. Der Fall Ostermeier scheint mir insgesamt wichtiger zu sein. Da ist der Tod durch Fremdverschulden zumindest nicht strittig. Und finden Sie endlich diesen Michael Fritsche. Ich kann nicht verstehen, warum wir da noch nicht weiter sind. Der Mann muss irgendwo eine Spur hinterlassen haben. Und verschwenden Sie keine Zeit für Verschwörungstheorien. Vielleicht sollte jemand einmal diese Journalistin unter die Lupe nehmen«, fügte er abschließend hinzu. »Möglicherweise ist die Dame ja bereits aus anderen Zusammenhängen für eine blühende Fantasie bekannt.«

»Das kann der doch nicht im Ernst meinen«, maulte Kammowski, als sie zur Nachbesprechung in Doros Café saßen. »Zwei Tote, ein Verschollener, alle drei haben etwas miteinander zu tun, aber der eine soll nicht ermordet worden sein?«

»Lass gut sein, Kammowski«, antwortete Werner. »Eine Leiche weniger, die wir zu beackern haben.«

Svenja verabschiedete sich vorzeitig in den Feierabend. Sie wollte Überstunden abfeiern und hatte sich zum Sport verabredet. »Täte dir auch mal ganz gut«, fügte sie lächelnd mit einem Blick auf Kammowskis Bauch hinzu.

Kammowski grinste ihr hinterher. Überstunden abfeiern. Nach zwei Wochen im neuen Job. Das hatte es zu seiner Zeit auch nicht gegeben. Heute achtete man für seinen Geschmack zu sehr auf die Work-Life-Balance. Dann sah er auf seinen Bauch hinunter. Ab Montag der kommenden Woche gab es kein Zurück mehr. Für Samstag hatte er, wie üblich vor dem Start einer Fastenperiode, Freunde zu einem Abendessen geladen. Dann wanderten seine Gedanken zu Christine. Immer wieder sah er ihr Bild vor sich, meinte ihren Geruch wahrzunehmen. Dann breitete sich ein wohliges Gefühl in seinem Bauch aus, er sehnte sich nach ihr. Aber irgendwo klingelten da auch Alarmglocken in seinem Kopf. Die Umstände des Wiedersehens waren merkwürdig, die Verbindung zu seinem Fall warf mehr als eine Frage auf.

Unwirsch schob er die lästigen Gedanken beiseite und ging für sich noch mal die Fakten seines Falls durch. Dabei fiel ihm etwas auf. Der Portier des Hotels hatte ausgesagt, dass es um 0:30 Uhr einen Anruf für das Mordopfer gegeben hatte, eine Frau, die ihren Namen nicht genannt hatte. Steinkopf hatte den Anruf nicht mehr angenommen. Sie hatten es bisher versäumt, zu recherchieren, wer das gewesen war. Blöder Fehler, gut, dass der Staatsanwalt sie nicht darauf gestoßen hatte. Das würden sie rasch nachholen müssen. Es änderte aber nichts am Hauptproblem: Es fehlte immer noch eine heiße Spur. Genauso wie die Sache mit dem Foto in der Presse, die nach wie vor ungeklärt war. Holger Strohm, der Chefredakteur der *Berliner Gazette,* hatte am Abend zuvor natürlich nicht zurückgerufen. Erneut versuchte er sein Glück und wurde von der Sekretärin vertröstet, doch diesmal gab sie ihm die Durchwahl.

Mit der Ersten Inspektion hatte er mehr Glück. Peter Olschewski bestätigte ihm, dass sie keine Fotos vom Tatort der Hotelleiche gemacht, sondern das der KTU überlassen hatten.

Kammowski lehnte sich zurück, legte die Beine auf den Tisch und schaute aus dem Fenster. Es war wieder kälter geworden, und obwohl es nachts geschneit hatte, war der Himmel jetzt klar. Die Sonne ließ den vereisten Schnee auf den Platanen vor seinem Fenster funkeln wie Weihnachtsschmuck. Eine Horde Spatzen nutzte die letzten Sonnenstrahlen des Tages und hüpfte laut zwitschernd von Zweig zu Zweig.

Während Kammowski den Vögeln zusah, dachte er nach. Es musste noch jemand am Tatort gewesen sein. Aber würde der Mörder das Bild an die Presse weitergeben? Der Ärger über die Einschaltung der Inneren Revision brodelte immer noch in ihm. War es ratsam, sich auf die Ermittlungen dieser

»Spezialisten« à la Uwe Donnermark zu verlassen? Offensichtlich nicht. Denn der hatte ja bisher noch nicht einmal bei der Presse nachgefragt, was doch der erste Schritt hätte sein müssen. Und außerdem gehörte es sehr wohl zu seinem Fall, herauszubekommen, wer am Tatort gewesen war.

Seufzend nahm er die Beine vom Tisch und griff zum Telefon. Diesmal hatte er Glück, und er brauchte nicht lange, um den Chefredakteur von der *Berliner Gazette* davon zu überzeugen, dass es einen Unterschied gab zwischen dem Schutz eines Informanten und der Behinderung der Ermittlungen in einem Mordfall. Der Artikel stammte von einem freien Mitarbeiter, und Holger Strohm sagte ihm zu, ihn später noch mal zurückzurufen, sobald er den Namen herausgefunden hatte.

»Dann erwarte ich Ihren baldigen Rückruf, Herr Strohm«, sagte Kammowski bestimmt.

Es wurde allmählich spät, draußen war es dunkel geworden, die meisten Kollegen hatten das Büro verlassen. Scheppernde Geräusche von metallenen Putzwagen, die durch Gänge geschoben wurden, Dröhnen von Staubsaugern und gedämpfte Zurufe in fremden Sprachen zeigten an, dass die Reinigungskolonnen das LKA übernommen hatten.

Obwohl sich die Akten auf seinem Schreibtisch stapelten, konnte Kammowski sich nicht aufraffen, sie zu bearbeiten. Lieber ging er noch einmal die Einkaufsliste für sein Essen durch. Die Lammkeule von einem Bio-Bauernhof war bestellt und würde morgen geliefert. Wein hatte er vorrätig. Am Freitagabend würde er die Consommé und die Pannacotta vorbereiten und den Baguetteteig ansetzen. Außer Klaus und Ina hatten Tobias und Mechthild zugesagt. Christine hatte er bisher nicht eingeladen. Er hatte es überlegt, dann aber gefunden, dass es zu früh war, um sie seinen Freunden vorzustellen.

Es war schon fast neunzehn Uhr, als Holger Strohm endlich wieder anrief. Kammowski brauchte danach eine Minute, bis der Schwindel, der ihn ganz abrupt erfasste, allmählich nachließ. Dann saß er noch zehn Minuten in der Dunkelheit und schaute auf die winterliche, von Laternen erleuchtete Straße hinaus. Spatzen waren jetzt keine mehr zu sehen.

## 29
## RÜCKBLICK

*Birgits Stimme klang aufgewühlt am Telefon. »Hast du schon gehört, Thomas? Jetzt wird doch allen gekündigt.«*

*Damit war zu rechnen gewesen, dachte Thomas, während er verzweifelt überlegte, was er als Trost erwidern konnte.*

*Er hatte bereits vor einigen Tagen gehört, dass Steinkopf mit der Kassenärztlichen Vereinigung einen Handel abgeschlossen hatte. Fünfzehn Millionen an die KV, dafür Verzicht der KV auf weitere Forderungen. Und ein Teil dieses Deals war es offenbar gewesen, alle MVZ der Barmherzigen Schwestern zu schließen.*

*War das wirklich nötig gewesen? Thomas hätte gerne gewusst, welcher reale Verlust für den Konzern damit verbunden war. Die Arztsitze waren schließlich für viel Geld gekauft worden, man hatte Investitionen in die Praxisräume getätigt – und eben auch Menschen eingestellt, Menschen, die jetzt keine Arbeit mehr hatten. Einige konnten noch mit einer kleinen Abfindung rechnen, andere, die nur befristete Verträge hatten, gingen leer aus. So wie Birgit.*

*Thomas hatte sie vor anderthalb Jahren aus einer unbefristeten Stelle abgeworben. Im damals noch jungen MVZ ging alles noch drunter und drüber. Er brauchte eine erfahrene Mitarbeiterin, die die anderen, noch sehr jungen Arzthelferinnen anleiten konnte. Und wie gut sie das gemacht hatte! Mit unermüdlichem Einsatz brachte sie in kurzer Zeit Struktur ein. Als man ihr damals nur eine befristete Stelle anbot, hatte er in der Personalstelle nachgefragt. Aber man hatte erwidert, dass alle zunächst einen befristeten Vertrag bekämen, da kön-*

*ne man keine Ausnahme machen. Als ihr Chef hatte er das Risiko schließlich für vertretbar gehalten und ihre und seine Bedenken zerstreut. Das sei eine reine Formalie. Selbstverständlich würde der Vertrag nach zwei Jahren entfristet.*

*Nun hatte sich das Blatt gewendet. Ihr Vertrag würde auslaufen, und sie musste ohne Abfindung gehen. Und das in ihrem sechzigsten Lebensjahr. Würde sie noch einmal Arbeit finden? Wenn nicht, würde ihre ohnehin schon nicht üppige Ost-Rente noch einmal empfindlich gemindert werden.*

*Thomas spürte die Verzweiflung am anderen Ende der Leitung.*

*»Vielleicht finden wir etwas für dich in der Klinik«, hörte er sich sagen. Aber er wusste, dass die Chancen schlecht standen. Wenn überhaupt derartige Angebote zur Übernahme in die Klinik gemacht wurden, dann nach einem strengen Sozialplan. Und Mitarbeiter mit befristeten Verträgen kamen gar nicht erst auf so einen Sozialplan. Angebote außerhalb eines solchen Plans würden bedeuten, dass sich jeder andere entlassene Mitarbeiter würde darauf berufen können. Er würde die Stelle einklagen können. Das würde man nicht riskieren.*

*»Verdammte Scheiße«, sagte Thomas, nachdem er den Telefonhörer aufgelegt hatte, und seine Sekretärin wunderte sich erneut darüber, wie sehr sich ihr Chef in den letzten Monaten verändert hatte. Niemals hatte sie ihn früher so wütend oder unbeherrscht erlebt.*

## 30

## LKA

Donnerstag, 20. Februar

Kammowski schien Svenjas Gegenwart gar nicht zu bemerken, als diese am Freitagmorgen ins Büro kam, und auf ihr fröhliches »Moin« antwortete er nur mit einem Knurren. Kammowski saß fest in einem Hamsterrad der Gedanken. Und die drehten sich nicht um Elly, wie Doro mutmaßte, sondern um Christine. Und diese Gedanken hätte er mit niemandem teilen wollen, nicht einmal mit Klaus. Dennoch war der Weg zu Thomandel unabänderlich, er musste ihn endlich informieren. Als er von Doro erfuhr, dass Thomandel den ganzen Tag Außentermine hätte, war er erleichtert, obwohl er wusste, dass sein Problem damit nicht gelöst war. Er legte Thomandel schließlich eine Notiz auf den Schreibtisch. Dann wandte er sich an Svenja.

»Erinnerst du dich an die Aussage von dem Nachtportier? Hatte der nicht gesagt, dass da nachts jemand für diesen Steinkopf angerufen hatte? Haben wir eigentlich die Telefonverbindungen gegengecheckt?«

Svenja zuckte zusammen.

»Nein«, gab sie zu, »das habe ich komplett vergessen.«

»Wieso du, ich habe das verpatzt. Du bist hier die Anfängerin, schon vergessen? Lass dir von Doro dabei helfen.«

»Mache ich, aber Thomandel hat mich beauftragt, heute mit Kevin die Familie der jungen Türkin aufzusuchen. Sie ist wahrscheinlich von ihrem eigenen Bruder getötet worden.«

Kammowski nickte nur. So war es oft im LKA. Kammowski hatte gehofft, dass Svenja heute wieder mit ihm arbeiten würde. Er hatte sie gern um sich, wie er jetzt zu seinem Erstaunen feststellte. Er würde mit einer Streife nach Reinickendorf rausfahren müssen, wo ein alter Mann in seiner Einzimmerwohnung tot aufgefunden worden war. Die Nachbarn hatten sich beim Vermieter über den Gestank beschwert.

# 31

## KAMMOWSKI

Samstag, 22. Februar

Der Samstagabend war dann sehr schön. Klaus und Ina, die sich wieder vertragen hatten, waren beide gekommen. Tobias kannte Kammowski noch von der Polizeischule. Er war inzwischen im Innendienst tätig. Seine Frau Mechthild war Architektin. Kurzfristig hatte Kammowski sich entschieden, Christine doch einzuladen, und sie hatte sofort zugesagt. Christine und Klaus kannten einander noch aus Dinslaken, hatten sich aber lange nicht gesehen und auch früher nie viel miteinander zu tun gehabt. Klaus warf Kammowski mehrfach bedeutungsvolle Blicke zu, auf die er nicht einging. Sie tranken viel, aber gut über den Abend verteilt.

Die Lammkeule war zart und saftig, und die Aprikosen hatten dem Bratensud eine geschmackvolle Soßengrundlage gegeben.

»Mathias, diese Soße ist umwerfend. Weib, warum nur kannst du nicht so kochen?«, fragte Klaus, sich Ina zuwendend.

»Irre ich mich, oder hast du nicht bei einem unserer ersten Treffen mit deinen Kochkünsten angegeben? Nun muss ich feststellen, dass zumindest diesbezüglich Mathias die bessere Wahl gewesen wäre«, gab Ina zurück.

Die Stimmung war unbeschwert, und niemand merkte, dass Kammowski etwas wie ein Stein auf der Seele lag. Er sprach nicht viel, aber in Klaus' Gegenwart fiel das nicht auf. Wenn der in Stimmung war, konnte er ein ganzes Theater unterhalten.

Jetzt saßen sie beim Grappa zusammen, und Klaus gab Geschichten von der Schule, seinen Kollegen und vor allem den schrecklichen Eltern zum Besten. Viele dieser Anekdoten meinte Kammowski schon zu kennen, aber Klaus wandelte sie immer wieder ab – ohnehin schien er es mit der Wahrheit nicht so genau zu nehmen –, und vom vielen Lachen würden sie morgen wahrscheinlich Muskelkater haben. Als sich alle verabschiedeten und Christine anbot, beim Aufräumen zu helfen, sah Klaus Kammowski wieder bedeutungsschwanger an, knuffte ihm in die Seite und raunte ihm zu: »Dienstag im Sandmann, ich will Neuigkeiten hören.«

»Jawoll, Kapitän Blaubär«, parierte Kammowski und hob die Hand an die imaginäre Mütze.

Als seine Freunde gegangen waren, sagte er Christine, dass ab morgen sein Fasten begänne und es dafür noch Vorbereitungen zu treffen gäbe, bei denen er lieber alleine sei. Sie sah ihn erstaunt an, nickte dann nur, bedankte sich für den schönen Abend und verabschiedete sich.

Als sie weg war, zog Kammowski Handschuhe an und verpackte Christines Weinglas in einer Tüte. Er kam sich schäbig vor, das machte es nicht leichter. Anschließend verstaute er die Essensreste, die wiederverwertbar waren, im Gefrierschrank, warf den Rest in den Mülleimer, räumte die Wohnung auf und ging ins Bett.

Am Sonntag brachte er das Glas ins Dezernat Kriminaltechnische Untersuchung. Die Kollegin fragte zum Glück nicht viel, glaubte vermutlich an eine private Geschichte. Und das war es ja wohl auch irgendwie. Zwei Stunden später hatte er Gewissheit. Die Fingerabdrücke auf dem Objektivdeckel, der unter der Kofferablage im Hotelzimmer bei dem Toten gefunden worden war, und die auf dem Weinglas waren identisch.

In der Nacht tat er kein Auge zu, doch als dann um sechs der Wecker ging, wurde er aus wüsten Träumen von Kapitänen, Seeräubern und Verrat gerissen. Er musste doch noch eingenickt sein.

# 32

## KAMMOWSKI

Montag, 24. Februar

Thomandel war nicht gerade erfreut, als Kammowski ihn am Montag noch vor der Frühkonferenz informierte.

»Mensch, Mathias, du bist doch Profi. Wie kannst du dich von einer Journalistin so verladen lassen? Du bist draußen, dass das klar ist, ich muss dich von dem Fall abziehen«, entschied er dann, und Kammowski fiel nichts ein, was er dagegen vorbringen konnte. Wenn er ehrlich war, empfand er sogar Erleichterung. Noch nie im Leben hatte er sich so belogen und hintergangen gefühlt.

Und es kam noch dicker. Doro hatte inzwischen die Telefonprotokolle des Hotelanschlusses der Todesnacht analysiert. Die Frau, die nachts angerufen hatte und nach Steinkopf gefragt hatte, war ebenfalls Frau von Hehn gewesen.

Gemeinsam informierten sie die Kollegen über die neue Sachlage: Christine von Hehn war die Person gewesen, die das Foto des Opfers an die Presse geliefert hatte. Sie war selbst am Tatort gewesen. Dafür gab es nun unumstößliche Beweise, denn ihre Fingerabdrücke waren auf dem Objektivdeckel der Nikon gewesen, der dort sichergestellt worden war, und sie hatte im Hotel angerufen.

»Ihr wisst, Kollegen, dass ich Frau von Hehn von früher kenne. Sie hatte nach langer Zeit überraschend Kontakt zu mir aufgenommen. Jetzt sieht es so aus, als ob sie das gezielt getan hat, um durch mich an Informationen zu gelangen. Ich glaube nicht, dass ihr das gelungen ist. Aber ich bin jetzt nicht mehr unbefangen.«

»Ja«, unterbrach Thomandel das betretene Schweigen, das sich eingestellt hatte. »Max Werner wird jetzt die Gesamtleitung übernehmen. Svenja und Kevin gehen ihm weiter zur Hand. Damit wir uns richtig verstehen, Kollegen, Mathias steht hier nicht unter Verdacht. Er hat sich völlig korrekt verhalten, er sollte nur nicht mehr in die Ermittlungen zu dem Fall involviert sein. Und nun zurück an die Arbeit. Und holt mir diese Frau von Hehn her!«

Noch am selben Tag wurde Christine verhört. Kammowski, der sich in seinem Büro verkrochen hatte, wollte sich gerade einen Kaffee bei Doro genehmigen und lief ihr direkt in die Arme. Sie warf ihm einen vernichtenden Blick zu, sagte aber kein Wort. Kammowski hielt ihrem Blick stand. Wer war denn hier verletzt worden, doch wohl er und nicht sie! Das war es jetzt wohl gewesen. Bei aller Wut, der Gedanke machte ihn traurig. Und dann umso wütender. Doro, die den Blickwechsel beobachtet hatte, reichte ihm den Kaffee. »Du konntest nicht anders handeln, Kammowski.«

Es stimmte, er hatte sich nur Gewissheit verschafft, wohingegen sie ihn absichtlich im Unklaren gelassen hatte. Niemand ließ sich gerne belügen, aber für Kammowski war Verlogenheit das Schlimmste, was in einer Beziehung passieren konnte. Aber wieso Beziehung? In was fantasierte er sich da hinein? Sie hatten doch keine Beziehung gehabt. Wahrscheinlich war das das Niederschmetternde an der Sache, gestand sich Kammowski ein. Dass er gedacht hatte, dass da mehr gewesen war zwischen ihnen.

Zurück in seinem Büro, kam er sich plötzlich überflüssig vor. Ihm war schwindelig und übel. Mit Thomandels Einverständnis ging er schließlich nach Hause. Er fühlte sich jetzt wirklich krank, wenngleich er nicht hätte benennen können, was ihm eigentlich fehlte. Er erwog kurz, sein Fasten abzubrechen, verwarf die Idee dann aber wieder. Da brauchte man kein Psychologe zu sein, um zu wissen, dass die Geschichte mit Christine ihn umgehauen hatte und nicht anderthalb Tage Diät.

# 33
# RÜCKBLICK

*»Gibt es Neuigkeiten?«, fragte Thomas turnusmäßig seinen Anwalt und erhielt immer dieselbe negative Auskunft. Die Mühlen des Gesetzes mahlten langsam. Thomas wurde allmählich ungeduldig. Immerhin war er noch Beschuldigter und in dieser Sache zur Untätigkeit verdammt, während das Damoklesschwert einer Verurteilung über ihm schwebte. Er fühlte sich ungerecht behandelt. Er hatte hier zum Wohl seiner Patienten und ohne jeden persönlichen Profit – für die Leitung des MVZ hatte er nur einen geringen Bonus erhalten – neben seiner Tätigkeit als Chefarzt ein MVZ aufgebaut und selbst Patienten betreut.*

*»Dass Sie dafür nichts bekommen haben, schadet Ihnen mehr, als dass es Ihnen nützt«, hatte sein Anwalt lapidar erklärt. »Das klingt in den Augen eines Gerichts unglaubwürdig. Wer arbeitet denn schon freiwillig ohne Entlohnung.«*

*Diese Einschätzung hatte Thomas kurzzeitig sprachlos gemacht. »Unter Medizinern gibt es schon noch uneigennütziges Verhalten und Engagement für die Sache, aber Sie haben recht, wird auch bei uns seltener.«*

*»Aber ich habe auch gute Nachrichten«, meinte der Anwalt. »Wir haben Akteneinsicht erhalten, und ich kann Ihnen die gesamte Ermittlungsakte per E-Mail zukommen lassen. Dann können Sie sich erst einmal darin vertiefen.«*

*Als Tine, seine Frau, gegen ein Uhr nachts nach Hause kam und ihn noch über den Rechner gebeugt vorfand, war ihr sofort klar, dass etwas nicht in Ordnung war. Sie gab ihm einen Kuss auf die Stirn.*

*»Was ist passiert?«*

*»Schau dir das mal an«, antwortete er und wies auf den Monitor. »Das ist die Zusammenfassung der ermittelnden Kriminalbeamten.«*

*»Ich habe dir doch erzählt«, sagte Thomas müde, als Tine zu Ende gelesen hatte, »dass die Geschäftsführung nacheinander mehrere Anwaltskanzleien geschickt hat, um klären zu lassen, an welchen Stellen in den MVZ Dinge falsch organisiert worden waren. Wir dachten doch, wir wollen hier intern klären, was wir ändern müssen, um gesetzeskonform weiterzumachen. Gutgläubige Dummköpfe waren wir. Steinkopf hat damals schon gewusst, dass er die MVZ ohnehin alle schließen wird. Der Bericht diente einzig und allein dazu, seine immer wieder gerühmte, vollumfängliche Zusammenarbeit mit Polizei und Staatsanwaltschaft zu demonstrieren. Der hat den Bericht postwendend an die KV und die Staatsanwaltschaft weitergereicht. Ohne auch nur eine Sekunde daran zu denken, dass er damit einzelne Mitarbeiter seines Unternehmens möglicherweise in Schwierigkeiten bringt.«*

*»Hast du denen denn etwas erzählt, was die nicht hätten wissen dürfen?«, fragte Tine. Sie sah ihn beunruhigt an.*

*Thomas überlegt nur kurz. »Ich glaube nicht. Ich bin immer noch der Ansicht, dass ich persönlich und in dem Bereich, den ich direkt betreut habe, keine Fehler begangen habe. Aber wir wären den Anwälten gegenüber natürlich nicht so offen gewesen, wenn wir geahnt hätten, dass die gar nicht unsere Interessen vertreten.«*

*Beide hingen ihren Gedanken nach. Dann sagte Tine leise: »Du meinst, dieser Steinkopf hat euch geopfert?«*

*»Ja, du bringst die Sache auf den Punkt. Genau das meine ich.«*

# 34

## CHRISTINE

Montag, 24. Februar

Christine von Hehn gab sofort zu, am Tatort gewesen zu sein und den Artikel für die *Berliner Gazette* geschrieben zu haben. Sie habe an einer Story über kriminelle Machenschaften in der Medizin gearbeitet, und Steinkopf und die Moselkliniken hätten im Mittelpunkt ihrer Nachforschungen gestanden. Aber das habe sie ihnen ja bereits am letzten Dienstag erzählt. Sie hatte Steinkopf selbst einige Tage observiert und gehofft, dass er sich mit jemandem aus dem Moselklinikenkonzern treffen würde, was aber nicht der Fall gewesen war.

An dem fraglichen Abend sei sie ihm von seinem Zuhause ins Hotel gefolgt und habe im Auto vor der Tür Wachposten bezogen. Etwa eine Stunde später habe sie Olga Steinkopf das Hotel betreten sehen. Gegen dreiundzwanzig Uhr sei Michael Fritsche eingetroffen. Gegen halb eins habe dieser, völlig verstört wirkend, das Hotel wieder verlassen. Kurz darauf sei auch Olga Steinkopf herausgekommen und mit einem Taxi davongefahren. Sie habe einen betrunkenen Eindruck gemacht. Steinkopf selbst sei nicht mehr erschienen. Da sei sie neugierig geworden, und als in der nächsten Stunde nichts geschah, habe sie im Hotel angerufen, um sich mit Steinkopf verbinden zu lassen. Erstaunlicherweise hatte er unter seinem richtigen Namen eingecheckt. Sie habe so tun wollen, als hätte sie sich verwählt, wenn er ans Telefon gegangen wäre, was aber nicht geschehen war. Sie habe den Portier gebeten, ihr die Durchwahl zu nennen, damit sie es später noch einmal versuchen könne. Aus der Durchwahl habe sie auf die Zimmernummer geschlossen und war, ihrer journalistischen Neugier folgend, einfach am Portier vorbeigegangen. Der habe sich im Büroraum hinter dem Empfang einen Porno angesehen und sich nicht dafür interessiert, wer ein oder aus ging. Sie habe zunächst einen Blick zur Hotelbar geworfen, die aber verwaist gewesen sei, und sei dann in den vierten Stock gegangen. Die Zimmertür von 424 habe sie angelehnt vorgefunden. Steinkopf sei bereits tot gewesen.

»Woher wussten Sie, dass er tot war, warum haben Sie keine Hilfe gerufen?« Werner schien die Geschichte nicht recht glauben zu wollen.

»Glauben Sie mir, der war schon tot. Ich besuche regelmäßig Erste-Hilfe-Kurse, ich war schon als Kriegsberichterstatterin tätig. Ich weiß, wie Tote aussehen. Und ich wollte nun wirklich nicht in die Situation kommen, in der ich nun doch stecke: erklären zu müssen, was ich da eigentlich gemacht habe.«

Es sei aber wohl ein journalistischer Reflex gewesen, dass sie sofort die Fotos gemacht hatte. »Es war auch irgendwie eine paradoxe Situation. Ich hatte doch schon eine Menge Arbeit in die Recherche gesteckt und ärgerte mich, dass sich die Geschichte jetzt erledigt hatte.« Wer würde sich noch für Steinkopfs Machenschaften interessieren, wenn er tot war. Das habe sie zu einfach gefunden, dass der sich durch einen Selbstmord aus der Affäre zieht. Davon sei sie jedenfalls ausgegangen, von einem Selbstmord. Irgendwie habe sie dann wohl der Teufel geritten. Aus der Schublade des umgefallenen Nachttischs war, so dachte sie, die Gideon-Bibel herausgefallen. Das habe eine gewisse Situationskomik besessen, gut brauchbar für eine Story. Daher habe sie die Bibel so neben der Leiche deponiert, als hätte er gerade darin gelesen. »Das hat einfach gepasst wie die Faust aufs Auge, der hat sicher viel zu beichten gehabt.«

»Dann müssten wir auf dem Buch Ihre Fingerabdrücke finden?«, fragte Svenja, die das Ausmaß der journalistischen Abgebrühtheit nicht recht glauben konnte.

»Ja, sicher.« Christine überlegte kurz und korrigierte sich dann. »Wohl doch nicht, ich hatte meine Lederhandschuhe an. War ja saukalt an dem Tag.«

Christine von Hehns Fotos waren mit der Uhrzeit und den Koordinaten des Aufnahmeorts versehen, was die Richtigkeit ihres Berichts zumindest in großen Teilen nachwies. Sie hatte jeden, der sich dem Hotel näherte, fotografiert, in der Hoffnung, dass sich daraus später Steinkopf kompromittierende Personen ermitteln ließen. Das letzte Foto dieser Serie war gegen 1:45 Uhr aufgenommen und zeigte einen betrunkenen Mann, der ins Hotel stolperte und mehrfach an den zwei Treppenstufen vor dem Eingang zu scheitern schien. Der Obduktionsbericht besagte, dass Steinkopf zwischen null und zwei Uhr nachts getötet wurde. Olga Steinkopf war also nicht ganz aus dem Schneider.

»Sie werden sich wegen unterlassener Hilfeleistung und Behinderung der Aufklärung einer Straftat verantworten müssen«, sagte Werner, bevor er Christine von Hehn entließ. Sie musste ihren Pass abgeben und erhielt die Auflage, sich regelmäßig bei der Polizei zu melden.

»Welche Straftat denn?«, dachte Svenja bei sich, als die Journalistin das Büro verlassen hatte. Sie konnten bisher ja nicht einmal beweisen, dass Steinkopf ermordet worden war. Das war wirklich ein merkwürdiger Fall. Jede Menge Fakten und mögliche Täter, aber kein bewiesener Mord und viele Ungereimtheiten, bis hin zu dieser albernen Bibelgeschichte.

Laut sagte sie: »Aber Frau von Hehn wird doch nicht so

blöd sein, Fotos vom Tatort zu machen und unter ihrem Namen der *Berliner Gazette* anzubieten, wenn sie ihn vorher ermordet hat.«

Werner nickte. »Sehe ich auch so.«

»Andererseits sagt die Gerichtsmedizin, dass er zwischen null Uhr und zwei Uhr morgens gestorben ist. Da das letzte Bild von ihr um 1:45 Uhr gemacht wurde«, er deutete auf den Stapel ihrer Fotos, »hätte sie also noch knapp Zeit gehabt, ihn zu töten.«

»Dann hätte sie aber sehr zielstrebig vorgehen müssen. Die ist doch kein Killer, der vorbeikommt und in einer Viertelstunde seine Arbeit abliefert. Und glaubst du, die Frau wäre stark genug, einen gesunden Mittvierziger zu überwältigen?«

»Wenn sie nahe genug an ihn herankam, dann schon. Ich habe gelesen, dass man nicht viel Kraft braucht, wenn die Schlinge erst einmal fest um den Hals gezogen ist. Und möglich ist ja auch immer noch, dass er schon bewusstlos war und sie nur keine Hilfe gerufen hat oder mit einer Insulininjektion nachgeholfen hat.«

»Das werden wir ihr aber kaum nachweisen können. Am Ende bleibt es dann doch bei unterlassener Hilfeleistung.«

»Da könntest du Recht behalten. Gib die Fotos mal Doro. Vielleicht findet die ja ein bekanntes oder registriertes Gesicht darunter. Vielleicht haben wir Glück.«

»Mach ich, aber ich fürchte, die Qualität reicht nicht aus, um da etwas abzugleichen. War ja doch ziemlich dunkel. – Weißt du, was ich merkwürdig finde?«, entgegnete Svenja.

Werner schaute interessiert auf.

»Ich meine, nicht nur, dass auch Olga Steinkopf nachweislich am Tatort gewesen ist, Sie hatte doch ausgesagt, dass sie ihren Mann am Wochenende gar nicht gesehen habe, weil er auf einer Geschäftsreise gewesen sei. Jetzt behauptet Frau von

Hehn aber, dass sie Herrn Steinkopf von zu Hause ins Hotel gefolgt sei. Das hatte Frau Steinkopf doch anders dargestellt, wenn ich mich recht erinnere. Am Ende hat unser Staatsanwalt doch den richtigen Riecher gehabt, als er sagte, der wahrscheinlichste Mörder sei immer im familiären Umfeld zu suchen.«

Rasch rief sie am Rechner das Vernehmungsprotokoll von Olga Steinkopf auf. »Schau hier, ich habe recht. Die hat uns belogen.« Sie wies mit dem Zeigefinger auf den entsprechenden Absatz. »Und wir haben doch inzwischen auch das Bewegungsprotokoll seines Handys.« Wieder vertiefte sie sich in ihren Computer. Dann sah sie auf. »Steinkopf ist schon Samstagnachmittag wieder in Berlin gewesen.«

»Nicht schlecht«, sagte Werner. »Am besten nimmst du dir Frau Steinkopf noch einmal vor, und fragst auch in der Nachbarschaft herum, ob ihn jemand gesehen hat.« Dann nahm er den Telefonhörer und bat Doro, eine Streife zu Olga Steinkopf zu schicken und sie herbringen zu lassen.

# 35

## OLGA STEINKOPF

Montag, 24. Februar

Nachdem man ihr die Bilder der Journalistin vorgelegt hatte, knickte Olga Steinkopf rasch ein, und eine verunsicherte, verzweifelte Frau kam zum Vorschein. Ihre Ehe sei nur noch eine Farce gewesen. Seit Jahren hätten sie sich fast nur noch gestritten. Sie habe schon länger vermutet, dass er sie betrog, aber Frauen im Verdacht gehabt. In der Woche vor seinem Tod habe Kai morgens ganz früh das Haus verlassen, sei abends kurz zurückgekommen, wenn die Kinder noch wach waren, dann aber gleich wieder gegangen, sodass es keine Gelegenheit gegeben hätte, mit ihm zu reden. Dann habe sich dieser Privatdetektiv Ostermeier mit ihr in Verbindung gesetzt und ihr die Augen geöffnet. Er habe ihr Bilder von Kai mit diesem jungen Mann gezeigt und angeboten, weiter zu recherchieren, was sie aber zurückgewiesen habe.

Am Freitagmittag sei Steinkopf um fünf Uhr morgens nach Brüssel gefahren und am Samstagmittag wieder nach Hause gekommen. Sie habe ihn zur Rede gestellt, ihm die Fotos gezeigt, und er habe ihr geschworen, dass er nur einmal habe ausprobieren wollen, wie es mit Männern sei, das höre jetzt aber auf. Er hatte sie angefleht, zu ihm zu halten, wenn das herauskomme, sei er seinen Job los. Und sie hätten sich tatsächlich versöhnt.

»Allein schon wegen der Kinder war ich bereit, ihm zu verzeihen. Der Sonntag war sehr entspannt, wir haben gemeinsam gefrühstückt und mit den Kindern eine Zeit lang vor dem Haus gespielt. Es war ja so schönes Wetter, trotz der Kälte.

Kai war wie ausgewechselt. Ich habe wirklich geglaubt, dass jetzt alles wieder in Ordnung kommt. Aber am frühen Abend hat er gesagt, dass er noch mal kurz ins Büro müsse.«

Wieder kamen die Tränen, und Frau Steinkopf konnte nicht weitersprechen. »Ich war unglaublich wütend, nach allem, was geschehen war, konnte ich ihm nicht mehr glauben. Ich flehte ihn an, zu bleiben. Aber er hatte wieder diese kalte und abweisende Art, stieß mich zurück und sagte, ich solle mich nicht so anstellen, wie ich es wagen könne, ihm nicht zu vertrauen, das sei ein wichtiger beruflicher Termin, und einer müsse ja das Geld verdienen, um mir meinen Luxus zu ermöglichen. Als ob ich das Geld zum Fenster hinauswerfen würde, als ob ich nicht auch Geld hätte verdienen können, wenn ich nicht wegen der Familie all die Jahre meine Karriere hintangestellt hätte.« Sie schlug völlig unerwartet die Faust mit einer Kraft und Wut auf die Tischplatte, die man dieser zarten Person nicht zugetraut hätte.

»Und dann sind Sie ihm nachgegangen, haben ihn auf frischer Tat ertappt und sich an Ihrem Mann gerächt«, versuchte Werner es konfrontativ.

Sie sah ihn verständnislos an und schüttelte den Kopf. »Aber nein. Ich wollte ihn auf frischer Tat ertappen. Ich hatte in seinen Unterlagen Rechnungen von einem Hotel Aurora gefunden, daher hatte ich eine Vermutung, wo er hinwollte. Aber erst mal musste ich die Kinder ins Bett bringen. Dann habe ich gewartet, bis auch mein Vater zu Bett gegangen war. Dann bin auf gut Glück dorthin gefahren. Und als ich da war, wusste ich auf einmal nicht mehr weiter.«

Sobald sie im Hotel gewesen sei, habe sie der Mut verlassen. Sie habe sich nicht getraut, nach der Zimmernummer zu fragen. Unschlüssig habe sie sich in die Bar gesetzt und einen Whiskey bestellt. Dann sei plötzlich dieser junge Mann an ihr vorbeigegangen. Er habe gestrahlt und sei herausgeputzt gewesen wie zu einer Verabredung.

»Dann haben Sie ihn zur Rede gestellt?«, wollte Werner wissen.

»Nein, ich war froh, dass dieser Kerl mich nicht gesehen hat.«

Sie habe an der digitalen Anzeige des Fahrstuhls verfolgen können, auf welcher Etage er ausstieg. Später habe sie dann all ihren Mut zusammengenommen und sei hochgefahren. Sie habe überlegt, an einigen Türen zu lauschen, aber dann sei ihr das doch unwürdig vorgekommen. Da sei sie wieder heruntergegangen.

»Ich habe mich wieder in die Bar gesetzt und war ratlos. Ich habe mir immer wieder ausgemalt, wie es sein würde, wenn die beiden herunterkämen, wie ich meinen Mann zur Rede stellen würde. Im nächsten Moment habe ich mich dann gefragt, ob ich das überhaupt noch will. Ob ich nicht genug gesehen hätte, um diese Ehe einfach zu beenden. Verstehen Sie doch, ich war verzweifelt und hilflos. Aus dem einen Drink sind dann mehrere geworden, ich habe sie nicht gezählt.«

Etwa eine Stunde später sei Fritsche weinend und völlig aufgelöst aus dem Fahrstuhl gestürzt. Da sei sie sich plötzlich nicht mehr sicher gewesen, ob es richtig wäre, ihren Mann in dem Hotel zur Rede zu stellen. Er hätte ihr wieder vorgeworfen, dass sie ihm nicht vertraut habe, schließlich hätte er behaupten können, sich nur noch einmal mit diesem Mann getroffen zu haben, um sich von ihm zu trennen, wie er es ihr versprochen hatte.

»Verstehen Sie doch, ich habe das plötzlich auch für möglich gehalten, dass es genau so gewesen war, dass er mich ausnahmsweise einmal nicht belogen hatte. Ich hatte plötzlich sogar ein schlechtes Gewissen, dass ich ihm nicht vertraut hatte. Ich wollte auf einmal nur noch weg von dort, wollte vor ihm zu Hause sein.«

Sie habe rasch gezahlt, das Hotel verlassen und sei mit einem Taxi nach Hause gefahren. Ihr Auto habe sie am nächsten Tag abgeholt und dann auch erst vom Tod ihres Mannes erfahren.

Auch Olga Steinkopf wurde zunächst nicht verhaftet, obwohl sie ein Motiv gehabt hätte, ihren Mann zu töten. Sie wurde, wie Christine von Hehn, gegen Auflagen entlassen. Sicher, Olga Steinkopf war in der Nähe des Tatorts gewesen. Man konnte ihr aber bisher nicht nachweisen, dass sie im Hotelzimmer gewesen war, was sie ja auch heftig bestritt, und man sah die Fluchtgefahr allein schon wegen der Kinder als gering an.

Werner ließ noch am selben Tag eine Hausdurchsuchung durchführen. Sie nahmen sich unter anderem alle Schuhe von Olga Steinkopf vor. Keine Sohle wies den Splitt auf, wie er am Tatort gefunden worden war.

Die Kontaktdaten von Frau Steinkopf waren wie die ihres Mannes in Ostermeiers geheimer Kundendatei aufgetaucht. Sie hatte auch nicht abgestritten, die Fotos von Ostermeier erhalten zu haben. Sie blieb aber dabei, erst am nächsten Tag durch die Polizei vom Tod ihres Mannes erfahren zu haben.

Doro hatte allerdings inzwischen ausfindig gemacht, dass Frau Steinkopf bereits einen Scheidungsanwalt kontaktiert hatte. Andererseits hatte Kai Steinkopf eine hohe Lebensversicherung auf seine Frau abgeschlossen. Das war zwar ein gutes Motiv, aber eine Scheidung hätte Olga Steinkopf vermutlich auch nicht so schlecht gestellt ohne das Risiko eines Mordes.

Svenja stattete dem Nachtportier noch einmal einen Besuch

ab. Er identifizierte Olga als die Frau, die einige Stunden in der Bar zugebracht hatte. Er blieb dabei, dass sie die ganze Zeit an der Bar und später in einem der Ledersessel gesessen, nicht viel gesprochen, aber mehrere Whiskeys getrunken habe. Irgendwann habe sie ein großzügiges Trinkgeld gegeben und sei ziemlich angetrunken abgezogen. Er konnte sich daran erinnern, ihr ein Taxi gerufen zu haben.

Doro hatte in kürzester Zeit die Aussage des Taxifahrers auf dem Tisch, der die Angaben von Frau Steinkopf bestätigte. Er hatte noch hinzugefügt, dass die Dame dermaßen voll gewesen sei, dass sie kaum noch habe laufen können und er um seine Sitzpolster gefürchtet habe.

Svenja fand Olga Steinkopfs Geschichte schlüssig und glaubte nicht, dass diese dünnen Indizien und das Motiv allein dem Staatsanwalt für eine Anklage reichen würden. Unter den Fingerabdrücken vom Tatort waren keine von Olga gewesen. Und welcher Mörder setzte sich nach dem Mord in aller Ruhe in die Bar und ließ sich dann noch ein Taxi rufen?

Jetzt hatten sie drei Verdächtige, darunter zwei Frauen, die sich höchst merkwürdig am Tatort verhalten hatten. Jedenfalls hatten sie nichts getan, um ihre Anwesenheit in diesem Hotel zu verschleiern. Und der Dritte war nach wie vor wie vom Erdboden verschluckt.

»Verrenn dich da mal nicht«, sagte Doro zu Svenja. »Manche Fälle lösen wir nie. Bei anderen spielt die Zeit für uns. Warte ab, irgendwann taucht dieser Fritsche schon wieder auf. Wenn nicht hier, dann irgendwo im Ausland. Die Fahndung läuft, und niemand schafft es heutzutage noch, ganz ohne Spuren durchs Leben zu gehen. Man muss auch mal loslassen können von einem Fall, auch wenn man das Gefühl hat, dass noch nicht die ganze Wahrheit ans Licht gekommen ist.«

Doch das war leichter gesagt als getan. Der ganze Fall oder, besser gesagt, die beiden Fälle waren einfach unklar. Der Staatsanwalt konnte es sich zwar nicht verkneifen, noch einmal darauf hinzuweisen, dass da ja bezüglich der Ehefrau allerhand Fakten zutage getreten waren – wie er gleich vermutet habe –, er entschied dann aber mit Thomandel, den Fall Steinkopf dennoch als ungeklärt abzuschließen. Die ermittelten Fakten reichten einfach nicht aus, um eine Anklage zu erheben. Svenja wurde beauftragt, den Bericht zu erstellen und ihn von Werner gegenlesen zu lassen. Die Suche nach Fritsche sollte selbstverständlich weitergehen. Svenja wurde einfach das Gefühl nicht los, dass sie etwas übersehen hatten.

# 36
# RÜCKBLICK

*Der Mann schien unzufrieden zu sein. »Mein Hausarzt hat mir gesagt, dass ich hier im Krankenhaus ein MRT bekomme.«*

*Dr. Thomas Franke seufzte unhörbar. »Sie haben eine Bandscheibenvorwölbung, die auf die Nervenwurzel drückt. Aber es ist momentan nicht so schlimm, dass man schon operieren muss.«*

*»Ich will mich ja auch gar nicht operieren lassen«, gab der Mann ungehalten von sich.*

*»Nun, dann brauchen wir erst mal kein MRT«, antwortete Thomas freundlich.*

*»Aber man will doch wissen, was man hat«, beharrte der Mann.*

*Wieder so einer, der glaubte, selbst am besten zu wissen, was zu tun ist, dachte Thomas entnervt. Geduldig sagte er: »Ein MRT brauchen wir auch nicht, um das zu wissen. Was Sie schildern und was ich untersuche, passt gut zusammen. Ein Bild brauchen wir nur, wenn wir uns Gedanken machen, ob wir Sie operieren müssen.«*

*Der Mann sagte nichts mehr, schien aber keineswegs überzeugt zu sein.*

*»Warum machen wir nicht doch sicherheitshalber ein MRT? Es könnte doch auch etwas anderes sein«, argumentierte der Assistenzarzt, als sie die Tür hinter sich geschlossen hatten.*

*»Was schlagen Sie denn vor, was es sonst sein könnte?«, entgegnete Thomas freundlich.*

*»Ein Tumor oder eine Entzündung vielleicht.«*

*»Hat er Entzündungswerte im Labor oder eine Tumorvorerkrankung?«*

*»Nein«, räumte der junge Assistenzarzt ein, »aber ein MRT ist doch heute keine große Sache mehr.«*

*»Stimmt, aber wir Ärzte müssen auch sehen, dass wir mit den medizinischen Ressourcen sorgfältig umgehen. Man muss sich manchmal auch beschränken und abwarten können. Und dieser Mann hier wird durch das MRT nicht gesünder werden.«*

*»Ich habe das MRT aber schon angemeldet«, gab der Assistenzarzt jetzt etwas kleinlaut zu. »Mal sehen, ob ich das noch abgemeldet bekomme.«*

*Thomas lachte. »Das ist allerdings ein schlagendes Argument, dem auch ich mich nicht entziehen kann. Geben wir dem Mann also sein MRT.«*

*Es war wirklich eine Krux in der heutigen Medizin. Alles soll für alle möglich sein, und wohl nirgends in der Welt wurde mehr unnütze Diagnostik betrieben als in Deutschland. Sich dagegenzustellen war schwer. Nicht nur bei Patienten, auch bei Mitarbeitern.*

*Dass ein Patient sich auf das verließ, was ihm sein Arzt riet, gab es ohnehin kaum noch. So etwas fand man nur noch gelegentlich bei sehr alten Menschen. Die meisten Patienten waren durch die Medien vermeintlich bestens informiert und hatten klare Vorstellungen davon, was ihnen guttue und was ihr gutes Recht sei. Und andererseits gab es ja wirklich Kollegen, die sich in ihren Entscheidungen von finanziellen Aspekten leiten ließen. Waren die Geräte erst einmal angeschafft, mussten sie sich amortisieren. Zumindest in den Praxen war das nicht selten so. Vielleicht wäre es tatsächlich besser, eine staatlich verordnete Grundversorgung mit Minimalstandards zugrunde zu legen und alles darüber hinaus über private Zusatzversicherungen abzudecken.*

*Thomas riss sich aus seinen Gedanken, er hatte heute noch viel zu tun.*

*Um vierzehn Uhr traf er in Schöneberg in der Zentrale ein. Mit den Geschäftsführern, den Leuten vom Controlling und dem Chefarzt der dortigen Kardiologie war eine Konferenz anberaumt worden. Thema war der neue Abrechnungskatalog für spezielle Leistungen im Krankenhaus, kurz OPS genannt, der seit Kurzem wieder verschärft worden war.*

*Thomas hatte den Kardiologen in der Klinik in Schöneberg geholfen, eine Stroke Unit, eine Spezialstation für Menschen mit Schlaganfall, einzurichten. Ein Kollege von der Neurologie in Lichtenberg wurde abgestellt, um die Kardiologen in der Behandlung dieser Patienten zu unterstützen. Thomas war einmal in der Woche zur Teambesprechung gefahren. Darüber hinaus hatten sie eine telemedizinische Leitung eingerichtet, sodass sich der diensthabende Kardiologe in Schöneberg jederzeit in der Stroke Unit Lichtenberg Rat holen konnte.*

*Doch jetzt waren die Abrechnungsbedingungen für die Schlaganfallbehandlung auf einer Internistischen Station verschärft worden. Eine telemedizinische Beratung wurde nur noch als solche akzeptiert, wenn die Einrichtung, die das Telekonsil anbot, auch als solche zertifiziert war. Eine Zertifizierung setzte extrem hohe, kostenintensive Standards voraus. Die Neurologie Lichtenberg war meilenweit davon entfernt, diese zu erfüllen.*

*»Wir müssen uns überlegen, ob wir unter diesen verschärften Bedingungen noch Schlaganfallversorgung in Schöneberg anbieten sollten«, leitete Thomas nun seine Überlegungen ein. »Es hat meiner Meinung nach keinen Sinn, Lichtenberg als Telemedizinische Klinik zertifizieren zu lassen. Das würde sich erst lohnen, wenn wir mindestens sechs weitere Kliniken mit dem telemedizinischen Service mitversorgen könnten.«*

*»Das sehen wir anders«, entgegnete Frau Dieckmann mit scharfem Tonfall. Frau Dieckmann war vor einigen Wochen als zweite Geschäftsführerin zur Unterstützung von Steinkopf eingestellt worden. Thomas kannte sie bisher noch kaum. Erstaunt sah er nun von einem Geschäftsführer zum nächsten. Das waren die ersten Geschäftsführer einer Klinik, denen Wirtschaftlichkeitsüberlegungen nicht einleuchteten. Hatten die überhaupt verstanden, worum es ging? Er versuchte noch einmal, seinen Standpunkt klarzumachen. Man brauchte neben mehr Pflegepersonal mindestens drei Fachärzte, die bereits Erfahrungen auf einer überregional zertifizierten Stroke Unit aufweisen konnten – davon gab es momentan in Lichtenberg genau einen, nämlich ihn selbst –, und diese drei Fachärzte durften im 24-Stunden-Dienst nachweislich nur mit telemedizinischen Aufgaben betraut sein. Selbst wenn man es schaffte, drei solche Fachärzte aufzutreiben, was bei der momentanen Facharztknappheit schon eine Leistung wäre, wie sollten die sich rechnen, wenn sie nur eine einzige Stroke Unit zu versorgen hätten? Das war doch ökonomischer Wahnsinn!*

*»Sehe ich das jetzt richtig, Herr Dr. Franke, dass Sie die Stroke Unit Schöneberg nicht unterstützen wollen?«, meldete sich Frau Dieckmann wieder zu Wort.*

*Thomas musterte sie aufmerksam. Offensichtlich hatte sie das Problem noch nicht verstanden, was den aggressiven Unterton erklärte, aber keinesfalls rechtfertigte. Doch wie kam diese Frau dazu, seine Integrität anzuzweifeln? Hatte er in den letzten zwei Jahren nicht gezeigt, dass er die Stroke Unit Schöneberg sehr wohl zu unterstützen bereit war? Zusätzlich zu seiner Arbeit hatte er geholfen, diese Station aufzubauen, ohne jeden persönlichen Vorteil, aber mit viel Engagement.*

*»Was haben Sie stattdessen für einen Vorschlag?«, setzte Frau Dieckmann nach.*

*Thomas holte tief Luft. »Nun, wenn wir dort weiter Schlaganfälle behandeln und abrechnen wollen, müssen wir die neuen Auflagen erfüllen. Da gibt es verschiedene Möglichkeiten. Ich schlage vor, dass wir die telemedizinische Leistung fremdeinkaufen. Es gibt inzwischen genügend Kliniken, die das als zertifizierte Leistung anbieten. Und wenn Sie es wünschen, dass wir uns auch in Lichtenberg zertifizieren lassen, bin ich der Letzte, der etwas dagegen hat. Aber ich möchte noch einmal darauf hinweisen, dass wir diese drei Fachärzte benötigen, die sich ausschließlich mit Teleradiologie befassen. Das sind Prozesse, die Zeit brauchen. Für die Abrechnung der Leistung in Schöneberg brauchen wir aber sofort Lösungen.«*

*Der Controller nickte unmerklich. Wenigstens er hatte die Brisanz der Situation erfasst, sagte aber nichts. Der hatte wohl mit instinktivem Überlebenswillen erkannt, dass man jetzt besser schwieg.*

*Thomas hingegen redete und redete. Seine Bemühungen schienen an einer unsichtbaren Wand abzuprallen. Steinkopf ergriff schließlich das Wort und betonte, dass er für die Stroke Unit Lichtenberg die Zukunft nur in der Höherqualifizierung sah. Thomas sah sich um. Weder der Ärztliche Direktor Dr. Tran noch der Kardiologe hatten überhaupt etwas gesagt. Die hielten sich raus. Der Kardiologe hatte ohnehin nie Interesse an der Stroke Unit gehabt. Der ehemalige Geschäftsführer Alexander hatte ihm die Kooperation mit Thomas gegen seinen Willen aufgedrückt. Als Kardiologe war er an Schlaganfallpatienten nicht interessiert. Aber jetzt ging es hier doch um seine Abteilung!*

*Am Ende blieb es dabei. Thomas verließ die Sitzung mit dem Auftrag, die Zertifizierungen zeitnah einzuleiten. Am nächsten Tag verschickte er ein Protokoll der Sitzung per E-Mail an alle Teilnehmer. Er konnte immer noch nicht glauben, dass er jetzt tatsächlich drei Fachärzte einstellen sollte. Bisher hatte er um jeden Assistenzarzt feilschen müssen, selbst wenn es sich um eine Stelle handelte, die durch den Weggang eines Kollegen frei geworden war. Er wollte das gerne noch einmal schriftlich fixieren und rechnete mit Einwänden. Aber es kamen keine. Es war denen also tatsächlich ernst damit?*

*Schon wenige Wochen später war sich Thomas allerdings sicher, dass das nicht der Fall war. Alle seine Bemühungen, die Voraussetzungen für eine solche Zertifizierung umzusetzen, wurden im Ansatz zunichtegemacht.*

*Der Radiologe ließ ihm gegenüber seinem Unmut freien Lauf. Gerne würde er die für die Zertifizierung der Schlaganfallstation notwendige 24-Stunden-Verfügbarkeit des MRT einrichten, aber das gehe nur, wenn ihm das entsprechende Personal zur Verfügung gestellt würde. Danach sehe es aber momentan nicht aus. Im Gegenteil. Die Tatsache, dass er mehr Medizinisch-Technische Assistenten eingefordert hätte, würde ihm als Unwillen, wenn nicht gar als Unfähigkeit ausgelegt. Thomas stöhnte. Er kam keinen Schritt voran. Seine Bemühungen, dass Logopäden und Ergotherapeuten auch einen Wochenendbereitschaftsdienst für die Stroke Unit vorhielten, wurden ja auch nicht verwirklicht. Klar, das ging auch nicht ohne Neueinstellungen.*

*Der ärztliche Direktor Dr. Tran, mit dem er deswegen unzählige Mails austauschte, gab zu, er traue sich gar nicht, dies dem Geschäftsführer »in der momentanen Situation« vorzuschlagen. Dabei war der doch auch in dieser Sitzung gewesen, in der die Geschäftsführer genau dies vollmundig zugesagt hatten! Aber streng genommen hatten sie das nicht zugesagt, musste sich Thomas jetzt eingestehen, sie hatten nur gesagt, er solle die Stroke Unit überregional und telemedizinisch zertifi-*

*zieren lassen, damit Schöneberg weiter Schlaganfälle behandeln und abrechnen konnte. Mittlerweile argwöhnte er, dass die Geschäftsführung ihn gezielt vor eine unlösbare Aufgabe gestellt hatte. Konnte es sein, dass sie gar nicht vorhatten, ihm die für diese Zertifizierung notwendigen Mittel zur Verfügung zu stellen? Von der Aufrüstung der Stroke Unit von vier auf sechs Betten war jedenfalls keine Rede mehr. Und eine Annonce für weitere Fachärzte war ebenfalls nicht geschaltet. Aber ohne die ging es doch nicht!*

*Vier Wochen später verschwand Dr. Wetter, der Radiologe, von der Bildfläche. Am Abend zuvor hatte ihn der Kollege in der MRT-Angelegenheit wieder einmal vertröstet. Er fahre zwar in den Urlaub, davor habe er aber noch einen Gesprächstermin mit Geschäftsführer Steinkopf. Den wolle er unter anderem nutzen, um auch noch einmal das Thema radiologische Voraussetzungen für die Zertifizierung als überregionale Stroke Unit anzusprechen.*

*Es war das Letzte, was Thomas von Chefarzt Wetter hörte. Er kehrte nie mehr an seinen Arbeitsplatz zurück. Niemand wusste Einzelheiten, aber natürlich ging das Gerücht, dass man Herrn Wetter vor Ablauf seiner Probezeit fristlos gekündigt habe.*

*Betretenheit machte sich unter den leitenden Ärzten des Krankenhauses Lichtenberg breit. Im Chefärztekreis sprach man kaum darüber. Thomas wusste, es hatte auch Stimmen gegeben, die Dr. Wetter als für den Posten ungeeignet angesehen hatten, und es hatte auch geheißen, einige hätten das gegenüber der Geschäftsführung ausgeführt. Die hatten jetzt vielleicht ein schlechtes Gewissen. Oder waren sie gar darüber informiert gewesen? Man wusste nicht mehr, wem man vertrauen durfte. Man hatte auch im Vorfeld nicht gemeinschaftlich über die Neubesetzung von Chefarztposten beraten dür-*

*fen, wie das früher einmal der Fall gewesen war. Thomas selbst hatte sich vor seiner Einstellung der gesamten Chefarztrunde vorstellen und ihre Fragen beantworten müssen. Diese Zeiten waren vorüber. Jetzt entschied die Geschäftsführung allein über Einstellungen von Chefarztkollegen und genauso über Entlassungen. Und dieses plötzliche Verschwinden ohne jede offizielle Erklärung berührte unangenehm. Es wirkte willkürlich und unfair. Der Kollege dachte bis zuletzt, er fährt in Urlaub, und am selben Abend ist er arbeitslos. Eines war spätestens jetzt jedem klar: Die Zeit der Offenheit war vorbei. Jeder konnte ein Zuträger und Spitzel der neuen Leitung sein.*

## 37

## KAMMOWSKI

Dienstag, 25. Februar

Kammowski ging es nicht gut. Schon am Vorabend war der Schwindel immer schlimmer geworden. Er hatte gehofft, sich gesundschlafen zu können, doch nachts erwachte er von einer fürchterlichen Übelkeit. Sein Bett fuhr Karussell. Der Schweiß perlte ihm in Strömen von der Stirn, das Kopfkissen war durchtränkt. Er verhielt sich ruhig und versuchte, nicht gegen den Schwindel anzukämpfen. Darüber nickte er immer wieder kurz ein, aber am Morgen ging es ihm nicht besser. Mühsam schleppte er sich zum Telefon, um sich krankzumelden.

Am Abend kam Klaus vorbei. Sie hatten für den Notfall ihre Schlüssel ausgetauscht, und Klaus hatte sich Sorgen gemacht, weil Kammowski nicht wie verabredet in den Sandmann gekommen und auch nicht ans Telefon gegangen war, und nun wolle er nachfragen, ob er sich um die Beerdigung kümmern solle. Das war Klaus, immer zu makabren Späßen aufgelegt. Aber Kammowski war froh, ihn zu sehen. Klaus half ihm unter die Dusche, kochte ihm Tee und rang ihm das Versprechen ab, am nächsten Tag zum Arzt zu gehen. »Und wehe, du verschweigst dem, dass du wieder diese Radikalkur machst.«

Am Mittwochmorgen war es Kammowski immer noch nicht viel besser, aber er konnte sich zum Hausarzt schleppen. Der Arzt vermutete eine Lebensmittelvergiftung oder einen gastrointestinalen Infekt und schrieb ihn für den Rest der Woche krank, riet, ein, zwei Tage nur gesüßten und etwas gesalzenen Tee zu sich zu nehmen oder, wenn er das vertrage, auch Cola und Salzstangen, und wollte ihn am Ende der Woche noch mal sehen. Kammowski schleppte sich wieder nach Hause, telefonierte kurz mit Klaus, lehnte weitere Besuche dankend ab und ging dann ins Bett. Sofort fiel er in einen tiefen Schlaf, aus dem er erst am nächsten Morgen wieder erwachte.

Er fühlte sich jetzt deutlich besser. Er trank eine ganze Kanne Tee und hatte immer noch Durst. Offenbar hatte er in den letzten Tagen viel zu wenig getrunken. Zum ersten Mal machte Kammowski sich Gedanken darüber, wie das wohl war, wenn man alt und krank in seiner Wohnung lag und sich niemand um einen kümmerte. Wenn man keine Familie hatte. Aber immerhin hatte er Klaus, der sich rührend kümmerte, rief er sich in Erinnerung, um nicht zu tief in seine deprimierenden Gedanken abzurutschen.

»Hör endlich mit dem Hungern auf«, schimpfte Klaus, als er mittags nach ihm sah. »Wie lang willst du das denn diesmal durchhalten?«

»Mal sehen«, grinste Kammowski vage zurück, der gar nicht daran dachte, jetzt aufzugeben. Er hatte drei Kilo abgenommen, aber er machte sich nichts vor, das meiste war Flüssigkeitsverlust. Vorgenommen hatte er sich fünfzehn Kilo. Und je länger das Fasten anhielt, umso langsamer ging das mit dem Abnehmen. Da lagen noch Wochen vor ihm.

»Was ist eigentlich mit Christine?«, fragte Klaus. »Wieso hat die sich nicht um dich gekümmert?«

Kammowski erzählte ihm die ganze Geschichte, und als er geendet hatte, schüttelte Klaus den Kopf. »Schade, ich dachte, die wäre was für dich. Ihr habt irgendwie harmonisch gewirkt.«

»Versteh einer die Frauen«, lenkte Kammowski ab, der

nicht zugeben wollte, wie tief ihn die Sache getroffen hatte. Er wusste allerdings, dass das ein Spruch war, auf den Klaus immer gerne ansprang. Der Nachteil war, dass er sich nun die neueste Auflage im Drama Ina anhören musste.

# 38
# RÜCKBLICK

*»Sie sollen heute Nachmittag in der Zentrale sein. Das Vorzimmer von Steinkopf hat angerufen«, empfing ihn seine Sekretärin, als Thomas von der Visite zurück in sein Büro kam.*

*»Worum geht es?«*

*»Hat sie nicht gesagt.«*

*Aber Thomas wusste es ohnehin. Heute war der letzte Tag, um die Quartalsabrechnung zu unterschreiben. Als Leiter des MVZ war das seine Aufgabe. Bisher hatte er jedoch noch nicht unterschrieben, und er war nicht gewillt, das ohne Weiteres zu tun.*

*Erst hatte es geheißen, alle MVZ würden sofort geschlossen, aber dann war ein Aufschrei durch die Lichtenberger Bevölkerung gegangen – wo sollten all die Patienten plötzlich hin? Die Politik hatte sich zu Wort gemeldet, jede Woche hatte eine andere Partei die ärztliche Versorgung Lichtenbergs zum Thema einer Podiumsdiskussion gemacht. Die Folge war, dass die Geschäftsführung gemeinsam mit der KV beschlossen hatte, einige Praxen vorübergehend wieder zu eröffnen.*

*Thomas war von all diesen Planungen ausgeschlossen gewesen, obwohl er formal immer noch der Leiter des MVZ Lichtenberg war. Erst als etwas schiefging, hatte man sich seiner erinnert. Eine neurologische Praxis sollte wegen der Proteste nun doch noch zumindest für einige Monate weitergeführt werden. Man hatte allerdings schon allen Kollegen gekündigt – auch darüber war Thomas nicht direkt von der Geschäftsführung informiert worden, oder von Dr. Tran, der vorübergehend in die Administration der MVZ berufen worden war. Er wusste aber von den Kollegen, dass sie längst anderen Stellen zugesagt hatten; angesichts des herrschenden Ärztemangels war das kein Wunder. Sie waren nicht bereit, ihre Planungen für die Barmherzigen Schwestern noch einmal zu ändern. Wie praktisch, dass man da »vergessen« hatte, Thomas und seine Oberarztkollegen aus der Klinik bei der KV abzumelden. Eine Neuanmeldung dieser Ärzte hätte die KV wegen der unklaren rechtlichen Situation (alle waren ja noch Beschuldigte) niemals genehmigen können. Daher erwies sich dieser Fehler von Dr. Tran jetzt als praktisch und brachte die Geschäftsführung auf die Idee, dass man Thomas und seine Kollegen vorübergehend reaktivieren müsse. Das war schon kurios. Immer noch lastete der Vorwurf, dass ihre Tätigkeit im MVZ illegal gewesen war, auf ihnen, und nun sollten sie dort erneut arbeiten? Zähneknirschend hatten sie sich gefügt, letztlich ging es ja um die Patienten.*

*Aber Steinkopf wollte die Leistungen, die jetzt erneut im MVZ erbracht wurden, auch abrechnen. Und die KV hatte sich offenbar damit einverstanden erklärt. Aber konnten die das einfach so untereinander festlegen? Der Vorwurf der Staatsanwaltschaft lautete schließlich immer noch, dass diese MVZ dem Grunde nach unter illegalen Voraussetzungen gegründet worden waren und daher keine Existenzberechtigung gehabt hatten. Das war ja auch der Grund, warum die KV die Schließung aller MVZ verlangt hatte. Wie konnte man dann jetzt dort Leistungen abrechnen, und sei es auch nur vorübergehend und zum Wohl des Patienten, der von heute auf morgen ohne Arzt und damit ohne Medikamente dastand?*

*»Zum Wohl des Patienten haben wir die ganze Zeit gearbeitet, illegal soll es dennoch gewesen sein«, dachte Thomas. Bezüglich der Zeit vor dem Eklat konnte man sich wenigstens noch darauf berufen, nach bestem Wissen und Gewissen ge-*

*handelt zu haben. Jetzt aber befürchtete Thomas, dass ihnen jede weitere Abrechnung als vorsätzlich ungesetzliches Handeln vorgeworfen werden könnte. Da konnten Steinkopf und die KV beschließen, was sie wollten, so einfach waren die Dinge jetzt nicht mehr. Thomas wusste inzwischen, dass Steinkopf seine Kollegen und ihn ohne mit der Wimper zu zucken opfern würde, und sei es auch nur für eine einzige Quartalsabrechnung. Wie sollte man zu einem Steinkopf Vertrauen haben, nachdem man gesehen hatte, wie er mit anderen Chefärzten, mit den Mitarbeitern der MVZ umgesprungen war? Nachdem man schwarz auf weiß gesehen hatte, dass dieser Mensch seine eigenen Mitarbeiter wie Bauern in einem Schachspiel opferte, sie wissentlich an die Staatsanwaltschaft auslieferte, indem er sie im Glauben ließ, die beauftragten Juristen würden für interne Zwecke recherchieren, während sie in Wahrheit Zuträger für KV und Staatsanwaltschaft waren?*

*Thomas saß jetzt schon seit mehr als einer halben Stunde in Steinkopfs Büro, ohne dass das Kernthema angesprochen worden wäre. Es waren aber nur noch wenige Stunden bis zur letzten Abgabemöglichkeit der Quartalsabrechnung. Steinkopf war unter Druck. Dr. Tran, zuvor Leiter der Abteilung Innovation – was immer sich hinter diesem Begriff auch verborgen hatte, Innovation war es nicht gewesen –, betrat mehrfach den Raum und raunte Steinkopf gewichtig etwas ins Ohr. Tran war für Thomas die Verkörperung des Wendehalses, unterwürfig und jederzeit bereit, das neue Lied zu pfeifen. Die Rolle des Leibeigenen passte gut zu ihm.*

*Endlich kam Steinkopf zur Sache: »Sie sollten wegen der Abrechnung kooperieren, auch in Ihrem eigenen Interesse.« Trotz der zur Schau gestellten Schnoddrigkeit und der leisen Stimme hatte sein Tonfall etwas offen Drohendes. »Sie wissen, welche Anstrengungen wir in den letzten Monaten unternommen haben, um die MVZ nach geltendem Recht zu reorganisieren.«*

*Abzuwickeln hätte den Sachverhalt wohl treffender charakterisiert, dachte Thomas, sagte aber nichts, und Steinkopf fuhr fort: »Jeder einzelne ärztliche Mitarbeiter der MVZ, der noch oder wieder in Aktion ist, hat inzwischen unterschrieben, dass die zur Abrechnung anstehenden Leistungsziffern der letzten Monate auch von ihm persönlich erbracht wurden.«*

*»Ich habe von den Kollegen gehört, dass sie das nicht unterschreiben würden, jedenfalls nicht ohne persönliche Überprüfung der Ziffern. Und ich selbst habe diese Unterschriften nicht gesehen«, widersprach Thomas.*

*Thomas wusste, dass die meisten Kollegen sich nicht dazu in der Lage gesehen hatten, die Abrechnung zu überprüfen. Viele hatten sich damit ja nie beschäftigt. Die KV-Abrechnung war immer zentral organisiert gewesen, damit hätte man sich jetzt erst einmal auseinandersetzen müssen. Wenn man eine Praxis aufmachte, besuchte man Kurse dazu. Unter der Drohung staatsanwaltschaftlicher Ermittlungen waren die Kollegen ängstlich. Sie hatten Sorge, aufgrund ihrer Unwissenheit und unter dem zeitlichen Druck Fehler zu machen, für die sie später würden bezahlen müssen.*

*»Sie können sicher sein, Herr Dr. Franke, ich erwarte zur Stunde die letzten Unterschriften Ihrer Kollegen.«*

*Thomas konnte nicht anders, er musste grinsen. Jetzt wusste er endlich, warum er hier schon so lange ausharren musste. Es hatten noch nicht alle unterschrieben, und Dr. Tran war damit beschäftigt, die letzten Unterschriften einzuholen. Danach fehlte nur noch seine, Thomas', Unterschrift unter der Gesamtabrechnung des Quartals, die noch heute rausgehen musste. Das war hier wie in einem schlechten Krimi.*

*»Herr Dr. Franke, an unserer, an Ihrer Situation ist momentan nun überhaupt nichts lächerlich.« Steinkopf wandte sich um und rief unvermittelt in den Raum: »Tran, haben wir inzwischen die Unterschrift von Meinhard?«*

*Niemand antwortete. Thomas sah irritiert auf. Hatte Steinkopf gar nicht bemerkt, dass Dr. Tran den Raum inzwischen wieder verlassen hatte? Seinen Fehler bemerkend, sprang Steinkopf auf und lief in Richtung Tür.*

*»Verdammte Scheiße, alles muss man hier selbst machen.« Steinkopf lief über den Flur zu seinem Sekretariat. Thomas hörte, wie er die Sekretärin lautstark anfuhr. Wenige Minuten später war er zurück – ohne die angeblich »von allen« geleisteten Unterschriften. Wieder vergingen einige Minuten, ohne dass Thomas gewusst hätte, wie das Gespräch weitergehen könnte. Schließlich entschied er, selbst sein Anliegen vorzubringen, obwohl er wusste, dass der Zeitpunkt denkbar ungünstig war.*

*»Es gibt noch ein anderes Problem«, sagte Thomas in die explosive Stimmung hinein.*

*»Noch ein Problem?« Steinkopf schaute auf.*

*»Sehen Sie, Herr Steinkopf«, versuchte Thomas zu erklären, »ich nehme an, dass Sie mich hergerufen haben, damit ich als Leiter des MVZ die Quartalsabrechnung unterschreibe. Aber mein Anwalt rät mir dringend davon ab, das zu tun. Solange das MVZ noch Gegenstand staatsanwaltschaftlicher Ermittlungen ist, solange noch geprüft wird, ob die MVZ überhaupt rechtmäßig gegründet wurden, sei es nicht ungefährlich für mich, eine solche Unterschrift zu leisten. Ich sehe aber natürlich ein, dass die Abrechnung für das Haus wichtig ist, daher werde ich gerne unterschreiben, wenn Sie das wünschen, aber erst, nachdem ich Ihnen diese Erklärung hier vorgelegt habe.«*

*An diesem Punkt war es um Steinkopfs Beherrschung ge-*

*schehen. Wutentbrannt sprang er erneut auf, und Thomas dachte einen Moment lang, er würde sich auf ihn stürzen. Aber Steinkopf lief an ihm vorbei, drehte schweigend mehrere Runden im Zimmer und setzte sich dann mit hochrotem Kopf wieder an den Schreibtisch und las. Als er den Kopf wieder hob und zu sprechen ansetzte, war seine Stimme leise, beherrscht, fast fürsorglich.*

*»Herr Dr. Franke, glauben Sie mir, Sie haben sich von Ihrem Anwalt schlecht beraten lassen. Ich kann Ihnen in Ihrem eigenen Interesse nur dringend raten, diese Erklärung hier«, er deutete mit dem Zeigefinger auf das Papier, »zurückzuziehen. Wenn ich diese Erklärung jetzt annehme, dann ist sie aktenkundig.« Er ließ seine Worte wirken. »Und das kann nicht in Ihrem Interesse sein.« Langsam schien er sich wieder zu beruhigen. Er holt noch einmal tief Luft. »Wir machen das jetzt so. Sie unterschreiben mir die Quartalsabrechnung, und ich gebe Ihnen genau eine Woche Zeit, diese Erklärung zurückzunehmen.«*

*Was meinte der mit aktenkundig? Thomas verstand es nicht. Er verstand aber, dass er und Steinkopf an einem Wendepunkt angekommen waren. Am Ende unterschrieb er die Quartalsabrechnung und ging, die Erklärung blieb unbeachtet auf Steinkopfs Schreibtisch liegen. Als Thomas die Tür hinter sich zuzog, hatte er das sichere Gefühl, dass sie für ihn fortan geschlossen blieb.*

*»Hätte er deine Erklärung nicht gegenzeichnen müssen?«, fragte Tine, als er ihr am Abend berichtete.*

*»Ja, dachte ich auch, aber mein Anwalt meint, das sei nicht unbedingt notwendig. Er selbst könne ja jederzeit nachweisen, dass er sie für mich aufgestellt habe, und ich, dass ich einen Termin in der Zentrale hatte.«*

*»Was meinte Steinkopf damit, dass das für dich angesichts der laufenden Ermittlungen schädlich sei?« Tine war noch nicht beruhigt.*

*»Ich glaube nicht, dass diese Bemerkung Ausdruck von Fürsorge war«, lachte Thomas gequält auf. »Er meint damit wohl eher, dass das schädlich für meine weitere Tätigkeit in dem jetzt vom ihm geführten Betrieb ist. Noch ist doch in der MVZ-Sache nichts entschieden. Wenn es aber am Ende heißt, dass die MVZ sogar noch nach Aufnahme der Ermittlungen, sozusagen wider besseres Wissen und in erneuter betrügerischer Absicht, abrechnen wollten, dann wäre es sehr praktisch, die Angelegenheit auf einen unbelehrbaren MVZ-Leiter abwälzen zu können. Wenn ich aber belegen kann, dass ich diese Unterschrift unter der Quartalsabrechnung nur auf Steinkopfs ausdrückliche Anordnung hin und gegen meinen Willen geleistet habe, trüge er das Risiko und nicht ich. Wenn ich da nicht richtigläge, hätte er das Papier doch einfach unterschreiben können. Durch meine Erklärung habe ich ihm einen Strich durch die Rechnung gemacht. Das wird er mir nachtragen. Ich glaube, ich muss mich allmählich ernsthaft nach einer anderen Stelle umsehen.«*

# 39

## SVENJA

Dienstag, 25. Februar

Kammowski war krankgeschrieben, und Max Werner versuchte, die Arbeit zu verteilen und dabei selbst den Überblick zu behalten, aber in Svenjas Augen gelang ihm das nicht gut. Er delegierte oft auf eine etwas ruppige Art und vergaß, wem er was übertragen hatte. Immerhin hatte Werner dafür gesorgt, dass die Zwischentür zwischen seinem und Kammowskis Büro, die Kammowski immer sorgfältig verschlossen gehalten hatte, geöffnet wurde. Auf diese Weise fühlte sie sich an ihrem Schreibtisch nicht ganz so vom Geschehen abgehängt.

»Das wird Kammowski nicht gefallen«, merkte Doro an, als der Hausmeister das Schloss ausgetauscht hatte, zu dem der Schlüssel schon lange Zeit »verloren« gegangen war, aber niemand beachtete ihren Einwand. Als Kevin Ordyniak dann auch noch mit einem Leberwurstbrot in der Hand herübergeschlendert kam, um sie etwas zu fragen, bekam Svenja einen Lachkoller. »Tut mir leid, ich musste gerade an was Lustiges denken, hat überhaupt nichts mit dir zu tun, ehrlich.«

Svenja führte immer noch wegen des Mordes an der türkischen jungen Frau Vernehmungen mit Personen ihres Bekanntenkreises durch, gemeinsam mit einer türkischen Kollegin, die man wegen ihrer Sprach- und Milieukenntnisse ebenfalls dem Fall zugeordnet hatte. Der Fall war eigentlich geklärt, die Tatwaffe war sichergestellt worden, und man hatte darauf Fingerabdrücke gefunden. Einer von ihren Brüdern hatte die junge Frau erschossen, vermutlich der Minderjährige, sie waren jedoch untergetaucht und bisher noch nicht im Fahndungsraster von Interpol hängen geblieben.

Die Steinkopf-Akte galt als geschlossen.

»Wenn sich bezüglich der Fahndung dieses Michael Fritsche Neuigkeiten ergeben, werden wir da wieder einsteigen. Bis dahin gehen wir von einer Selbsttötung aus und werden uns unseren anderen Aufgaben zuwenden«, hatte Thomandel angewiesen.

Svenja saß gerade in Doros Café und ließ geistesabwesend ein fünftes Stück Zucker in ihren Kaffee fallen, während sie in ihren Laptop auf ihrem Schoß starrte. »Was machst du da eigentlich?«, fragte Doro nun und zeigte auf Svenjas Laptop.

»Ich versuche, mein Mindmap zum Steinkopf-Fall zu komplettieren. Ich habe einfach den Eindruck, dass wir uns in diesem Fall vor lauter Fakten verlaufen haben. Und ich kann nicht glauben, dass sein Tod nur ein Unfall gewesen ist.«

»Besprich das lieber mit Max«, riet ihr Doro. »Wenn du zu eigenmächtig wirst, könnte er sauer reagieren. Und Thomandel wird auch nicht begeistert sein. Er hat da klare Anweisungen erteilt.«

Der Mord an Steinkopf wurde am selben Tag per Post »geklärt«. Zumindest kam ein Brief mit einem Geständnis. Es war von Karl-Heinz Peters, Steinkopfs Schwiegervater. Der Brief war vor über einer Woche auf dem Flughafen von Paris aufgegeben worden.

Peters bezichtigte sich darin selbst des Mordes an seinem Schwiegersohn. Er hätte diese Fotos von ihm und dem anderen Mann bei seiner Tochter gefunden. Als sein Schwiegersohn am Sonntag das Haus verlassen hatte, sei er ihm ins Hotel gefolgt. Er habe ihn auf frischer Tat ertappen und zur Rede stellen wollen. Es sei zu einem Streit gekommen, in dessen Folge er ihn erdrosselt habe.

Werner ließ Svenja sicherheitshalber noch einmal ein Foto von Peters, das ihr von Olga Steinkopf überlassen wurde, im Hotel herumzeigen, und sie verglichen es mit der Fotoserie, die Christine von Hehn gemacht hatte. Peters war nicht bei den Personen, die von Hehn fotografiert hatte, und die Hotelangestellten hatten ihn noch nie gesehen. Sie gingen daher davon aus, dass hier nur ein Vater seine Tochter schützen wollte.

»Pack den Brief zu der Akte und mach sie danach schnell wieder zu«, sagte Werner, als Svenja ihm Bericht erstattete. »Das ändert nichts an unserer Einschätzung. Allerdings sollten wir ihn zur Fahndung ausschreiben und, sobald er seinen Fuß wieder ins Land setzt, zu diesem Thema vernehmen. Ein Falschgeständnis ist schließlich kein Kavaliersdelikt.«

Im Fall Ostermeier hatten Doros Recherchen Interessantes zutage gefördert. Der Mann hatte enorme Spielschulden gehabt. Soweit sie seine Schuldner hatte ausfindig machen können, besaßen alle plausible Alibis.

»Wäre es nicht denkbar, dass Steinkopf jemanden damit beauftragt hatte? Jemanden, der gar nicht mitbekam, dass sein Auftraggeber tot war, als er die Tat beging?«, fragte Doro. Werner schüttelte abwehrend den Kopf.

»Wo soll Steinkopf so schnell einen Auftragskiller herbekommen haben? Das ist doch unwahrscheinlich. Außerdem hat sein Tod fett in der Zeitung gestanden. Ich glaube nicht, dass Killer so pflichtversessen sind, dass sie ihre Aufträge auch über den Tod des Auftraggebers hinaus erfüllen.«

Am späten Vormittag schob Doro Svenja eine merkwürdige Meldung zu. Spaziergänger hatten eine Hundeleiche gefunden.

»Was soll ich damit?«, fragte Svenja verwundert. »Soll ich jetzt Hundemorde aufklären?«

»Schau dir mal den Fundort und das Datum an und wie das arme Hundchen zu Tode gekommen ist.« Doro wurde durch einen begeisterten Blick von Svenja belohnt, als diese verstanden hatte, worauf Doro da gestoßen war. Ein Dackelmix war steif gefroren in der Nähe des Golgatha im Gebüsch gefunden worden. Das Merkwürdige war, dass er mit einer Garrotte getötet worden war. Daher war die Sache überhaupt weiter untersucht worden. Aber sie hatten an dem Tier nichts Verwertbares gefunden, keine Fingerabdrücke, keine Blutspuren, nur ein paar Gewebefasern zwischen den Zähnen. »Loden« hatten die Kollegen diese in ihrem Bericht genannt. Das sei ein Mantelstoff, erklärte Doro Svenja, und möglicherweise ein Hinweis auf den Täter, so was trage ja heute kaum noch einer. Die Kollegen hatten bereits herausgefunden, wem der Hund gehört hatte. Eine alte Dame hatte den Hund für die Zeit ihres Einkaufs vor Edeka angeleint. Als sie herauskam, war er verschwunden. Sie hatte den halben Bezirk abgesucht und überall Zettel mit ihrer Telefonnummer und einem Bild des Tieres ausgehängt. Der Kontaktbereichspolizist hatte die Aushänge gesehen und sich daran erinnert, dass in der Nähe eines Tatorts im Viktoriapark ein totes Tier gefunden worden war. Möglich war immer noch, dass der Tiermord mit dem Fall Ostermeier gar nichts zu tun hatte. Dennoch beschlossen Doro und Svenja, dem Dackelmix einen Platz in Svenjas Mindmap zu geben, in dem ja die Fälle Steinkopf und Ostermeier immer noch eine Verbindung hatten. Löschen konnte man den Eintrag immer noch.

»Ich habe jetzt auch Steinkopfs Kontodaten«, sagte Doro, als sie nach der Mittagspause fast alle im Café Doro saßen. »Der war eine äußerst gute Partie, das muss ich sagen.«

Werner winkte genervt ab. »Das schaffe ich heute nicht mehr. Leg's mir bitte ins Fach.«

»Soll ich das übernehmen?«, bot Svenja sich an.

Werner nickte ihr erleichtert zu. »Danke, Svenja.«

»Schau dir vor allem mal die Nebeneinkünfte an, da stimmt was nicht«, sagte Doro, als sie ihr das Dokument in die Hände drückte.

Und wirklich, Svenja kam aus dem Staunen nicht mehr heraus. Da hatte sich der Herr Steinkopf in der Tat ein bemerkenswertes Vermögen erarbeitet. Neben dem Haus in Potsdam besaß die Familie noch eine Immobilie auf Mallorca, die mit einem Wert von achthunderttausend Euro angegeben wurde, und eine Eigentumswohnung auf Rügen im Wert von dreihundertfünfzigtausend. Steinkopf hatte Anfang des letzten Jahres bei den Barmherzigen Schwestern angefangen. Neben den monatlichen Bezügen war von den Schwestern am Jahresende ein ordentlicher Bonus überwiesen worden. Vielleicht hatten die beiden auch geerbt. Das wäre noch zu überprüfen. Svenjas Blick fiel auf die Spalte der Nebeneinkünfte. Hier fanden sich über die Jahre verteilt Kontoeingänge, die als »Beratertätigkeiten« für unterschiedliche Firmen betitelt waren. In den letzten drei Jahren, diese Spanne hatte Doro zunächst eingegrenzt, war da ein Betrag von siebenhunderttausend Euro zusammengekommen. Insgesamt dreihunderttausend von einer Julius Franklin Holding AG, vierhunderttausend von einer Sanitas Investments. Doro hatte die Steuererklärungen rausgesucht. Die Beträge des vorletzten Jahres waren ordnungsgemäß versteuert worden. Für das letzte Jahr lag noch keine Erklärung vor.

»Mensch, Doro, du bist wirklich ein Ass, ich glaube, da bist du auf eine Goldmine gestoßen. Kann man mit diesem Job denn wirklich so reich werden? Und was muss man sich unter ›Beratertätigkeiten‹ vorstellen?

»Da könntest du ja mal bei seinem Arbeitgeber nachfragen.«

Nach einer vorsichtigen Andeutung, dass man die Oberschwester dann wohl leider umgehend vorladen müsse, dauerte es nicht lange, bis die sich eigentlich »in Klausur« befindliche Schwester Marona ans Telefon kam. Sie wusste zwar keine Einzelheiten, bestätigte aber im Grundsatz, dass Nebentätigkeiten von Kai Steinkopf vom Aufsichtsrat ordnungsgemäß genehmigt worden waren.

»Wissen Sie«, sagte die Oberin, »wir legen unseren leitenden Mitarbeitern da keine Steine in den Weg, solange sie ihre Arbeit bei uns gut machen. Außerdem fördern solche Beratertätigkeiten ja auch die Kontakte zu anderen Firmen, was uns ebenfalls zugutekommt.«

»Und Herr Steinkopf hat seine Arbeit gut gemacht?«, fragte Svenja.

»O ja, denken Sie nur an die schwierige Lage, nachdem unser früherer Geschäftsführer uns Hals über Kopf verlassen musste. Da waren wir sehr froh, dass wir Herrn Steinkopf hatten.«

»Ist es eigentlich üblich, dass ein Betrieb wie der Ihre zwei Geschäftsführer hat? Wenn ich richtig informiert bin, war Herr Steinkopf als zweiter Geschäftsführer eingestellt worden.«

»Nun, ich kann da nicht für andere Betriebe sprechen, aber wir wollten, dass die Führung nicht nur in einer Hand liegt. Und Herr Steinkopf war mir wärmstens empfohlen worden.«

»Darf ich fragen, von wem?«, hakte Svenja nach.

»Von Dr. Burmeister von der Anwaltskanzlei Dehmel und Meister. Die Kanzlei berät unseren Orden seit vielen Jahren in allen juristischen Belangen.«

»Mit den Kliniken hat dieser Anwalt aber nicht direkt zu tun gehabt?«

»Nein, doch man unterhält sich ja, und manchmal gibt mir

Dr. Burmeister freundlicherweise auch den einen oder anderen Tipp.«

»War Herr Alexander mit Ihrer Wahl auch einverstanden?«

Mit dieser Frage schien Svenja die Oberin kurzzeitig aus der Fassung gebracht zu haben. Sie überlegte einen Moment zu lang. Dann antwortete sie zögerlich: »Nun, er hatte häufig über die viele Arbeit geklagt und war sicher froh, Unterstützung zu bekommen.«

»Er hat ihn aber nicht ausgesucht?«

»Das war nicht seine Aufgabe, die beiden Herren waren einander gleichgestellt und wurden beide von mir eingestellt.« Die Oberin hatte die Stimme etwas gehoben, ließ erstmals ahnen, dass sie zu früheren Zeiten mehr Machtwillen besessen hatte.

»Wussten Sie, dass Herr Steinkopf durch seine Beraternebentätigkeit mehr Geld verdient hat als durch seine Arbeit bei Ihnen?«, fragte Svenja noch zum Abschluss.

»Nein«, antwortete die Oberin erstaunt, das komme ihr auch ungewöhnlich vor, aber über die Höhe seiner Einkünfte durch Nebentätigkeiten habe sie keine Kenntnis gehabt.

Svenja bedankte sich für das Gespräch und dachte nach. Vielleicht wäre es sinnvoll, andere Aufsichtsratsmitglieder oder den früheren Geschäftsführer Alexander selbst zu befragen.

Überraschenderweise war es nicht schwierig, Dr. Alexander ans Telefon zu bekommen. Er weigerte sich jedoch, mit ihr über Kai Steinkopf und die Barmherzigen Schwestern zu sprechen. Er stecke immer noch als Beschuldigter in einem Verfahren und würde mit der Polizei nur im Beisein seines Anwalts sprechen wollen. Das musste Svenja akzeptieren.

»Darf ich Ihnen vielleicht noch eine andere Frage stellen?« Die Pause, die entstand, wertete sie als Einverständnis. »Wenn man als Geschäftsführer eine Klinik leitet, ist es dann üblich, Nebeneinkünfte zu haben?« Alexander schien zu zögern, entschied sich dann aber doch, zu antworten.

»Das kann schon sein, man hält vielleicht Vorträge, schreibt Bücher.«

»Wie hoch sind solche Nebeneinkünfte Ihrer Erfahrung nach?«

»Das kommt drauf an.«

»Geht's vielleicht etwas genauer? Sagen Sie einfach mal, was Sie für realistisch halten.«

»Sagen Sie mir lieber, worum es hier geht und um wen! Ich denke nicht, dass ich Ihnen irgendeine Auskunft schuldig bin.«

»Da haben Sie recht.« Svenja merkte, dass sie zu weit gegangen war. Betont freundlich fuhr sie deshalb fort. »Ist wirklich nur eine ganz unverfängliche Anfrage, weil ich da gerade einen Fachmann in der Leitung habe.«

»Nun, meine Bereitschaft, der Polizei bei etwas zu helfen, hat sich irgendwie in Luft aufgelöst. Aber, wie gesagt, das wird sehr unterschiedlich sein und hängt in erster Linie von der Reputation des Einzelnen ab.«

»Können Sie sich vorstellen, dass die Nebeneinkünfte bei einem Geschäftsführer das eigentliche Gehalt übersteigen?«

»Jetzt machen Sie mich neugierig, aber ich weiß schon, Sie meinen das ganz allgemein und dürfen nichts konkretisieren. Um Ihre Frage zu beantworten: Das wäre wohl eher ungewöhnlich.«

## 40
# RÜCKBLICK

*»Willst du das wirklich auf dich nehmen, jeden Tag eine so lange Anfahrt zur Arbeit?«*

*»Bleibt mir denn eine andere Wahl?« Thomas zuckte mit den Schultern. »Ich glaube nicht, dass du Lust hast, mit mir nach Neuruppin zu ziehen, oder?«*

*Tine verstummte. Es stimmte. Sie konnte sich schlecht vorstellen, nicht in Berlin zu wohnen. Sie liebte die Stadt. Sie liebte es, abends ohne lange Anfahrt in die Kneipe, ins Kino, in die Philharmonie gehen zu können. Das Gemüse auf dem Heimweg beim Türken um die Ecke zu kaufen und ganz ohne Auto auszukommen. Sich mit Freunden beim Japaner verabreden zu können und anschließend in den Jazzkeller. All das mehr oder weniger aufzugeben würde ihr schwerfallen.*

*Thomas, der ihre Gedanken erraten hatte, lachte und umarmte sie. »Mach dir keine Gedanken, du weißt doch, dass ich gerne Auto fahre.«*

*»Aber was ist im Winter? Jeden Tag auf der Autobahn, bei Schnee und Eis.«*

*»So viele Schnee- und Eistage haben wir hier nun auch nicht. Vielleicht miete ich mir in der Nähe eine kleine Wohnung, und wenn dann wirklich einmal Blitzeis kommt, bleibe ich eben da. Dann kann ich auch an einzelnen Tagen lange arbeiten und dafür an anderen Tagen früher nach Hause fahren. Und wenn ich Dienst habe, kommst du mich vielleicht auch mal besuchen.«*

*Tine musterte ihn zweifelnd. Zwei Wohnungen, das war doch der Anfang vom Ende einer Ehe.*

*»Man kann nicht an zwei Orten leben«, sagte sie schließlich. »Da bist du immer auf dem Sprung, und die Sachen, die du brauchst, sind garantiert gerade in der anderen Wohnung.«*

*Aber Thomas hatte sich entschieden. Seit Wochen hatte er den Arbeitsmarkt beobachtet, und als in Neuruppin eine Stelle frei wurde, hatte er sich gleich beworben. Mit den Gründen für seinen Wechsel hatte er nicht hinter dem Berg gehalten, ohne Einzelheiten zu nennen. Der Geschäftsführer des Marienkrankenhauses Neuruppin bedankte sich für seine Offenheit, bestand aber auf einem Sonderkündigungsrecht in dem unwahrscheinlichen Fall, dass es in der Sache der Barmherzigen Schwestern zu einer Verurteilung von Thomas kommen würde. Damit konnte Thomas gut leben.*

*Sicher, die Fahrt jeden Tag würde lang sein. Aber mit diesem Geschäftsführer ging es einfach nicht weiter, da war Thomas sich inzwischen ganz sicher. Die meisten seiner Kollegen sahen das auch so. Doch die waren zum Teil in anderen Situationen, hatten kleine Kinder, hatten gerade die Frau aus Kiel nachgeholt, wollten sich lieber eine Zeit lang ducken und abwarten.*

*»Geschäftsführer kommen und gehen«, hatte der Chirurg gesagt. »Glauben Sie mir, wir werden alle noch da sein, wenn der schon längst wieder woanders ist.«*

*Aber Thomas wollte jetzt weg hier. Außerdem verdiente er in der neuen Stelle erheblich mehr. Ein nicht zu verachtender Nebeneffekt. Es gab kein Zurück mehr.*

# 41

## LKA

Mittwoch, 26. Februar

Am Mittwochmorgen kam die Meldung rein, dass die Wasserschutzpolizei am Montag eine männliche Leiche aus dem Müggelsee gezogen hatte. Der Leichnam hatte sich neben einer Anlegestelle der Kreisschifffahrt am südlichen Ufer des Müggelsees im Schilf verfangen und war dort einem Spaziergänger aufgefallen. »Der hätte da noch Wochen liegen können«, sagte Werner, der die Nachricht gerade von Doro auf den Schreibtisch bekommen hatte. »Bei diesem Nebelwetter geht doch kein Hund vor die Tür.«

Seit einer Woche wollte sich der Dunstschleier über Berlin nicht heben. Die Luft fühlte sich so dick an, dass selbst Lungengesunde um ihre Sauerstoffzufuhr bangten. Hypochondern wie Werner gab dieses Wetter den Rest. Er las Svenja den Auszug eines Artikels aus der *Berliner Gazette* über die »Nebelkrankheit« vor, in dem er alle seine Symptome bestätigt sah. Seit Tagen kämpfte er gegen den Winterschlaf, hatte den Eindruck, dass diverse Organe ihren Dienst versagten, und fühlte seit heute »einen Infekt kommen«.

Svenja bekundete tunlichst Desinteresse, dennoch fuhr Werner fort: »Wo bekomme ich nur so eine Lichttherapielampe her, das sind doch medizinische Spezialgeräte.«

»Guck doch mal im Internet«, ging Svenja nun doch auf ihn ein. Aber davon wollte Werner nichts wissen.

»Hast du noch nie etwas im Internet gekauft?«

»Nein, und ich habe auch nicht vor, das zu ändern.«

»Du muss ja nichts bestellen, aber du könntest vielleicht

per Internet einen Laden in Berlin finden, der solche Lampen verkauft«, schlug Svenja vor.

»Meinst du wirklich?«

Svenja tippte kurz in die Tasten und ging zum Drucker. »Hier.« Sie reichte ihm das Papier: »Lichtduschen gegen Depression im Lichthaus Herrmann, Fasanenstraße 12.«

»Das Benutzen des Dienstrechners für private Zwecke ist verboten«, brummte Werner, schloss dann aber doch noch ein »trotzdem danke« an und nahm ihr den Zettel ab.

Der Mann aus dem Müggelsee war zwischen zwanzig und dreißig Jahre alt. Er war durch einen Nahschuss in den Kopf getötet worden. Man hatte das Opfer mit Schnüren an einen der vom Sommer übrig gebliebenen Betonsonnenschirmständer des nahe gelegenen Ausflugslokals gebunden und ihn mitsamt dem Betongewicht vom Steg ins Wasser geworfen. An dieser Stelle war das Wasser nicht sehr tief, aber das Schilf stand dicht und hatte wohl verhindert, dass die Leiche früher gefunden worden war.

Die Obduktion ergab Schmauchspuren, was darauf hinwies, dass der Täter dem Opfer die Pistole auf die rechte Schläfe gesetzt hatte. Der Schuss hatte das Vorderhirn durchquert und beim Austritt aus der linken Schläfe ein riesiges Loch hinterlassen. Hier fanden sich zwischen Knochensplittern, Blut und Hirnmasse auch Holzsplitter.

Trotz der gravierenden Hirnverletzung hatte das Opfer da wohl noch gelebt. Zumindest so lange, wie es braucht, um einen tiefen Atemzug Müggelsee einzuatmen. Der Pathologe nahm nach der ersten Sicht noch am Tatort an, dass der Mann etwa vierzehn Tage im Wasser gelegen hatte. Die Haut an den Fingern hatte sich noch nicht komplett gelöst, und so konnten die Fingerabdrücke zur Identifikation beitragen. Es handelte sich um den vierundzwanzigjährigen Michael Fritsche, der möglicherweise der Letzte gewesen war, der Steinkopf vor dessen Tod gesehen hatte.

Max Werner wies an, dass Taucher nach der Bergung der Leiche unter dem Steg nach dem Projektil suchen sollten. Das erwies sich als segensreich. Die Kugel war in einem der Baumstämme, die unter dem Steg vermoderten, stecken geblieben und konnte geborgen werden.

Am Nachmittag hielten Thomandel, Werner, Kevin Ordyniak, Svenja und der Staatsanwalt Obermeister eine Lagebesprechung ab.

»Es sieht nun nicht mehr so aus, als könnten wir den Fall Steinkopf noch abschließend klären«, sagte Thomandel. »Mit dem Tod Fritsches fehlt uns ein wichtiger Zeuge.«

»Sehe ich genauso«, erwiderte Staatsanwalt.

»Aber alle drei Toten kannten einander. Das wäre schon ein sehr merkwürdiger Zufall«, warf Werner ein.

»Das stimmt, Max«, erwiderte Thomandel, »aber wir haben bei Steinkopf bisher keine Anhaltspunkte. Und wie du selbst sagst, durch den Tod von Michael Fritsche fehlt uns jetzt auch noch ein wichtiger Schlüssel zur Lösung des Rätsels. Weder bei Olga Steinkopf noch bei Christine von Hehn reichen die belastenden Ermittlungsergebnisse aus, um eine Mordanklage zu rechtfertigen. Fritsche ist tot. Andere Verdächtige haben wir nicht. Deshalb schlage ich vor, dass wir uns, wie Herr Staatsanwalt Obermeister vorschlägt, auf die Fälle konzentrieren, in denen sich der Gerichtsmediziner festlegt, dass es Mord war. Also auf die Mordfälle Ostermeier und Fritsche. Wenn sich dann neue Fakten für den Fall Steinkopf abzeichnen, werden wir natürlich nicht die Augen davor verschließen.«

»Ich halte es für einen Fehler, die Fälle als nicht zusammenhängend zu betrachten, das gibt uns einen falschen Blickwinkel«, wagte Svenja einen Einwand.

Alle blickten überrascht auf. Es war ungewöhnlich, dass sie als Jüngste im Bunde eine konträre Meinung äußerte. Der Staatsanwalt sah sie erstaunt an. »Gibt es denn neue Ermittlungserkenntnisse, die Sie mir bisher vorenthalten haben, Frau Hansen?« Svenja holte Luft und wollte antworten, aber Werner kam ihr zuvor. »Nein, es gibt nichts Neues, nichts, was Sie nicht schon wüssten.« Svenja ließ sich nicht gerne zurückdrängen und wagte sich noch einmal vor. »Ich denke da an die Aussage der Journalistin Christine von Hehn.«

Werner unterbrach sie sofort wieder. »Die ist doch nicht ernst zu nehmen. Die Verschwörungsgeschichte einer karrieregeilen, skrupellosen Journalistin.«

»Ich habe die Aussage von Frau von Hehn gelesen und muss Herrn Werner recht geben, wenn ich es auch anders ausdrücken würde. Das sind doch reine Vermutungen und keine Fakten«, sagte der Staatsanwalt. »Liefern Sie mir Handfestes, und wir sprechen wieder darüber. Was gibt es Neues im Fall Ostermeier?«

Die Schussspezialisten des LKA hatten erklärt, dass die Schussrichtung auf einen Rechtshänder als Täter hinwies. Die Tatwaffe war nicht gefunden worden. Werner hatte sämtliche Papierkörbe in der Umgebung bis hin zu den nahe gelegenen U- und S-Bahnhöfen Yorckstraße durchsuchen lassen – vergebens.

Obwohl es Hinweise darauf gab, dass Ostermeier sowohl Steinkopf als auch dessen Frau mit Fotos zu erpressen versucht hatte, ließ sich bisher keine Verbindung zu seinem Tod herstellen.

Als Svenja wieder in ihrem Büro saß, fühlte sie sich deprimiert. Ihr Blick wanderte zu ihrer Mindmap, die sie im DIN-A3-Format ausgedruckt und an die Wand geheftet hatte. Wo war der rote Faden? Sie beschloss, sich wieder ans Telefon zu hängen und sich weitere Personen von der Liste von Steinkopfs Sekretärin vorzunehmen. Der Staatsanwalt und Thomandel hatten ja schließlich gesagt, dass nichts dagegenspräche, das Umfeld abzuklären.

Von allen hörte sie die gleiche Litanei. Kai Steinkopf war nicht beliebt gewesen. Die einen drückten sich etwas zurückhaltender aus, die anderen taten sich keinen Zwang an. Sogar ein Selbstmord wurde ihm angelastet. Ein Arzt, Thomas Franke, habe sich wegen Steinkopf das Leben genommen, nachdem dieser ihm gekündigt hatte.

Svenja überlegte. Bei Selbstmord musste es eine LKA-Akte geben, da eine polizeiliche Ermittlung eingeleitet wurde.

Thomas Franke hatte sich im Wald erhängt. Die Obduktion hatte Tod durch Erhängen bestätigt und keine Hinweise geliefert, die gegen einen Suizid sprachen. Es wurde allerdings kein Abschiedsbrief gefunden. Frankes Hausarzt und sein Psychiater hatten zu Protokoll gegeben, dass er unter Depressionen gelitten habe. Die Ehefrau hatte bestätigt, dass ihr Mann auch früher schon über Suizid nachgedacht hatte. Sie, Christine von Hehn, habe aber bis zuletzt gehofft, dass seine Liebe zu ihr ihn davon abhalten könne.

Svenja fiel die Akte aus der Hand und rutschte über die Schreibtischkante, verteilte sich in Einzelblättern auf dem Boden. Svenja stand auf und las alle Blätter auf, heftete sie sorgfältig in der richtigen Reihenfolge in den Ringhefter. Dann schloss sie den Aktendeckel, zog die Schreibtischschublade auf, nahm ihr iPhone heraus, steckte sich die Ohrstöpsel in die Ohren, und drehte die Musik laut auf. Mit Musik im Ohr konnte sie besser denken, das war schon während der Schulzeit so gewesen. Nach einiger Zeit schaltete sie die Musik aus und griff zum Telefon.

# 42
# RÜCKBLICK

*Es schien ein heißer Sommertag zu werden. Von der Rasenfläche, die Thomas überquerte, um ins Haupthaus zu gelangen, stieg dampfend kühle, feuchte Luft auf. Nachts hatte es geregnet, und der Rasen war noch nass. Aber die Luft flirrte schon vor Hitze, obwohl es erst elf Uhr war. Trotz seiner Empfänglichkeit für die Schönheit dieses Augenblicks fühlte Thomas sich beklommen. Seit Tagen schon hatte er wieder das Gefühl, dass die Depression zurückkommen könnte. Es gab jetzt immer wieder diese Momente, in denen er sich seiner Wahrnehmung und der Emotionen, die sie auslösten, nicht ganz sicher war. Wenn die Depression kam, waren die Empfindungen anfangs noch dieselben, aber sie wurden unscharf, als hätten sie sich hinter einer Milchglasscheibe versteckt, als könnte man ihrer nicht mehr gewiss sein. Und irgendwann war da nur noch Leere.*

*So ging das nun schon seit Jahren. Oft kam die Depression, wenn man es am wenigsten vermutete und man sie am schlechtesten gebrauchen konnte. Ein System dahinter hatte er bisher nicht erkennen können. Noch hatte er das immer in den Griff bekommen. Die Tabletten taten schon irgendwann ihre Wirkung. Aber kein Mensch konnte sich vorstellen, wie anstrengend das Leben in der Depression wurde.*

*Thomas richtete die hängenden Schultern mit einer ruckartigen Bewegung auf und schritt eilig aus. In fünf Minuten hatte er einen dieser Routinetermine mit der Geschäftsführung, die in der Regel keines seiner Abteilungsprobleme lösten.*

*Vielleicht war es ja richtig gewesen, die Betriebswirtschaft in die Leitung der Kliniken zu holen. Davon hatten die Ärzte nun mal zu wenig Ahnung. Aber dann hatten diese Betriebswirtschaftler doch eigentlich die verdammte Pflicht, sich von ihren medizinisch geschulten Mitarbeitern über die Dinge, von denen sie ihrerseits keine Ahnung hatten, informieren zu lassen. Aber zuhören konnten die leider nicht so gut. Thomas hatte nicht selten geargwöhnt, dass das zur Ausbildung eines Geschäftsführers gehörte, bei solchen Terminen so lange selbst zu reden, bis die Zeit überschritten war, um sich nur ja nicht mit den Niederungen des Alltags und den »Problemchen« eines Chefarztes und seiner Abteilung auseinandersetzen zu müssen.*

*Neulich erst hatten sie beim Mittagessen in der Kantine darüber gesprochen. Kollege Terborg hatte behauptet, dass die meisten Menschen in leitenden Positionen schwere Persönlichkeitsstörungen hatten – sie selbst natürlich ausgeschlossen, wie er grinsend ergänzt hatte. Aber dieser Steinkopf, da musste Thomas ihm recht geben, agierte schon ein massives Selbstwertproblem in seiner leitenden Funktion aus.*

*Warum Steinkopf ihn heute sprechen wollte, hatte die Sekretärin nicht verraten. Thomas war es gleichgültig. Er war in Gedanken schon gar nicht mehr ganz hier. Seit er wusste, dass er das Haus verlassen würde, hatten die Dinge ihre Schwere verloren. Sicher, die Ermittlungen der Staatsanwaltschaft liefen, er hatte immer noch den Status eines Beschuldigten, aber wenn man wusste, dass man gehen würde, war das immer die schönste Zeit in einer Abteilung gewesen. Erst das Gefühl, bleiben zu müssen, keine Alternative zu haben, brachte die Schwere in die Dinge. Thomas wollte seine Arbeit geordnet hinterlassen, er nahm sich vor, Steinkopf heute noch einmal auf einige ungeklärte Probleme anzusprechen. Auf die überregionale Zertifizierung, in der sie noch keinen Schritt weiter waren, und dass es nicht anginge, dass Dr. Tran die Wochenendversorgung mit Logopädie und Ergotherapie wieder als unlösbar wegschob. Wer auf die Verpackung »Stroke Unit« schreiben wollte, musste sie mit Inhalt füllen. Und es war nicht mehr zeitgemäß, dass ein Mensch mit Schlaganfall am Wochenende schlechter behandelt wurde als einer, der in der Woche erkrankte. Heute erwartete man zu jeder Tageszeit und an jedem Wochentag eine optimale Behandlung. Und außerdem wurde in beiden Fällen mit den Kassen dieselbe Pauschale abgerechnet.*

*Steinkopf ließ ihn wieder einmal warten. Nun saß er schon zwanzig Minuten vor der Tür und hatte inzwischen alle heiligen Hefte der Barmherzigen Schwestern zu Bernau durchgelesen. Wenn wenigstens eine interessante Zeitschrift dabei gewesen wäre.*

*Endlich ging die Tür auf, und die Sekretärin ließ ihn eintreten. Steinkopf saß an seinem hypermodernen, hochglanzpolierten, perfekt aufgeräumtem Schreibtisch und hantierte wie immer an seinem Smartphone herum. Er sah kurz auf, wies Thomas mit ungeduldiger Handbewegung an, Platz zu nehmen, und fuhr fort, in die Tastatur zu tippen. Vermutlich poppten wieder wichtige Mitteilungen aus der Zentrale auf, wichtigere jedenfalls als das Gespräch mit Thomas. Erst die Warterei vor der Tür, jetzt das hier. Thomas schüttelte insgeheim den Kopf. Wer solche Verweise auf die Hackordnung nötig hatte, war sich seiner Bedeutung nicht so sicher, wie es den Anschein hatte. Ach, der Mann wusste ja gar nicht, wie wenig ihn das jetzt noch beeindruckte – wenn es ihn jemals beeindruckt hatte.*

*Thomas hatte sich immer auf seine Intuition verlassen können. Er wusste die Körpersprache eines Menschen zu deuten, und im Moment sah er, dass Steinkopf sich unsicher fühlte. Er schien ohnehin ein Mensch zu sein, der im tiefsten Inneren unsicher und leicht zu kränken war. Das waren leider oft die Gefährlichsten, wenn sie dann in Machtpositionen gelangten. Das konnte man in jeder Diktatur nachvollziehen. Die Menschen agierten nicht aus sachlichen Gründen, sondern aus dem verzweifelten Versuch heraus, es endlich allen zu zeigen. Dabei waren sie unersättlich in dem Wunsch, Anerkennung zu bekommen, und gingen dafür über Leichen.*

*Thomas musste an Steinkopfs Vorgänger denken. Das war ein ganz anderes Kaliber gewesen! Wie es Alexander wohl ging? Thomas hatte gehört, dass Steinkopf sogar noch den Auflösungsvertrag, den der Betrieb mit ihm geschlossen hatte, gekündigt hatte. Das hieß, dass der jetzt ohne Abfindung dastand und gezwungen gewesen war, seinen ehemaligen Arbeitgeber zu verklagen. So war das, man wurde fallen gelassen wie eine heiße Kartoffel. Und Steinkopf hatte gewiss auch ein persönliches Interesse daran, dass Alexander niemals mehr zurückkam, wie auch immer der Prozess ausgehen mochte.*

*Steinkopf schien immer noch nicht gewillt, sich mit Thomas zu beschäftigen, jetzt gab er vor, noch ein wichtiges Telefonat führen zu müssen. Wenn das stimmen würde, hätte er das ja führen können, bevor er Thomas hereinbat. Es war eine Frechheit, ihn hier wie einen Schuljungen warten zu lassen. Aber Thomas war heute nicht reizbar, denn wenn alles gut lief, würde er nur noch maximal sieben Monate hier arbeiten. Er unterdrückte den Impuls, es heute schon Steinkopf zu sagen. Dafür würde er den letztmöglichen Termin wählen, den die Kündigungsfrist vorsah.*

*Gelangweilt sah er sich im Zimmer um. Man sah diesem Raum an, dass er nur zum Hofhalten, nicht zum Arbeiten verwendet wurde. Alles wirkte wie von einem Bürodesigner gestylt. Kein Aktenstapel wies auf Arbeit hin, kein persönliches Utensil zeugte davon, dass hier ein Mensch arbeitete. Selbst die Bilder an der Wand schienen mit der Einrichtung zusammen von der Stange gekauft worden zu sein.*

*Mit Unmut dachte Thomas an seinen chaotischen Schreibtisch und an die Zeit, die ihm hier verloren ging. Eine Fliege zog hektisch summend ihre Bahnen, landete auf dem Schreibtisch, flog wieder auf, fand keine Ruhe. Steinkopf schlug nach ihr, verfehlte sie. Endlich sah er auf. Thomas begegnete einem trotzig wirkenden Blick.*

*»Wird wieder heiß heute«, sagte er freundlich.*

*»Ja, stimmt, vor allem nachts kann man kaum schlafen«, ging Steinkopf auf den verbindlichen Tonfall ein. »Wir waren gestern kaum eingeschlafen, dann kamen die Mücken. Ich habe heute Nacht Stunden damit gebracht, sie zu jagen. Da kommt nicht viel Schlaf zusammen.«*

*Thomas antwortete nicht. Er überlegte kurz, wen Steinkopf wohl mit »wir« gemeint hatte, aber es wäre distanzlos gewesen, danach zu fragen. Der nahtlose Übergang von Nichtbeachtung zu fast privater Vertraulichkeit berührte ihn unangenehm. Mit Steinkopf wollte er nicht über Schlafzimmer sprechen. Aber dann stellte er sich sein Gegenüber vor, wie dieser mit dem Hausschlappen bewaffnet im Pyjama auf Mückenfang ging, und musste grinsen.*

*Kai Steinkopf lächelte zurück. Dann schien auch er sich zu erinnern, dass das hier kein privates Gespräch war, und sein Lächeln entglitt ihm zu einer Maske. Unvermittelt sagte er: »Herr Dr. Franke, ich habe mich entschlossen, mich von Ihnen zu trennen, und möchte Sie bitten, am kommenden Montag in die Geschäftszentrale zu kommen und einen Auflösungsvertrag zu unterschreiben.«*

*Die Stille zwischen ihnen hätte man fühlen können, so dicht war sie. Schließlich fühlte sich Steinkopf doch noch zu einer Erklärung bemüßigt.*

*»Herr Dr. Franke, es haben sich einige Dinge in der letzten Zeit ereignet – und glauben Sie mir, mir ist völlig klar, dass Sie die nicht alle alleine zu verantworten haben –, aber wenn der Zug einmal abgefahren ist, ist er abgefahren. Und das hier«, er schob Thomas ein Blatt Papier über den Schreibtisch zu, »das hat das Fass nun wirklich zum Überlaufen gebracht.«*

*»Was meinen Sie?« Thomas nahm das Blatt zur Hand und begann zu lesen.*

*Es handelte sich um eine Aufstellung der Abrechnungen der Stroke Unit in Schöneberg. Erstellt von Dr. Tran und dem Chef des Controllings.*

*»Was soll das?« Thomas konnte sich immer noch keinen Reim darauf machen.*

*»In der Stroke Unit Schöneberg sind seit Anfang des Jahres laut dieser Analyse von Dr. Tran und Dr. Winkel 80 Prozent der Schlaganfälle unberechtigterweise abgerechnet worden. Zur Zeit der Aufnahme der Patienten war kein Neurologe vor Ort, und es wurde auch keiner telemedizinisch hinzugezogen. Nach all dem, was in den letzten Monaten in unseren MVZ passiert ist, kann ich Unregelmäßigkeiten in unserem Kerngeschäft nicht dulden. Sie haben es unter dem alten Geschäftsführer vielleicht nicht besser gelernt. Aber mit mir gibt es solche Dinge nicht. Schon gar nicht in unserer augenblicklichen Situation, wo alle nur darauf warten, neue Skandale aufdecken zu können. So etwas«, er zeigte mit dem Zeigefinger auf das Papier, das Thomas noch in der Hand hielt, »kann uns vollständig in den Abgrund ziehen. Selbstverständlich werden wir diese Abrechnung mit den Kassen nachträglich stornieren und korrigieren lassen.«*

*»Herr Steinkopf, das ist doch jetzt nicht Ihr Ernst, oder? Ich*

*habe in aller Deutlichkeit auf die Voraussetzungen zur Abrechnung der Komplexbehandlung hingewiesen, und mit der Abrechnung in der Kardiologie Schöneberg selbst habe ich doch gar nichts zu tun!«*

*»Ach nein? Meines Wissens nach gehörte das zu Ihren Dienstaufgaben, waren Sie etwa nicht der Leiter der Stroke Unit Schöneberg?«*

*Thomas war sprachlos. War er es nicht gewesen, der vor wenigen Monaten davor gewarnt hatte, die Komplexbehandlungen in Schöneberg abzurechnen, ohne telemedizinische Leistungen fremdeinzukaufen? Hatten nicht Steinkopf und dieser Tran selbst immer und immer wieder verhindert, dass die Bedingungen geschaffen wurden, um Lichtenberg selbst telemedizinisch arbeiten zu lassen? Und war die Stroke Unit nicht immer noch Teil der Kardiologie in Schöneberg? Thomas hatte sich nie in die konkrete Abrechnung dort eingemischt. Die Abrechnung hatten die Kollegen vor Ort zusammen mit dem Controlling und in der Verantwortung des zuständigen Chefarztes erledigt.*

*»Nicht, dass ich wüsste.« Auch Thomas hatte jetzt eine gewisse Schärfe in der Stimme. »Soweit mir bekannt ist, habe ich mich dort auf Wunsch der Geschäftsführung kollegial engagiert und mein Wissen der Kardiologie zur Verfügung gestellt. Ich habe keinen Vertrag, der anderes geregelt hätte. Schon gar keinen, der mich für die Abrechnung dort verantwortlich werden lässt. Laut Vertrag bin ich Chefarzt hier in Lichtenberg. Ich hätte es auch höchst merkwürdig gefunden, wenn ich mich derart in die Belange einer anderen Abteilung und damit eines anderen Chefarztes eingemischt hätte. Ich habe mich allerdings immer bemüht, mit fachlichem Rat zur Seite zu stehen. Sie werden sich an die Sitzung erinnern, in der ich dazu geraten habe, telemedizinische Leistungen fremdeinzu-*

*kaufen, um den neuen Ansprüchen des Abrechnungskatalogs gerecht werden zu können.«*

*Eine längere Pause entstand.*

*Steinkopf sah wieder auf sein Smartphone. »Wie schon gesagt, mir ist durchaus bewusst, dass das Ganze nicht allein Ihre Schuld ist, aber einer meiner Lehrer hat mir einmal gesagt, dass man sich von denen trennen muss, die nicht in dieselbe Richtung gehen. Das ist alles, was ich dazu zu sagen habe. Ich sehe Sie dann nächste Woche zur Unterzeichnung des Auflösungsvertrags.«*

*Abends besprach sich Thomas mit seiner Frau.*

*»Du könntest dich von einem Arbeitsrechtler beraten lassen«, sagte Tine. »Damit kommt der doch nie im Leben durch.«*

*»Du hast schon recht, er hat nichts in der Hand, es gibt nicht ein Schriftstück, aus dem hervorgeht, dass die Stroke Unit Schöneberg zu meinen Dienstverpflichtungen gehört, und ich habe das Protokoll der Sitzung aufbewahrt, in der ich davor gewarnt habe, die Schlaganfallbehandlungen ohne telemedizinische Versorgung abzurechnen. Aber was kann ich bestenfalls erreichen? Dass die mich wiedereinstellen müssen und ich die Genugtuung habe, dass sie ihr böses Spiel nicht gewinnen. Wenn ich nächsten Monat aber ohnehin kündige, wird eine solche Klage doch hinfällig. Ich kann ja nicht gleichzeitig vor Gericht auf Wiedereinstellung klagen, wenn ich bereits eine neue Stelle habe.«*

*»Dann kommt der mit seinem bösen Spiel auch noch durch?«*

*»Im Moment sieht es ganz danach aus. Aber ich werde wenigstens versuchen, ihm das Leben noch schwer zu machen und einen Vergleich zu erwirken.«*

*Sie schwiegen eine Zeit lang.*

*»Weißt du, was ich glaube?«, nahm Thomas den Faden wenig später wieder auf. »Ich glaube, dass der das schon seit Monaten geplant hat. Nach der Sache mit der Quartalsabrechnung für das MVZ. Der Mann hat mir eine Falle gestellt. Das erklärt zumindest, warum alle meine Bemühungen, die Probleme der Stroke Unit Schöneberg anzupacken, boykottiert wurden.«*

*»Jetzt musst du aber aufpassen, dass du keine Paranoia bekommst«, versuchte Tine zu scherzen.*

*»Ja, stimmt, aber wenn diese telemedizinische Zertifizierungsgeschichte keine Falle war, um mich loszuwerden, waren die doch zumindest unsagbar dämlich. Wie sonst sollte man sich das erklären, wenn über Monate die Sachlage doch eigentlich klar ist, aber keine entsprechenden Entscheidungen gefallen sind?«*

*»Mit dieser Interpretation kann ich besser leben«, grinste Tine.*

*Thomas feixte. »Galgenhumor nennt man so etwas.«*

# 43

## KAMMOWSKI

Donnerstag, 27. Februar

Am Donnerstag hatte sich Kammowskis Befinden deutlich gebessert, und er hatte keinen Wackelpudding mehr unter den Füßen. Nachdem Klaus gegangen war, machte er trotz des diesigen Wetters nachmittags einen ausgedehnten Spaziergang. Es war längst nicht mehr so kalt, seit Berlin unter einer Inversionslage schmorte, und der Schnee hatte sich bis auf einige hartnäckige, inzwischen sehr schmutzige Haufen an Wegrändern verzogen. Die Schneeschmelze hatte allerdings auch den Berliner Hundekot freigegeben, und an manchen Stellen glichen Spaziergänge eher Hindernisläufen, und man musste überdies höllisch aufpassen, weil es immer noch unerwartete vereiste Stellen gab.

Aber all das konnte Kammowskis Laune nichts anhaben. Er hatte beim Gang auf die Waage am Morgen dreieinhalb Kilo weniger gewogen, und leichte Euphorie machte sich bemerkbar. Eine Euphorie, wie er sie nun schon oft beobachtet hatte, wenn er das Fasten lange genug durchhielt. Als er an einem türkischen Lebensmittelladen vorbeikam, beschloss er kurzerhand, ein paar Zitronen zu kaufen, um sich eine heiße Zitrone mit Ingwer und einer Spur Honig zu gönnen.

Inzwischen war er an der Villa Kreuzberg vorbeigekommen. Er überlegte kurz. Es waren noch gute zwei Stunden bis zur Dämmerung. Es sprach nichts gegen einen Abstecher in den Viktoriapark. Er würde am Golgatha vorbeispazieren und dann über die Katzbachstraße wieder den Heimweg antreten.

Seit Dienstag war er nun krank gewesen, und er hatte sich so elend gefühlt, dass er kaum an die Arbeit gedacht hatte. Mit Christine verhielt es sich da anders. Er hatte häufig an sie gedacht, praktisch ständig, und es waren immer wieder dieselben Gedanken, die da kreisten, ohne dass er einen Ausweg gefunden hätte. Unwillig schüttelt er den Kopf und schritt energischeren Schrittes weiter Richtung Golgatha.

Das Golgatha lag wie ein morbides Überbleibsel aus längst vergangener Zeit im Dunst des düsteren Nachmittags. Biergärten sehen im Winter immer trostlos aus, dachte er, aber vielleicht lag das nur an seinem Wissen, dass hier vor Kurzem ein Verbrechen begangen worden war. Die Spuren waren zwar längst beseitigt, die Bretterbude trug allerdings noch das Loch des Einschusses und eine rotbraune Verfärbung. Aber wer es nicht wusste, dem fiel es nicht auf.

Als er das Lokal fast umrundet hatte, fiel sein Blick auf einen Müllcontainer, der hinter dem Gebäude und jenseits der Umzäunung des Biergartens verdeckt von einer verwilderten Ligusterhecke stand. Der Deckel war leicht geöffnet, da der Container relativ voll war. Da hatten sie vor Schließen des Restaurants im Herbst offenbar den Müll nicht mehr abgefahren. Eine Ahnung stieg in ihm auf. Die Kollegen, so hatte Svenja erzählt, hatten alle Müllbehälter im Park und die Straßenmüllabwürfe bis hin zur Yorckstraße nach der Tatwaffe durchsucht. Von dem Container hinter dem Lokal war nicht die Rede gewesen. Konnte es sein, dass sie den übersehen hatten? Aber wie wahrscheinlich war es, dass der Mörder die Waffe hier entsorgte, in einem Container, der erst im nächsten Frühjahr wieder entleert werden würde? Aber was, wenn der Mörder das nicht wusste?

Kammowski konnte dem Impuls nicht widerstehen. Schon nach kurzer Zeit zog er mit Hilfe seines Stofftaschentuchs, das er altmodischerweise immer noch den Papiertaschentüchern vorzog, eine Pistole aus dem Müll. Er erkannte sie sofort. Es war eine 9-mm-Makarov. Seit der Maueröffnung waren diese im Ostblock weitverbreiteten Waffen auch in Westberlin häufiger anzutreffen. Dann zückte er sein Handy. Kurze Zeit später trafen die Kollegen der KTU ein und übernahmen.

Zu Hause nahm er ein langes Bad, presste dann vier Zitronen aus, schnitt ein großes Stück Ingwer in kleine Stücke und wusch die Zweige frischer Minze, die er beim Türken ergattert hatte, sorgfältig unter dem warmen Wasserstrahl ab. Wo die mitten im Winter jetzt herkamen und wie die Energiebilanz dieser grünen Blätter aussah, wollte er heute Abend nicht mehr wissen. Ingwer wuchs ja schließlich auch nicht im deutschen Februargarten, und Tee wurde nicht aus deutschem Kohl gemacht. Er stopfte alle Zutaten in seine gläserne Teekanne und goss kochendes Wasser auf. Ein aromatischer Duft stieg zu ihm auf, und Kammowski freute sich darüber, wie man schon mit kleinen Dingen nachhaltig Glücksgefühle erzeugen konnte. Die Kunst bestand darin, die Dinge vorher rar zu machen. Jetzt noch der Löffel Honig, und er würde im siebten Teehimmel schweben.

Er hätte den Anrufbeantworter nicht abhören sollen. Eine Nachricht von Christine war nicht darauf, aber Svenja hatte sich gemeldet. Sie müsse ihn unbedingt sofort sprechen, es sei extrem wichtig, und es gehe um Christine. Sie habe da etwas entdeckt. Die Nachricht war um siebzehn Uhr aufgenommen worden. Inzwischen war es halb acht. Im Büro war sie jetzt sicher nicht mehr, aber sie hatte ihm ihre Handynummer auf den AB gesprochen.

»Damit hat deine Christine ein handfestes Motiv«, erklärte Svenja ihm eine Stunde später im Rizz. Svenja wohnte in der Dieffenbachstraße und ging offenbar häufiger in diese Kneipe. Zumindest beobachtete Kammowski, dass man sie von allen Seiten anlächelte und grüßte.

»Sie ist nicht *meine* Christine«, gab er matt zurück, er war ziemlich blass geworden. »Dafür gibt es bestimmt eine gute Erklärung«, fügte er ohne große Überzeugungskraft hinzu.

»Du hältst sie immer noch für unschuldig?«, fragte Svenja ungläubig. »Willst du sie decken?«

»Zur ersten Frage: ja, zur zweiten: nein. Aber wir müssen die Sache noch einmal aufrollen. Wir haben da etwas übersehen. Warum sollte Christine so blöd sein und erst Steinkopf ermorden, und dann sein Bild in die Zeitung bringen. Es war doch klar, dass man den Artikel und das Bild würde zurückverfolgen können. Sie hat das Bild ja sogar unter ihrem Klarnamen der Zeitung zum Kauf angeboten.«

»Aber sie hatte allen Grund, diesen Mann zu hassen und ihm den Tod zu wünschen. Stell dir das doch mal vor. Erst schmeißt Steinkopf ihren Mann raus. Der steht beruflich vor dem Nichts. Wer nimmt schon einen Chefarzt, der in einer anderen Klinik wegen angeblichen Abrechnungsbetrugs rausgeworfen wurde?«

»Abrechnungsbetrug?«

»Ja, das war der Vorwurf. Ich habe noch mal Steinkopfs Sekretärin angerufen. Unter den Mitarbeitern der Barmherzigen Schwestern ging man allerdings davon aus, dass das ein vorgeschobener Grund gewesen war. In Wirklichkeit habe er ihn rausgeschmissen, weil Franke ihm nicht linientreu genug war und als MVZ-Leiter zur alten Garde gehörte. Das alte Spiel: Lass ein paar Köpfe rollen, und du kannst weitermachen wie bisher. Aber das ist im Moment gar nicht so wichtig.

Ich will dir ja nicht erklären, warum Steinkopf den Franke rausgeworfen hat, sondern warum deine Christine den Steinkopf umgebracht hat.«

»Sie ist nicht meine Christine«, widersprach Kammowski erneut, aber Svenja ließ sich nicht beirren.

»Also: Erst muss sie miterleben, wie die berufliche Karriere ihres Mannes ruiniert wird. Der war schließlich schon Mitte fünfzig, da kriegst du keinen Job mehr.«

»Aha«, unterbrach sie Kammowski. »Mitte fünfzig, kurz vor scheintot.«

Svenja ignorierte seinen Einwurf. »Dann stürzt diese Krise Franke wieder in eine Depression. Sie ist diesmal so schlimm, dass er sich das Leben nimmt. Christine fühlt sich schuldig. Sie hat den Suizid ihres Mannes nicht verhindern können. Sie hat versagt. Und was machst du, wenn du dich schuldig fühlst und das nicht mehr aushältst? Du suchst dir einen äußeren Feind. Und da ist Steinkopf genau der Richtige. Er ist wirklich ein Schwein. Sie will, dass er sich verantworten muss. Sie will ihn gar nicht töten. Das würde als Rache nicht reichen. Sie will ihn ruinieren. Sie will, dass er das Gleiche durchmacht wie ihr Ehemann. Er soll seine Arbeit und seinen guten Ruf verlieren. Niemand soll ihn wiedereinstellen wollen. Sie will ihn und seine Machenschaften entlarven. Niemand soll mehr unter ihm leiden müssen. Also spinnt sie eine Verschwörungstheorie zusammen. Und dann erzählt ihr Ostermeier, dass sie sich geirrt hat. Das kann und will sie nicht glauben. Sie ist enttäuscht. Sie beschattet Steinkopf selbst, in der Hoffnung, doch noch etwas zu finden. Sie verfolgt ihn bis zum Hotel Aurora. Sie schleicht sich nach oben und lauscht. Steinkopf ist nicht gut drauf, er hat sich mit Fritsche gestritten und trotz Kokain, Viagra, Sekt und erotischer Spielchen hat es nicht geklappt.

Als Fritsche weg ist, versucht er es noch einmal alleine. Christine hat das Ganze vor der Tür belauscht. Vielleicht hat sie auch schon vor der Tür gestanden, als Fritsche rausstürmt. Fritsche ist so sauer, dass er sie nicht sieht, oder er sieht sie, aber es ist ihm egal, weil er sie für einen Hotelgast hält. Er vergisst, die Tür hinter sich zuzuziehen. So kann sie hinein. Steinkopf hat inzwischen wieder und wieder vergeblich versucht, zum Höhepunkt zu kommen. Er zieht den Ledergurt straff und straffer und wird ohnmächtig.

In diesem Moment betritt Christine das Zimmer. Sie sieht ihn da vor dem Bett sitzen, und sie hasst ihn. Sie sieht die Insulinspritze, die noch auf dem Tisch liegt. Sie war lange mit einem Arzt verheiratet, sie weiß, was eine Ohnmacht ist, und sie weiß, was Insulin ist. Sie verpasst ihm eine Extradosis. Er kriegt eine Unterzuckerung, dann einen epileptischen Anfall und stirbt. Sie hat ja Handschuhe an, daher finden wir keine Fingerabdrücke, und vielleicht zieht sie auch den Gurt noch ein bisschen fester. Er ist nun schon fast tot. Sie schaut zu, wie er langsam stirbt. Sie will aber nicht nur seinen Tod, sie will ihn postum noch ruinieren. Sie will, dass die Welt weiß, was er für ein Schwein gewesen ist. Also sucht sie eine passende Stelle in der Bibel, vielleicht ist diese ja wirklich zufällig an dieser Stelle aufgeschlagen, und sie findet das Zitat passend. Sie denkt, das ist der Wink des Himmels, ihre Tat ist richtig. Sie macht das Foto und schreibt den Artikel in der *Berliner Gazette.* Damit ist Steinkopfs Ruf auch nach seinem Tod ruiniert. Das gibt ihr die Befriedigung, die sie braucht.«

»Mein Gott«, stöhnte Kammowski fassungslos, nachdem sie ihren leidenschaftlichen Bericht beendet hatte. »Nichts davon kannst du beweisen. Außerdem vergisst du einen wesentlichen Punkt. Wir haben die Fotos, die sie aus dem Auto geschossen hat. Die zeigen, wie Fritsche das Haus verlässt. Sie kann nicht vor der Tür gelauscht haben, als er rausstürmte.«

»Hey, sei nicht kleinlich, das ändert die Geschichte doch nur marginal«, gab Svenja zurück. »Dann hat sie eben gewartet, bis Fritsche herauskam, und ist dann hochgegangen. Gib zu, so kann es gewesen sein.«

»Oder auch ganz anders«, knurrte Kammowski und nahm einen Schluck von seinem Mineralwasser. Angewidert verzog er das Gesicht. Es war eines von diesen Mineralwassern in Designerflaschen mit wenig Kohlensäure und schmeckte wie abgestandene Salzbrühe.

Svenja legte den Kopf zur Seite und sah ihn aus ihren tiefblauen Augen konzentriert an.

»Was tun wir jetzt?«

»Heute nichts mehr«, sagte er schließlich. »Aber wir werden Christine mit deinen Ideen konfrontieren müssen. Sie wird noch einmal ins LKA einbestellt.«

»Versprichst du es?«

»Was hältst du eigentlich von alldem, Svenja?«, fragte Kammowski stattdessen.

»Was ich davon halte? Ich glaube, dass bei dir der Blitz eingeschlagen hat, alter Mann. Der Pate, Teil II«, ergänzte sie für den Fall, dass er nicht wusste, wovon sie sprach. Kammowski musste trotz seiner grottenschlechten Laune grinsen. Dieses Mädchen war unglaublich. Einerseits so jung und unerfahren, kaum älter als seine Tochter, so verletzlich und sichtlich abhängig von seinem Lob und seiner Anerkennung, und andererseits schmiss sie mit Lebensweisheiten und Sprüchen nur so um sich.

»Ich werde ihr ein Angebot machen, das sie nicht ablehnen kann«, meinte er nun, »und ich wäre dir sehr verbunden, wenn du zunächst weder Thomandel noch Werner oder sonst jemandem etwas davon sagen könntest.«

»Ist doch Ehrensache«, versprach Svenja treuherzig, »aber ich möchte nicht schuld sein an deinem Unglück.«

»Ich weiß deine Fürsorge zu schätzen«, sagte Kammowski, trank sein Mineralwasser aus und verabschiedete sich. »Wir sehen uns morgen. Und danke, dass du es mir zuerst erzählt hast.«

»Wir sehen uns erst Montag, Matze. Morgen habe ich frei. Aber ich bin zu Hause, und du kennst meine Telefonnummer.«

# 44

## CHRISTINE

Freitag, 28. Februar

Es war zwei Uhr morgens, als Kammowski Christine aus dem Bett klingelte. Er musste erst Sturm klingeln, bis sie ihn hereinließ.

»Was willst du hier?«, fauchte sie ihn an. Christine trug einen dünnen, schwarzen Baumwollschlafanzug mit einem Trägeroberteil, das ihre Arme nackt ließ. Sie fröstelte und hatte die Arme um sich geschlungen.

»Zieh dir was an«, sagte Kammowski mit Blick auf ihre Gänsehaut. »Wir müssen reden.«

Christine zog sich eine schwarze Joggingjacke über, und sie nahmen am Küchentisch Platz.

»Kannst du Tee kochen?«, fragte Kammowski. »Ich muss etwas Warmes in den Bauch bekommen und bin noch auf Diät.«

»Du mit deiner Diät, darüber müssen wir auch noch mal sprechen.«

»Ja, aber nicht jetzt«, unterbrach Kammowski sie barsch und fiel auf einen Küchenstuhl.

»Hör mal, Matze«, reagierte sie prompt, »ich will erst wissen, in welcher Eigenschaft du hier bist, bevor wir reden. Muss ich meinen Anwalt rufen, oder ist das ein vertrauliches Gespräch?«

Kammowski überlegte einige Zeit. Dann stellte er selbst eine Frage. »Warum hast du in den letzten Tagen nicht einmal angerufen?«

»Du hast dich auch nicht gemeldet.«

»Du bist ja auch nicht nach Strich und Faden belogen worden.«

»Das kann man von zwei Seiten sehen. Ich muss jetzt wissen, ob du privat hier bist oder als Bulle.«

»Als ob man das trennen könnte, Bullen sind auch Menschen. Und vor dir sitzt ein weinender Bulle, der nicht mehr weiß, was er glauben soll. Aber auch einer, der anfängt, Angst um dich zu bekommen.«

»Um mich? Ich sage dir doch, ich habe das Schwein nicht umgebracht.«

»Mensch, Christine, du kennst doch den Spruch: Vor Gericht und auf hoher See bist du in Gottes Hand. Ich will dir helfen, aber ich bin auch Bulle. Wir führen jetzt ein vertrauliches Gespräch. Du erzählst mir alles, was du weißt, und wenn das bis morgen früh dauert. Ich muss wirklich alles wissen. Und wenn du Steinkopf umgebracht hast, werden wir uns sehr genau überlegen, was zu tun ist.«

»Ich habe den Kerl nicht umgebracht.« Ihr war das »wir« nicht entgangen, und sie wirkte etwas besänftigt.

»Umso besser, aber dann solltest du nicht abwarten, bis die Kollegen zu dir kommen, sondern morgen früh deine Geschichte, und diesmal die ganze Geschichte, auf dem Revier abliefern.«

»Werden die mir denn glauben?«

Er hielt die Stille aus und sagte kein Wort.

Schließlich fragte sie: »Habe ich eine Alternative?«

Er schüttelte den Kopf. Dann nahm er sie in den Arm. »Sobald du morgen im LKA bist, wirst du auf dich gestellt sein. Ich gelte ohnehin schon als befangen und bin morgen eigentlich noch krankgeschrieben. Aber ich werde hingehen. Nur wird Thomandel mich nicht in deine Nähe lassen. Wenn es also irgendeine Information gibt, die ich gebrauchen könnte, um dir zu helfen, musst du sie mir jetzt geben. Wäre auch besser, du würdest einen Anwalt hinzurufen. Kennst du jemanden?«

»Ja, ich habe einen guten Freund, der Strafverteidiger ist.«

»Dann ruf jetzt sofort an und sag ihm, dass er morgen um zehn Uhr in der Keithstraße auf dem Revier auftauchen soll.«

Eine knappe halbe Stunde später saßen sie wieder an Christines Küchentisch und tranken Tee. Christine begann zu erzählen.

Sie hatte Thomas Franke an der Uni kennengelernt. Sie waren sich in der Mensa über den Weg gelaufen und hatten beide sofort das Gefühl gehabt, dass sie zusammengehörten. Nicht, dass sie keine Freunde hatten, das schon, auch unterschiedliche. Aber Christine hatte nicht die »beste Freundin« und Thomas nicht den »besten Freund«, die oder der mehr wusste als der Partner. Sie hatten einander. Das war genug.

Dabei hatten sie einige Schicksalsschläge zu verkraften. Christine war zwar zu Beginn ihrer Ehe einmal kurz schwanger geworden, hatte das Kind aber in der fünften Woche verloren, und danach hatte sich keine Schwangerschaft mehr einstellen wollen. Christine hatte lange unter der Kinderlosigkeit gelitten. Eine Adoption hatten sie nach reiflichen Überlegungen verworfen. Es wäre nicht dasselbe gewesen, und außerdem hatten sie ihre beruflichen Karrieren längst so ausgerichtet, dass Kinder gar nicht mehr hineingepasst hätten. Thomas war Neurologe geworden. Er hatte anfangs immer nur befristete Stellen gehabt – damals waren die Arztstellen noch knapp – und war von Uniklinik zu Uniklinik gezogen. Und sie war hinterhergekommen. Nach dem Studium der Germanistik hatte sie in Volontariaten bei verschiedenen Zeitungen Erfahrungen gesammelt. Hier kam ihr Thomas' häufiger Stellenwechsel sogar entgegen. Eine Zeit lang hatte sie auch als Auslandskorrespondentin fürs Fernsehen gearbeitet, aber die lange Trennung von Thomas hatte sie gestört.

Schließlich hatte Thomas die Chefarztstelle bei den Barmherzigen Schwestern angeboten bekommen, und Berlin hatte beide gereizt.

Die ersten Jahre in Berlin waren wunderschön gewesen. Thomas liebte seine Arbeit und arbeitete viel, aber er war zufrieden, wenngleich sich bald herausstellte, dass auch ein Chefarzt Zwängen unterworfen war.

Es blieb allerdings ein Wermutstropfen. Thomas litt an Depressionen. Wenn diese ihn im Griff hatten, zogen sich die Tage für ihn wie eine zähe Masse dahin, und er konnte sich nicht vorstellen, dass es am Ende dieses langen Tunnels noch Licht gab. Er glaubte, eine schreckliche Last für sie zu sein, warf sich vor, ihr Leben verpfuscht zu haben, weil sie sich mit ihm abgeben musste, ihm, der ihr nicht einmal Kinder hatte schenken können. Manchmal ging er sogar so weit, schlechte Nachrichten der *Tagesschau* auf sich zu beziehen.

All die Jahre hatten sie gegen die Krankheit angekämpft. Das war auch für Christine oft nicht leicht gewesen.

»Weißt du noch: der Abend in Dinslaken? Ich habe dir damals nichts von Thomas erzählt, aber es gab Phasen, da dachte ich, ich müsste mich von ihm trennen, um nicht von dem Strudel mit in die Tiefe gezogen zu werden. Phasen, in denen ich das Gefühl hatte, die Rolle der Stärkeren nicht mehr durchhalten zu können. Ich war es irgendwann so leid, zu überprüfen, ob er seine Medikamente genommen hatte, ob er gegessen hatte, ihn zur Rede zu stellen wie ein Kind, wenn das nicht der Fall gewesen war, seine Vorhaltungen über diese Bevormundung auszuhalten. Es gab Zeiten, da schien eine depressive Phase gar nicht enden zu wollen. Trotzdem ist er immer zur Arbeit gegangen, hat sich dazu gezwungen, und es ist ihm wohl auch gelungen, sich dort nichts anmerken zu lassen.

Die Kündigung hat ihm den Boden unter den Füßen weggezogen. Obwohl er sich zu diesem Zeitpunkt ja bereits entschieden hatte, selbst zu kündigen, er hatte ja schon eine neue Stelle. Aber er konnte die Kränkung schlecht verwinden. Du musst dir das so vorstellen, Kammowski: Da baust du eine Abteilung auf, und die läuft auch richtig gut, und plötzlich kommt ein neuer Geschäftsführer, der dich mit allem, was du tun willst, nur noch auflaufen lässt und dir schließlich unsägliche Dinge vorwirft. Die sind völlig aus der Luft gegriffen, erfüllen jedoch ihren Zweck. Du kannst dich nicht dagegen wehren und hast nur zwei Möglichkeiten: Entweder du machst gute Miene zum bösen Spiel und gehst freiwillig. Das heißt dann, dass du »in beiderseitigem Einvernehmen« einen Auflösungsvertrag unterschreibst. Über die Sache wird Stillschweigen vereinbart. So handhaben es wohl die meisten. Oder du machst die Geschichte öffentlich und klagst vor dem Arbeitsgericht. Immer mit dem Risiko, vor Gericht zu verlieren und in der Öffentlichkeit als derjenige dazustehen, der rausgeschmissen wurde. Dann musst du erleben, dass sich vermeintliche Freunde und Kollegen gegen dich stellen, sogar gegen dich aussagen. Das ist eine merkwürdige menschliche Eigenart. Man solidarisiert sich nicht mit dem Opfer. Das macht man mit einem hungernden Kind auf einem anderen Kontinent, aber nicht mit jemandem, der einen ähnlichen Status hat wie man selbst. Nicht mit jemandem, dessen Schicksal auch das eigene sein könnte. Ganz nach dem Motto: Das kann ja gar nicht sein, dass dieser Mensch schuldlos ist, denn wenn er das wäre, könnte mir das selbst passieren, und das darf nicht sein. Also muss etwas an den Vorwürfen dran sein.«

»Das hat jemand gesagt?«

»Nein, so konkret natürlich nicht. Ich versuche nur, dir das Prinzip zu erklären. Thomas hat viele Briefe von netten Menschen erhalten, die ihm mitteilten, wie ungerecht sie das Ganze fanden, von Krankenschwestern, Logopäden, Physiotherapeuten, Psychologen, aber von keinem der ärztlichen Kollegen. Die haben sich alle peinlich berührt abgewandt oder allenfalls klammheimlich ihr Mitgefühl ausgesprochen. Aber keiner hat sich öffentlich geäußert. So ist das eben: Ein Unrechtssystem fördert die Angst. Du willst nicht der Nächste sein. Du willst nicht deinen Arbeitsplatz verlieren, du hast dir gerade ein Haus gekauft, deine Frau hat in der Nähe einen Arbeitsplatz gefunden, die Kinder die passende Schule, der wird schon selbst seinen Anteil an alldem gehabt haben … So funktionieren Diktaturen. Die wenigsten Menschen sind zum Widerstandskämpfer geboren. Solidarität gibt's nur im Kino. Die meisten üben sich in Vogel-Strauß-Politik und versuchen, nicht weiter aufzufallen. Aber am Ende müssen all diese Menschen mit dem System leben, das sie selbst durch ihr Schweigen gestützt haben.« Christine hatte sich in Rage gesprochen. Tränen standen in ihren Augen.

»Dann ist es vielleicht wirklich besser, wenn man gute Miene zum bösen Spiel macht und leise seine Sachen packt«, sagte Kammowski.

»Im Prinzip ja«, erwiderte Christine. »Aber Thomas war es eigentlich nicht recht, sich auf so einen Deal einzulassen. Er sagte, wenn alle so denken und den Schwanz einziehen, können solche Typen wie dieser Steinkopf ungehindert ihr Unrecht fortsetzen. Außerdem war er seinem Betrieb gegenüber unglaublich loyal. Er hatte ja viele Jahre für die Barmherzigen Schwestern gearbeitet und konnte es nicht fassen, dass da jetzt eine einzelne Person von außen kommen und alles, was Generationen von Ärzten und Schwestern gemeinsam aufgebaut hatten, einfach ruinieren konnte. Er war so stolz auf diesen Betrieb gewesen. ›Dieser Mensch macht unseren Betrieb kaputt‹, sagte er. ›Man muss etwas dagegen tun und das, was er tut, öffentlich machen.‹«

»Gab es denn keinen Betriebsrat?«, fragte Kammowski.

»Der äußerte sein aufrichtig empfundenes Mitgefühl, wünschte Thomas alles erdenklich Gute und viel Kraft für die Zukunft, fühlte sich ansonsten in erster Linie dem Betriebsfrieden verpflichtet und bedauerte, da leider gar nichts tun zu können«, wischte Christine das Argument mit einer ungeduldigen Bewegung beiseite. »Eigentlich hätte Thomas die ganze Angelegenheit gar nicht so sehr treffen müssen. Wie gesagt, er hatte ja schon eine neue Stelle, hätte kurze Zeit später ohnehin gekündigt. Daher konnte er auch nicht gut um den Erhalt seines Arbeitsplatzes vor Gericht streiten. Aber er hätte zumindest mithilfe eines Anwalts eine Abfindung erhalten und Steinkopf gezwungen, ihm ein gutes Zeugnis auszustellen.

Und dann kam die Depression doch noch, und sie war so schwer wie nie zuvor. Tagsüber verließ Thomas das Bett praktisch nicht mehr. Er musste sich ja auch nicht mehr zur Arbeit aufraffen, weil er die neue Stelle noch nicht angetreten hatte. Wenn überhaupt, stand er erst gegen Abend auf, brauchte Stunden, um sich zur notwendigsten Körperpflege zu motivieren. Nachts konnte er nicht schlafen und geisterte Stunde um Stunde in der Wohnung umher, immer die gleichen Wege: vom Wohnzimmer in die Küche über das Esszimmer zurück ins Wohnzimmer. Diese Wanderungen konnten einen wahnsinnig machen. Und dann dieser Kampf wegen der Tabletten. Die würden sowieso nicht helfen, niemand könne ihm helfen, die nehme er nicht mehr. Zum Glück war er irgendwann so lethargisch, dass ich mich meist durchsetzen konnte. Aber glaube mir, jede einzelne Pilleneinnahme war ein zäher Kampf.

Der Arzt wollte ihn ins Krankenhaus einweisen, aber er weigerte sich beharrlich. Nach einigen Wochen schien es endlich besser zu werden. Er fing wieder an, sich für das Leben zu interessieren. Arbeitete an seinem Rechner, schien Pläne zu schmieden. Das habe ich jedenfalls gedacht. Aber das war wohl ein großer Irrtum. Er muss nur gewartet haben, bis ich mich wieder traute, ihn alleine zu lassen.

Ich arbeitete an einer Reportage über die deutsche Stahlindustrie nach dem Zweiten Weltkrieg und wollte für zwei Tage nach Essen fahren. Den Termin hatte ich wegen seiner Erkrankung immer wieder verschoben, meine Deadline rückte näher, und ich glaubte nun, da es ihm etwas besser ging, es wagen zu können. Ich hatte die Situation falsch eingeschätzt.«

Christine schluchzte.

»Er hat nicht mal einen Abschiedsbrief hinterlassen. An dem Abend seines Todes war er sogar noch mit Freunden zum Squash verabredet. Wir haben später an diesem Abend fast eine Stunde lang telefoniert. Er hat mir tausend Sachen erzählt, alltäglichen Kram, von seinem zukünftigen Arbeitsplatz, dass er sich bald ein Auto kaufen muss, dass er an dem Tag das Squashspielen leider verpasst, aber noch mit den Freunden gegessen hätte. Dass er in der Kneipe einen alten Bekannten getroffen hätte, der ihn aber sehr reserviert begrüßt hätte. Dass er schockiert gewesen war, weil dieser Freund merkwürdigerweise in Begleitung von Steinkopf und einem anderen Mann gewesen wäre. Wer denkt da, dass er sich noch am selben Abend das Leben nehmen könnte?«

Die Tränen liefen ihr inzwischen ungehemmt über die Wangen. Kammowski nahm ihre Hand. »Dann hat dein Mann an seinem Todestag noch einmal diesen Steinkopf getroffen?«

»Weißt du, Thomas konnte unglaublich stark sein. Die Steinkopf-Geschichte hat der gut weggesteckt. Da habe ich gestaunt. Dieser Steinkopf war ihm persönlich nicht wichtig genug. Ich bin auch davon überzeugt, dass das nicht der Grund war, warum er sich das Leben nahm. Und deshalb wäre es auch für mich nie ein Grund gewesen, den Mann zu ermorden. Verstehst du, der ist ein Nichts, der ist nicht wichtig. Aber etwas anderes ist wichtig. Mir sind da Thomas' Worte ihm Ohr. Er hat immer gesagt: ›Solche Menschen dürfen keine Kliniken leiten. Kliniken sind Orte, an denen Menschen geholfen werden soll. Hier dürfen nicht die Gesetze der Marktwirtschaft herrschen. Den Steinkopfs dieser Welt, die Kliniken nach den Regeln internationaler Konzerne und dem Prinzip der Gewinnmaximierung führen wollen, muss die Gesellschaft das Handwerk legen.‹

Und das ist es, was ich als mein Erbe ansehe. Ich bin Journalistin, Matze, ich kämpfe nicht mit Pistolen oder Messern, sondern mit Worten. Ich bin davon überzeugt, dass an meiner Vermutung was dran ist. Dieser Steinkopf hat sich von den Moselkliniken als U-Boot in die Betriebe einschleusen lassen mit dem klaren Auftrag, sie so weit zu schädigen, bis sie verkaufen müssen. Und dann stehen die Moselkliniken wie vom Himmel geschickt da und reichen die rettende Hand.«

Christine schien zu zögern, bevor sie weitersprach. »Weißt du, da ist noch etwas, das ich dir sagen muss. Diese zufällige Begegnung an seinem Todestag nach dem Squash mit Steinkopf und dem ehemaligen Freund von Thomas. Eines hat ihn doch ziemlich aufgeregt. Thomas vermutete, dass dieser Freund inzwischen als Anwalt in Kreisen der russischen Mafia tätig ist.«

»Das hat er dir gesagt?«

Christine nickte.

Kammowski stöhnte. »Und? Hat er aus diesem Wissen etwas geschlossen?« Wieder diese Verschwörungstheorie ohne jeden Beweis! Er versuchte, sich seine Skepsis nicht anmerken zu lassen, was ihm jedoch nur teilweise gelang.

»Nein, es hat ihn einfach nur verwundert, oder anders, er konnte sich zwar keinen Reim darauf machen, aber diesem Steinkopf hat er inzwischen alles zugetraut, auch Kontakte zur Russenmafia.«

»Wie heißt dieser Mensch denn? Wenn der in dubiosen Kreisen unterwegs ist, wäre das ein Ansatz für weitere Ermittlungen.«

»Burmeister, glaube ich.«

Kammowski kramte in seiner Tasche nach einem Notizheft und einem Stift. »Ich versuche, etwas über den Mann herauszubekommen. – Und was ist nun mit der Tatnacht im Fall Steinkopf?«

»Was soll damit sein?« Jetzt schien Christine gereizt zu sein. »Es ist alles genau so, wie ich es euch bereits erzählt habe. Ich kam da hin. Der Typ war tot. Ich hab ein paar Fotos gemacht und bin wieder gegangen.«

»Warum, um alles in der Welt, hast du mir nicht von Anfang an die Wahrheit erzählt?«

»Mensch, Matze, so gut kannten wir uns nun auch nicht! Wusste ich denn, wie du reagierst, wenn ich dir das alles erzähle?«

»Man reagiert vielleicht besser, wenn man nicht das Gefühl hat, verarscht zu werden.«

»Wenn du willst, schwöre ich auch einen heiligen Eid, dass ich die Wahrheit sage.«

Kammowski antwortete nicht. Er fühlte sich innerlich zerrissen zwischen dem Wunsch, ihr zu glauben, und seiner beruflichen Skepsis. »Ein heiliger Eid wird dir nichts nützen,

Christine. Es kann gut sein, dass die Kollegen dich morgen in Gewahrsam nehmen werden.«

»Und du, glaubst du mir denn wenigstens?«

Er schluckte, nahm sie dann in den Arm, drücke sie an sich und sagte schließlich: »Ich glaube dir, Christine.«

# 45

## LKA

Freitag, 28. Februar

Der Freitag zog sich in die Länge. Christine war um zehn Uhr mit ihrem Anwalt im Revier aufgetaucht, um eine erneute Aussage zu machen. Auf Rat ihres Anwalts hatte sie jedoch lediglich gesagt, dass ihr Mann, der sich das Leben genommen hatte, bei Steinkopf gearbeitet hatte und von diesem gekündigt worden war. Svenja hatte heute frei, und so sah Kammowski wenig Chancen, inoffiziell an weitere Informationen zu gelangen. Thomandel hatte ihm, wie erwartet, nahegelegt, sich von Christine fernzuhalten.

Der Tag verging mit Routinerecherchen und Abwarten, bis die Kollegin von der Ballistik doch noch mit einer Sensation aufwartete. Michael Fritsche und Friedrich Ostermeier waren mit derselben Waffe erschossen worden, und dabei handelte es sich eindeutig um die russische Makarov, die Kammowski aus dem Container gefischt hatte. Es waren keine Fingerabdrücke gefunden worden.

Am Nachmittag hatte Kammowski immer noch nichts von Christine gehört. Er entschied sich, Thomandel anzusprechen. Der war verständnisvoll, meinte aber, die Sache mit Frau von Hehn sei schon sehr merkwürdig und Kammowski müsse sich da ganz heraushalten. »Mach was anderes. Geh nach Hause, wieso bist du heute überhaupt gekommen, du bist doch eigentlich noch krankgeschrieben. Oder geh von mir aus ins Archiv die Akten putzen. Aber wenn ich dich an einer Akte des Steinkopf-Falls antreffe, bekommst du wirklich Ärger!« Drohend hob er den Zeigefinger, fuhr jedoch in versöhnlichem Tonfall fort: »Was wir für Frau von Hehn tun können, das tun wir. Wir ermitteln da in alle Richtungen, mach dir keine unnötigen Sorgen.«

Kammowski schätzte seine Sorgen recht realistisch ein, und das war schlimm genug. Zurück am Schreibtisch, sah er sich unschlüssig um. Wieso stand die Zwischentür zwischen Werners und seinem Büro eigentlich offen? Konnte man nicht mal ein paar Tage krank sein, ohne dass hier umgebaut wurde? Lange kramte er im hintersten Winkel seiner Schreibtischschublade und zog einen Schlüssel hervor, musste aber feststellen, dass er nicht mehr ins Schloss passte.

»Wer hat hier das Schloss ausgewechselt?« Seine Wut traf Doro, die gerade mit einem Aktenstapel den Raum betrat.

»Frag Werner, damit habe ich nichts zu tun.« Schon war sie wieder aus dem Zimmer stolziert. Gegen Kammowskis Laune kam auch sie heute nicht an. Das Telefon klingelte.

»Hier Haus Waldfrieden, Schwester Marianne. Könnte ich bitte Kommissar Kammowski sprechen?«

»Am Apparat, worum geht es?«

»Ach, Herr Kommissar, wie gut, dass ich Sie erreiche, Ihre Mutter ist heute gestürzt. Wir mussten sie ins Krankenhaus bringen lassen. Sie hat sich wahrscheinlich ein Bein gebrochen.«

Ja, hatte sich denn auf einmal die ganze Welt gegen ihn verschworen?

Im Krankenhaus Friedenau fand er seine Mutter ziemlich blass in ihrem Krankenhausbett vor. Zwei Stunden wartete er auf ein Gespräch mit dem behandelnden Arzt, wurde aber immer wieder vertröstet. Die Rettungsstelle sei voll, und Notfälle gingen vor. Schließlich ließ der Arzt ihm ausrichten, dass er besser am nächsten Tag gleich in der Früh kommen solle.

# 46

## KAMMOWSKI

Samstag, 1. März

Am nächsten Morgen war Kammowski bereits um sieben Uhr im Krankenhaus Friedenau. Dr. Faravi erklärte Kammowski, dass es sich bei der Fraktur um eine eingestauchte Hüftfraktur handelte. Der Hüftkopf sei durch die Gelenkpfanne gebrochen. So etwas brauche man nicht unbedingt zu operieren. Seine Mutter dürfe aber die Hüfte eine Zeit lang nicht belasten und müsse drei Wochen strikt Bettruhe einhalten. Später könne man dann immer noch sehen, ob sie wieder ans Laufen komme. Das sei bei der Vorgeschichte allerdings ziemlich unwahrscheinlich.

»Welche Vorgeschichte meinen Sie?«, fragte Kammowski.

Dr. Faravi warf einen raschen Blick auf seine Armbanduhr und sagte: »Nun, Ihre Mutter ist zweiundachtzig Jahre alt und dement.«

»Das stimmt, aber wieso sollte sie nicht mehr laufen lernen können, das konnte sie doch bisher noch sehr gut?«

»Sicher, aber irgendwann ist eben Schluss. Sehen Sie, wir haben da unsere Erfahrung. Wenn alte Damen in diesem Alter erst einmal einige Zeit im Bett liegen, kommen sie nicht mehr so leicht auf die Beine. Hinzu kommt, dass Ihre Mutter nicht Reha-fähig ist. Auch hier im Krankenhaus ist es für das Personal schwierig. Ihre Mutter ruft die ganze Zeit, will nicht alleine im Zimmer bleiben oder versucht aufzustehen. Wir haben ihr nachts sedierende Medikamente geben müssen. Mitpatienten fühlten sich gestört. Ihre Mutter versteht ja nicht, was mit ihr geschieht. Ich bin überzeugt, für sie wäre es am besten, wenn sie bald wieder in ihre vertraute Umgebung käme.«

»Sie wollen mir jetzt sagen, dass man jemanden mit einer Demenz nicht an seiner gebrochenen Hüfte behandeln kann und dass er deshalb auch nicht in eine Reha kommt?«, fragt Kammowski ungläubig.

»Nein, so habe ich das nicht gemeint«, sagte Dr. Faravi rasch und strich sich mit der Hand über das schon etwas gelichtete Kopfhaar. »Wir meinen nur, dass wir bei der Vorgeschichte Ihrer Mutter hier im Krankenhaus nicht mehr für sie tun können als im Heim. Und dort wäre sie in ihrer vertrauten Umgebung.«

Mit der Bezeichnung »Vorgeschichte« schien Dr. Faravi den Begriff Demenz vermeiden zu wollen, das hatte Kammowski inzwischen verstanden.

»Aber es gibt doch so viele Menschen mit Demenz. Die brechen sich doch auch mal etwas. Darauf muss eine Klinik doch ausgerichtet sein. Im Heim haben die ja noch viel weniger Personal und nur ganz wenig Fachpersonal, das sich mit so etwas auskennt. Gibt es keine Kliniken, die sich darauf spezialisiert haben?«

»Nein, nicht dass ich wüsste. Wir können versuchen, eine geriatrische Reha zu beantragen, wenn Sie das wollen.«

Kammowski hatte Mühe, sich zu beherrschen. »Ich will, dass der Bruch heilt und meine Mutter danach wieder laufen kann. Und ich will, dass sie die gleiche Zuwendung bekommt wie ein nicht dementer Patient, der sich das Bein bricht. Und wenn Sie der Meinung sind, dass ihr eine geriatrische Reha nützt, dann beantragen Sie sie bitte.«

»Also gut«, lenkte der Arzt ein. »Einige Tage können wir sie schon noch hierlassen, aber spätestens Ende der kommenden Woche sollte sie in ihr Heim zurück, wir können wirklich nicht mehr für sie tun. Wenn die Reha von der Kasse genehmigt wird, bekommt sie den Bescheid ins Heim geschickt.«

Damit war Kammowski entlassen. Er ging zurück zum Stationszimmer und sprach mit der diensthabenden Schwester. Diese berichtete, seine Mutter habe in der Nacht immer wieder versucht, aufzustehen. Einmal hätte man sie vor dem Bett vorgefunden.

»Zum Glück hat sie sich nicht noch mehr gebrochen. Wir haben sie mit ihrem Bett auf den Flur gestellt. Dann ging es eigentlich. Solange jemand bei ihr ist, ist sie ruhig. Wir haben aber nicht genügend Personal, um jemanden an ihr Bett zu setzen. Es wäre schön, wenn Angehörige sich damit abwechseln würden.«

Kammowski erklärte, dass er der einzige Angehörige in Berlin, jedoch berufstätig sei.

»Das ist schade, aber das ist meistens so. Ist ja heute keiner mehr zu Hause, der die Pflege von Alten übernehmen könnte. Früher konnten wir in solchen Fällen Sitzwachen rufen. Das waren meist Medizinstudenten, die sich etwas fürs Studium hinzuverdienen wollten. Heute ist für so etwas kein Geld mehr da. Wir geben hier wirklich unser Bestes, aber sehen Sie, am Nachmittag sind wir nur zu dritt für sechsunddreißig Patienten, und nachts ist sogar nur eine Pflegekraft da.«

Kammowski überlegte. Er konnte sich nicht vorstellen, wie es wäre, wenn seine Mutter fortan im Bett liegen müsste. Einige Bewohner im Heim seiner Mutter waren nach einem Krankenhausaufenthalt wegen eines Knochenbruchs oder einer Lungenentzündung nicht mehr aus dem Bett gekommen. Manchmal standen die Zimmertüren offen, und er konnte einen Blick auf sie werfen, wie sie da so in ihren Betten lagen und auf die Mobiles starrten, die wohlmeinende Angehörige für sie über dem Bett aufgehängt hatten und je nach Jahreszeit umdekorierten. Manchmal lief auch nur der Fernseher.

Seine Mutter war ein aktiver und kommunikativer Mensch gewesen. Auch im Heim und trotz ihrer Demenz hatte man sie selten in ihrem Zimmer angetroffen. Sie war viel umhergelaufen oder hatte sich im Gemeinschaftsraum aufgehalten.

Und sie würde vermutlich immer wieder versuchen aufzustehen. Man konnte ihr ja nicht sagen: »Du musst jetzt mal drei Wochen liegen bleiben, damit die Hüfte heilt.« Das hatte sie drei Minuten später wieder vergessen.

Aber warum sollte bei einem Dementen das Bein nicht auch heilen wie bei einem Nichtdementen, fragte sich Kammowski. Der Knochen war schließlich nicht von der Demenz betroffen. Wurden Nichtdemente bei einem solchen Bruch auch nach wenigen Tagen wieder aus dem Krankenhaus entlassen? Warum gab es keine Krankenhäuser, die es möglich machten, dass da jemand Tag und Nacht am Bett saß, solange der Demente Bettruhe einhalten musste? Wenn es nach Kammowski ginge, hätte man auch wieder große Säle wie früher eröffnen können, um mehrere demente Patienten gleichzeitig zu überwachen. Kammowski hatte jedenfalls keine Ahnung, wie er alleine dieses Problem lösen sollte. Er rief seine Schwester in Basel an, die seufzend versprach, an einem der nächsten Wochenenden zu kommen. Toll, das würde ja eine Riesenhilfe werden. Aber was hatte er von Ria anderes erwartet …

# 47
## CHRISTINE
Freitag, 28. Februar

Christines Anwalt hatte sie eigentlich nicht beruhigen können. Er müsse sich erst einmal genauer orientieren, was die Polizei gegen sie in der Hand habe. Das könne aber etwas dauern. Nun saß sie bei der Polizei in Gewahrsam und wartete darauf, dass man ihr sagte, wie es mit ihr weitergehen würde. Sie hatte Zeit, über alles nachzudenken.

Konnte sie Kammowski trauen? Ihr Gefühl sagte Ja, aber ihr Verstand sagte ihr, dass sie vorsichtig sein musste. Sie hatte ihn gekränkt, dessen war sie sich bewusst. Sie hatte ihn nicht direkt belogen, aber doch entscheidende Fakten ungesagt gelassen. Für ihn musste das so aussehen, als habe sie ihn nur benutzen wollen. Dass er ziemlich sauer gewesen war und ebenfalls fähig, sie zu hintergehen, hatte er ja bereits demonstriert, als er heimlich ihre Fingerabdrücke genommen hatte.

Dieser Kommissar Werner hatte sie gefragt, in welcher Beziehung sie zu seinem Kollegen Kammowski stünde.

»Geht Sie das etwas an?«, hatte sie entgegnet, worauf dieser nichts mehr gesagt hatte. Wenn Christine nur selbst eine Antwort wüsste! Sie fühlte sich noch nicht in der Lage, eine Beziehung einzugehen. Nach dem Tod ihres Mannes, an dem sie sich nach wie vor eine Mitschuld gab, war sie lange wie gelähmt gewesen. Sie und Thomas hatten jeden Gedanken miteinander geteilt – zumindest hatte sie das geglaubt. Und dann hatte er seinen Selbstmord ohne sie geplant. Sie hatte es nicht gemerkt, hatte sich im Gegenteil gefreut, dass es ihm endlich besser zu gehen schien. Dabei war die vermeintliche Besserung wohl nur der Ausdruck seiner Erleichterung gewesen, endlich eine Entscheidung getroffen zu haben. Er hatte gewusst, dass sie es nicht hätte zulassen können. Manchmal ertappte sie sich bei dem Gedanken, dass sie auch wütend war, so hintergangen worden zu sein.

Erst nach Monaten der Lethargie hatte sie sich aufgerafft, Thomas' Papierkram zu ordnen. Dabei war ihr aufgefallen, dass die Barmherzigen Schwestern die Abfindung von hundertsechzigtausend Euro nicht überwiesen hatten, die Thomas' Anwalt im vorgerichtlichen Vergleich erstritten hatte, neben dem schriftlichen Eingeständnis Steinkopfs, dass die gegen Thomas geäußerten Vorwürfe nicht aufrechterhalten würden. Dabei hatten sie sich damals noch darüber amüsiert, dass der Anwalt die Formulierung »dieser Anspruch wird auch vererbt« eingebracht hatte. Nun war die Situation eingetreten, aber die Barmherzigen Schwestern hatten nicht gezahlt. Christine, die sich inzwischen eine eigene Meinung zu dem Verein gebildet hatte, hatte das nicht verwundert.

Sie hatte auch Thomas' Laptop nicht finden können. Er hatte in den letzten Tagen vor seinem Tod Stunden davor verbracht. Vielleicht hatte er ja auf seinem Laptop einen Abschiedsbrief hinterlassen. Aber was half es, das Ding war unauffindbar geblieben. Und wäre es nicht naheliegender gewesen, diesen Brief mit der Hand zu schreiben und auf dem Küchentisch zu hinterlassen, wo er ihr sofort aufgefallen wäre?

Irgendwann war sie einfach wieder an die Arbeit gegangen. Früher hatte ihr Ostermeier oft geholfen, wenn es um Recherchen ging. Deshalb hatte sie ihn engagiert. Als er ihr dann sagte, er habe nichts herausfinden können, glaubte sie ihm nicht. Und nun war er tot. Das konnte kein Zufall sein.

Auch der Tod von Steinkopf ging ihr immer wieder durch

den Kopf. Wenn es kein Selbstmord war, wer konnte Interesse haben, ihn umzubringen? War er am Ende doch über seine Machenschaften gestolpert? Wenn sie wieder zu Hause wäre, würde sie sich noch einmal ihre Fotos vom Abend seines Todes anschauen müssen. Vielleicht lag der Schlüssel in einer der Personen, die sie fotografiert hatte. Man müsste eine Gesichtserkennungssoftware haben und Zugang zu den polizeilichen Datenbanken. Vielleicht konnte Kammowski da etwas machen. Aber sie war sich nicht mehr so sicher, ob er ihr helfen würde. Sie war auf sich allein gestellt.

Nach ihrer bisherigen Recherche war Steinkopf vor den Barmherzigen Schwestern bei zwei Kliniken in der Geschäftsführung tätig gewesen: zunächst bei den Moselkliniken und dann im Kreiskrankenhaus Rüdersdorf. Anschließend war er zum Klinikverbund Volksgesundheit gewechselt. Christine hatte zwei Ärztinnen ausgemacht, die im Kreiskrankenhaus Rüdersdorf gearbeitet hatten. Die eine war Chefärztin der Internistischen Klinik gewesen und die andere Chefärztin der Unfallchirurgie. Beide hatten die Klinik verlassen müssen, kurz nachdem Steinkopf dort angefangen hatte. Angeblich hatte es auch einen Abrechnungsbetrug gegeben, den Steinkopf aufgedeckt hatte. Christine hatte die Namen und die aktuellen Arbeitgeber dieser Ärztinnen bereits herausgefunden, es aber bisher nicht geschafft, mit ihnen Kontakt aufzunehmen. Sie wollte auch noch einmal ihre Kollegin anrufen, die früher Steinkopfs Pressereferentin gewesen war. Sie war inzwischen auch nicht mehr bei den Barmherzigen Schwestern und wäre heute vielleicht auskunftsbereiter.

Wenn Steinkopf ermordet worden war, steckte vielleicht mehr hinter der ganzen Sache, als sie bisher gedacht hatte. In dieser Hinsicht war sie tatsächlich berechnend gewesen. Aber sie war Journalistin, und zwar eine, die nicht strikt zwischen

Arbeit und Freizeit trennte. Wenn sie für etwas Feuer gefangen hatte, ergriff sie jede sich bietende Gelegenheit, an Informationen zu kommen – oder doch fast jede. Aber dann war die Sache aus dem Ruder gelaufen. Sie hatte keine Beziehung zu Kammowski gewollt. Doch seine Nähe und seine Zärtlichkeit waren wohltuend gewesen. Sie hatte sich nicht mehr so alleine und irgendwie beschützt gefühlt. Außerdem war er ein aufmerksamer Liebhaber gewesen.

Rein verstandesmäßig machte Christine Matze keinen Vorwurf, dass er sich jetzt distanzierte. Zumindest meinte sie auch beim letzten Gespräch bei aller Fürsorge und dem Versprechen, für sie weiter recherchieren zu wollen, eine gewisse Distanz zwischen ihnen gespürt zu haben. Aber immerhin, er war zu ihr gekommen, hatte ihr die Chance gegeben, sich selbst zu stellen. Hatte gesagt, dass er ihr helfen wolle. Sie hatten einander nichts versprochen. Sie waren einander nicht verpflichtet, sie wussten beide nicht, woran sie miteinander waren.

# 48

## KAMMOWSKI

Samstag, 1. März

Am Abend beschloss Kammowski, die Diät zu beenden. Er war mit seiner Kraft am Ende. Um eine solche Extremdiät durchzuhalten, musste man in der richtigen geistigen Verfassung sein. Und momentan schien ihm aus jeder Richtung der Boden unter den Füßen weggezogen zu werden. Er hatte zwar erst fünf Kilo abgenommen, aber das musste nun reichen. Er deckte sich mit Lebensmitteln ein. Nachdem er alles im Kühlschrank verstaut hatte, war es neunzehn Uhr geworden, und er beschloss, den Abend im Sandmann zu verbringen. Er rief Klaus an, der zusagte, später auch vorbeizukommen.

Im Sandmann brachte ihm Anke ein alkoholfreies Weizenbier und eine Gemüsesuppe, die er aber nur zur Hälfte schaffte.

»Du hast abgenommen«, stellte Anke mit Blick auf seinen Bauch und die Reste in der Terrine fest. »Bist du auf Diät?«

»Die habe ich soeben beendet.«

Noch war nicht viel los. Sie unterhielten sich etwas über die verschiedenen Methoden, das Gewicht zu halten. Anke hatte da nicht wenig eigene Erfahrung, wie er feststellen musste. Hätte er gar nicht gedacht, die hatte doch eine ordentliche Figur. Aber diesbezüglich hatten Frauen ja ihre eigenen Vorstellungen.

»Ohne Sport geht gar nichts«, sagte Anke. »Du hältst dein Gewicht nie, wenn du nicht regelmäßig Sport machst.«

Da war viel Wahres dran, aber Kammowski hielt nicht viel

davon, sich in Muckibuden zu quälen. Vielleicht sollte er wieder mit dem Laufen anfangen oder sich wenigstens aus dem Sportprogramm der Polizei irgendetwas heraussuchen.

Gegen neun kam Klaus auf ein Bier vorbei.

»Allmählich stellen sich bei dir irritierende Eigenschaften ein«, stellte er mit Blick auf das alkoholfreie Bier fest. »Aber immerhin, du isst wieder. Wie geht's dir?«

Kammowski berichtete, dass er sich von Tag zu Tag besser fühle, und erzählte dann von seiner Mutter.

»Oh, das tut mir leid. Bei dir kommt es zurzeit aber wirklich dicke. Wird sie sich wieder erholen?«

»Ich denke schon. Sie weiß zwar nicht mehr, wo sie ist, aber rein körperlich ist sie ein Stehaufmännchen.«

Klaus nickte. Seine Eltern waren noch recht gesund und hatten einander. Auch er hatte sich schon häufiger gefragt, was er tun würde, wenn einer von ihnen ein Pflegefall würde.

Die beiden Freunde spielten eine Partie Backgammon.

»Machst du eigentlich zurzeit irgendeinen Sport?«, fragte Kammowski, bevor sie sich auf der Straße verabschiedeten.

»Sport ist Mord. Wieso fragst du?«

»Wir sind doch früher mal gejoggt. Ich dachte nur, das könnten wir mal wiederaufleben lassen. Irgendwas muss man doch tun.«

»Warum nicht«, sagte Klaus gutmütig, »wir können es ja mal versuchen. Wenn es nicht mehr so kalt ist und Ina mich lässt. Sie fühlt sich schon wieder vernachlässigt. Wie steht es mit dir und Christine?«

Da erzählte Kammowski Klaus doch noch die Geschichte mit Christine in Kurzform.

»Wenn die Dreck am Stecken gehabt hätte, hätte die dich gemieden wie der Teufel das Weihwasser. Stattdessen sucht sie den Kontakt zu dir. Ich glaube, die hat tatsächlich nur einen Freund gesucht. Du musst versuchen, ihr zu helfen.«

»Leichter gesagt als getan, die Frau hat mich zum Gespött des ganzen LKA gemacht. Außerdem erfahre ich kaum noch etwas.«

»Das darfst du nicht persönlich nehmen. Dir wird schon etwas einfallen.«

# 49

## LKA

Montag, 3. März

Diesmal war es dem Staatsanwalt zu bunt geworden. Er hatte Christine festnehmen lassen. Am Samstag war sie dem Haftprüfungsrichter vorgeführt worden, der genügend Anfangsverdacht sah, um sie der Justizvollzugsanstalt Lichtenberg zu überstellen.

Kammowski, in Sachen Christine zur Untätigkeit verurteilt, lief am Montagmorgen im LKA herum wie ein Tiger im Käfig. Das Einzige, was er fertigbrachte, waren Telefonate wegen seiner Mutter. Svenja fühlte sich durch die vielen privaten Telefongespräche, die Kammowski seit dem Vormittag führte, etwas gestört, verkniff sich jedoch jeden Kommentar.

»Die wollen sie nur aus dem Krankenhaus entlassen, weil es dann für die billiger ist«, schimpfte er gerade vor sich hin.

»Wie kommst du denn darauf?«, fragte Svenja.

»Weil ich herausbekommen habe, dass die Krankenhäuser heute fallbasiert vergütet werden. Für eine gebrochene Hüfte bekommen die immer das Gleiche, egal, wie lang der Patient bei ihnen liegt. Das nennt man Gewinnoptimierung. Je kürzer ein Patient bei ihnen ist, desto mehr Gewinn. Und deshalb haben die auch kein Geld für eine Sitzwache.«

Svenja dachte bei sich, dass sie eigentlich Wichtigeres zu tun hatten. Christine von Hehn saß in Untersuchungshaft. Sie hatte geglaubt, dass sie jetzt eine gemeinsame Strategie entwickeln würden.

Kammowski knallte gerade wieder den Hörer auf. Die Heimleiterin war auch nicht gerade hilfreich gewesen. Doch immerhin hätten sie eine Liste von Studenten, die man gelegentlich für Sitzwachen engagieren könne, allerdings auf eigene Kosten. Eine andere Lösung für das Problem habe sie leider auch nicht.

Später telefonierte Kammowski mit der Sozialarbeiterin des Krankenhauses. Die war bereits darüber informiert worden, dass seine Mutter am Freitag entlassen werden sollte, was Kammowskis Wut wieder hochkochen ließ. Von einem Reha-Antrag wusste sie nichts. Man habe ihr gesagt, alles sei geregelt, weil Frau Kammowski ja zuvor bereits im Pflegeheim gelebt hatte. Sie wolle sich zwar gerne um einen Reha-Antrag kümmern, doch würde eine Rehabilitationsmaßnahme bei Patienten, die bereits eine Pflegestufe hatten, also Geld für ihre Versorgung im Heim von der Pflegeversicherung bezogen, von der Krankenkasse gar nicht genehmigt, er dürfe sich da keine großen Hoffnungen machen.

Am Abend erkannte Kammowski seine Mutter in der Klinik kaum wieder. Sie schien seine Anwesenheit nicht zu registrieren und atmete flach. Als er nach einem Arzt verlangte, erklärte ihm die Schwester, dass alle Ärzte im OP oder in der Rettungsstelle seien. Ob der Zustand daran liegen könne, dass sie zu viele Medikamente bekommen hätte, fragte er. Sie dürfe keine Auskunft geben, da müsse er den Arzt fragen. Wie gesagt, die seien momentan alle beschäftigt, aber sie könne den Dienstarzt informieren, und er könne gerne warten. Kammowski lehnte dankend ab.

Die Schwester nahm Kammowskis Handynummer entgegen, die sowieso schon in der Akte notiert war, und versprach, dass der Arzt zurückrufen werde, wenn er aus dem OP käme. Er kam wohl nicht mehr aus dem OP. Kammowski wartete bis in die Nacht hinein vergebens auf einen Rückruf. Noch einmal rief er auf der Station an, wurde von der Nachtschwester aber auf den nächsten Morgen vertröstet. Seine Mutter schlafe inzwischen.

## 50

## KAMMOWSKI

Dienstag, 4. März

Am nächsten Tag ließ Kammowski nicht locker, bis er einen Arzt ans Telefon bekam, einen Vertreter von Dr. Faravi, der dienstfrei hatte. Er kenne Kammowski Mutter nicht persönlich, könne aber auch ohne genaue Kenntnis sagen, dass man in diesem Fall nicht ohne beruhigende Medikamente auskomme. Kammowski gelang es nur mühsam, sich im Zaum zu halten.

»Wie können Sie denn sagen, dass man ohne Medikamente nicht auskommt, wenn Sie meine Mutter gar nicht kennen.«

Der Arzt erwiderte, er sei gleichwohl über den Fall informiert. Seine Mutter sei sehr unruhig und rufe laut um Hilfe, sobald sie wach sei, leider auch nachts. Er wolle gerne prüfen, ob sie Krankengymnastik bekomme. Das sei eigentlich selbstverständlich, allerdings müsse der Patient für Krankengymnastik ja auch kooperativ sein, und das sei seine Mutter wohl nicht.

Die Stimme des Arztes war professionell freundlich, aber Kammowski spürte einen gewissen Unterton. So kann ich auch, mein Lieber, dachte er und entgegnete mit der beherrschten Ruhe, die man einem uneinsichtigen Kind entgegenbringen würde, dass seine Mutter bereits im Heim regelmäßig Physiotherapie bekommen und er, Kammowski, nie von dieser Physiotherapeutin gehört habe, dass seine Mutter nicht kooperativ gewesen sei. Wenn sie es jetzt nicht sei, so möchte er freundlich hinterfragen, ob es nicht doch daran liegen könne, dass man sie mit Medikamenten in einen Dämmerschlaf befördert habe. Er habe zudem gehört, dass es in einer solchen Situation notwendig sei, zu verhindern, dass der Betroffene eine Lungenentzündung bekomme. Ob dafür Sorge getragen werde.

Selbstverständlich werde dafür Sorge getragen, entgegnete der Arzt, allerdings sei eine Lungenentzündung oft die zwangsläufige Folge der Bettlägerigkeit, weil der Patient dann nicht mehr so gut durchatme.

Jetzt habe ich dich, du Lindwurm, dachte Kammowski und entgegnete sehr leise und sehr artikuliert, dass er sich freue, dass auch der Arzt seine große Sorge teile, dass nämlich seine Mutter, da sie infolge der Medikamente den ganzen Tag schlafe, nur selten zum tiefen Durchatmen angehalten werden könne.

Es entstand eine längere Pause, die der Arzt schließlich mit der hilflosen Bemerkung beendete, Kammowski müsse doch auch Verständnis für die Situation des Krankenhauses haben.

Kammowski hatte kein Verständnis. Er verbat sich weitere sedierende Medikation, indem er dem Arzt versprach, ihm die gesamte Berliner Staatsanwaltschaft im Falle des Widerhandelns auf den Hals hetzen zu wollen, und vereinbarte die Entlassung ins Heim für den Folgetag.

»Dem hast du es aber gegeben«, kommentierte Svenja. Aber Kammowski hörte gar nicht zu, sondern griff erneut zum Hörer, um sich einen Termin bei der Hausärztin geben zu lassen, die das Heim betreute. Dann rief er Thomandel an und fragte, ob er wegen seiner Mutter ein paar Tage Urlaub nehmen könnte. Der Urlaub wurde ihm augenblicklich und ohne jede Rückfrage gewährt. Ganz offensichtlich war Thomandel froh, ihn für eine gewisse Zeit loszuwerden. Sollte ihm recht sein.

»Du nimmst dir Urlaub wegen deiner Mutter?«, fragte Svenja überrascht.

»Ja, was dagegen?«

»Nein, natürlich nicht, entschuldige, aber deine Christine sitzt in U-Haft, wir stecken hier in den Ermittlungen fest, und du willst Krankenpfleger spielen?«

»Hast du einen besseren Vorschlag?« Das war etwas lauter als beabsichtigt aus ihm herausgebrochen.

»Nein.« Svenja schien gekränkt zu sein.

»Mensch, Svenja, versteh mich doch, mir steht das Wasser bis zum Hals. Offiziell kann ich hier sowieso nichts machen, ich bin ja fast schon selbst verdächtig, schließlich kenne ich die momentane Hauptverdächtige ganz gut. Ich brauche jetzt einfach ein paar Tage, um das Problem mit meiner Mutter in den Griff zu bekommen.«

Svenja nickte, schien aber nicht überzeugt.

»Du hältst mich auf dem Laufenden, okay?«

Svenja nickte wieder.

»Ach ja«, er kramte in seiner Jacketttasche nach einem Notizbuch, »ich habe hier noch etwas, versuche doch bitte einmal herauszufinden, was es mit diesem Herrn Dr. Burmeister auf sich hat. Soll ein Rechtsanwalt mit guten Kontakten zur Russenmafia sein.«

Svenja sah ihn fragend an.

»Hat Christine von Hehn behauptet, schau einfach mal, was da dran ist.«

Dann war er auch schon zur Tür hinaus.

Svenja schrieb den Namen auf ihre Schreibtischauflage. Burmeister. Der Name sagte ihr etwas. Aber was? Sie grübelte noch einige Zeit, aber sie konnte sich einfach nicht mehr entsinnen, wo sie den Namen schon einmal gehört hatte. Dann vergaß sie ihn wieder.

Kammowski wusste, dass er die richtige Entscheidung getroffen hatte. Er würde jetzt die Angelegenheit mit seiner Mutter regeln, und Svenja würde ihn wegen Christines Geschichte mit Informationen aus dem LKA versorgen. Noch wussten sie ja nicht einmal, ob der Staatsanwalt Anklage erheben würde. Bis es da zu einer Entscheidung kam, könnten Wochen vergehen. Kammowski konnte sich nicht vorstellen, dass der Haftrichter sie so lange in Gewahrsam halten würde. Sicher wäre sie bald wieder auf freiem Fuß. Sie würde das durchstehen. Christine war eine starke Frau, da war sich Kammowski sicher.

Für die Nächte engagierte er über die Heimleitung Sitzwachen. Sollte sich niemand für seine Mutter finden, würde er sich selbst ans Bett setzen. Am übernächsten Wochenende wollte seine Schwester für ein paar Tage kommen.

Am Nachmittag erhielt Kammowski die Nachricht, dass seine Mutter am nächsten Tag nun doch eine geriatrische Reha antreten könnte. Na toll, da hatte er umsonst Nachtwachen organisiert. Aber immerhin: Seine Sturheit hatte sich ausgezahlt. Die Dame von der Krankenkasse hatte ihm gesagt, dass die Klinik in Werder auf solche Fälle spezialisiert sei.

# 51

## KAMMOWSKI

Mittwoch, 5. März

Die Aussicht, seine Mutter jetzt doch wieder in die Obhut professioneller Hände legen zu können, erleichterte Kammowski sehr, und so begleitete er seine Mutter Mittwochfrüh hoffnungsfroh ins geriatrische Krankenhaus Werder. Mit gemischten Gefühlen las er dort allerdings den Hochglanzprospekt, aus dem hervorging, dass die Klinik zu den Moselkliniken gehörte.

Am Mittwochabend traf er sich mit Svenja im Sandmann. Sie lieferte einen umfassenden Bericht über den Stand der Dinge. Unglaublich, wie selbstverständlich sich Svenja zu einer Vertrauten entwickelt hatte, die sich nicht scheute, ihn auf dem Laufenden zu halten, dachte Kammowski.

Tatsächlich gab es aber keine echten Neuigkeiten, jedenfalls nichts, was weitergeholfen hätte. Christine war immer noch in Untersuchungshaft. Der Richter hatte eine Hausdurchsuchung bei ihr angeordnet, aber sie hatten nichts Interessantes gefunden. Der Computer wurde noch von den Spezialisten untersucht. Thomandel hatte angedeutet, die Abteilung Wirtschaftskriminalität einschalten zu wollen.

»Hast du Christine eigentlich schon besucht?«

Kammowski schwieg. Svenja hatte den Finger in die Wunde gelegt. Er konnte es nicht erklären, irgendetwas hielt ihn davon ab, ins Untersuchungsgefängnis zu fahren.

»Du bist dir aber sicher, dass sie nichts damit zu tun hat, oder?« Svenja ließ nicht locker.

»Nichts würde ich nicht sagen, aber ich glaube nicht, dass sie jemanden ermordet hat.«

»Sieht im Moment dennoch nicht gut aus für sie, oder?«

»Keine Ahnung, ich habe von ihrem Anwalt nicht viel erfahren. Und bei euch hat sich nichts Belastendes ergeben?«

»Nein, da ist der Stand unverändert. Ich bleib weiter dran und informiere dich, wenn ich etwas Neues höre.«

»Hast du wegen dieses Rechtsanwalts Burmeister etwas herausbekommen?«

»Ups, völlig vergessen, mache ich morgen.« Sie lächelte entschuldigend.

»Schon okay. Ich glaube, wir müssen von der Annahme ausgehen, dass alle Todesfälle wirklich miteinander zusammenhängen. Und vielleicht ist dieser Burmeister ja wirklich eine Verbindung.«

»Weißt du, Matze, das mit den Nebeneinnahmen von diesem Steinkopf ist auch komisch. Ich habe versucht, da noch mehr rauszufinden, bin aber bisher noch nicht erfolgreich gewesen. Das könnte die These von deiner Christine, dass Steinkopf ein Strohmann war, untermauern.«

Sie beratschlagten noch eine Zeit lang, dann verabschiedete sich Svenja.

»Nettes Mäuschen«, bemerkte Klaus, der sich nun zu Kammowski gesellte.

»Denk nicht mal daran«, warnte Kammowski und sah ihn scharf an.

# 52

## KAMMOWSKI

Donnerstag, 6. März

In der Nacht stürzte Kammowskis Mutter beim Versuch, selbstständig das Bett zu verlassen, und brach sich das Handgelenk. Kammowski wurde am Donnerstagmorgen gebeten, sich mit der Unfallchirurgin in Werder in Verbindung zu setzen, die das Haus konsiliarisch betreue.

»Verdammt noch mal«, fluchte er laut, nachdem er aufgelegt hatte. Nahm das gar kein Ende mehr? Er riss sich zusammen und rief gleich Frau Dr. Degenhardt an. Sie erklärte ihm, dass eine solche Fraktur üblicherweise operiert werde. Kammowski müsse entscheiden, er sei ja der amtliche Betreuer seiner Mutter.

»Warum sollte ich das nicht wollen, wenn das die übliche Behandlung ist?«

Es entstand eine kurze Pause. Dann sagte die Ärztin etwas zögernd, nun, die Mutter habe ja viele Vorerkrankungen und das Operationsrisiko sei entsprechend hoch.

Herrgott, wer ist denn hier der Arzt, wie soll ich das denn entscheiden, dachte Kammowski. Laut sagte er, er werde darüber nachdenken und wieder anrufen.

»Überlegen Sie nicht zu lange.«

Kammowski fluchte. Wie schade, dass es kein Gesetz gegen ärztliche Ignoranz gab, dann wäre er mit größter Leidenschaft zum gnadenlosen Vollstrecker geworden.

Degenhardt, wo hatte er den Namen schon einmal gehört? Plötzlich fiel es ihm wieder ein. Christine hatte den Namen genannt. Eine Frau Dr. Degenhardt war die Unfallchirurgin gewesen, die wegen Steinkopf ihre Stelle verloren hatte. Wenn es sich nicht nur um eine Namensgleichheit handelte? Nun, das würde leicht herauszufinden sein.

Kammowski rief erneut in ihrer Praxis an und vereinbarte einen Termin für den späten Nachmittag. Wenn an der Verschwörungsgeschichte etwas dran war, konnte es nicht schaden, mit der Frau ein paar Worte zu reden. Es tat gut, überhaupt etwas zu tun.

Seine Gedanken wanderten zu Christine. Sie musste sich schrecklich fühlen. Immerhin hatte er sich inzwischen durchgerungen, noch einmal mit ihrem Anwalt Kontakt aufzunehmen, der versprochen hatte, ihr Grüße auszurichten. Er war sehr reserviert geblieben. Wer wollte ihm das verdenken. Immerhin war der Anwalt sich sicher, dass der Haftrichter sie über kurz oder lang entlassen würde. Damit war die Sache zwar nicht vom Tisch, aber sie wäre wenigstens wieder in Freiheit.

Dann berichtete er Svenja von seinem Plan, nach Werder zu fahren, um mit Frau Dr. Degenhardt über Steinkopf zu sprechen. Sie hatte inzwischen recherchiert, dass Rechtsanwalt Burmeister auf Steuerrecht spezialisiert war. Sie hatte auch in der Abteilung Wirtschaftskriminalität nachgefragt, aber die hatten noch nicht von ihm gehört.

»Wie geht's deiner Mutter?«

»Sie ist schon wieder gestürzt. Diesmal ist es das Handgelenk.«

»Oh, das tut mir leid. Weißt du schon, wann du wieder zur Arbeit kommst?«

»Anfang der Woche bin ich hoffentlich wieder da.«

# 53
# RÜCKBLICK

*Es war Mittwochabend. Dr. Thomas Franke hatte sich mit Squash-Freunden im Café Noir verabredet. Er war die letzten Wochen wegen seiner Depression ausgefallen, und auch heute hatte er es mal wieder nicht geschafft, beim Spiel selbst mit von der Partie zu sein. Der Grund war jedoch ein Termin bei seinem Anwalt gewesen.*

*Es war erst kurz nach neun, als Thomas hereinkam und sich suchend umsah, auch wenn es unwahrscheinlich war, dass Manfred, Tobias und Kai-Uwe schon da wären. Sein Blick verweilte auf einer Gruppe Männer im hinteren Eck des Cafés, die sich angeregt unterhielten. Zwei von ihnen saßen mit dem Rücken zum Ausgang. Aber den Dritten, der das Gesicht Richtung Tür gewandt hatte, den kannte er doch? Fragend näherte er sich der Gruppe.*

*»Michail, bist du das?«*

*Lachend ging er auf den Mann zu, der zunächst zu zögern schien, sich dann aber doch anschickte, ihn zu begrüßen.*

*Michail Burmeister hatte er in Stanford kennengelernt. Beide absolvierten damals ein Studienauslandsjahr in den USA. Michail war angehender Jurist, und Thomas hatte geplant, in die Forschung zu gehen, da gehörte ein Jahr im Ausland einfach dazu.*

*Michail war russischer Herkunft, sprach aber akzentfrei Deutsch und perfektes Englisch. Sie hatten sich damals gut verstanden und viel gemeinsam unternommen. Nach dem Jahr in den USA war jeder wieder seiner Wege gegangen. Eine Zeit lang hatten sie gelegentlich telefoniert, sich danach aber aus den Augen verloren. Später hatte Thomas ihn nur noch einmal aus der Entfernung gesehen. Damals war er von einem ganzen Tross Anwälte umgeben gewesen, die einen russischen Patienten der Frankfurter Uniklinik vertraten, der seinem Operateur gegenüber Morddrohungen ausgesprochen hatte. Die Umstände damals und was so geredet wurde, hatten darauf hingedeutet, dass Michail im Dienst der russischen Mafia tätig war. Seither war Thomas innerlich auf Distanz gegangen, wenngleich er auch ein gewisses Verständnis aufbrachte. Michail hatte ihm einmal erzählt, dass er aus sehr einfachen Verhältnissen kam und nur mit der großzügigen Unterstützung eines reichen russischen Mannes überhaupt hatte studieren können. Nun ja, es hatte sich später auch keine Gelegenheit eines Kontaktes mehr geboten.*

*»Hallo, Thomas, das ist ja eine Überraschung.«*

*Thomas war an den Tisch herangetreten und gab Michail die Hand. Er wandte sich dessen Tischnachbarn zu, um auch sie zu begrüßen.*

*»Oh«, entfuhr es ihm nur.*

*»Das ist mein Bruder Leonid«, hörte er wie aus weiter Ferne Michail sagen. Thomas gab Leonid die Hand, aber sein Blick ruhte auf dem dritten Mann.*

*»Und das ist …«, fuhr Michail fort, der Thomas' Blick gefolgt war.*

*»Danke, wir kennen uns«, unterbrach ihn Thomas. Er nickte dem Mann kurz zu, der ebenfalls keine Anstalten machte, ihm die Hand zu reichen. Für einen Moment herrschte eisiges Schweigen.*

*Die Tür des Lokals öffnete sich, und das Lachen einer Männergruppe unterbrach die Stille. Mit Erleichterung registrierte Thomas, dass seine Freunde eingetroffen waren. Mit einem entschuldigenden Achselzucken deutete er auf seine Freunde.*

*»Sorry, ich bin verabredet. Bist du länger in Berlin?« Er wartete die Antwort nicht ab. »War schön, dich wiederzusehen, vielleicht treffen wir uns ja mal auf ein Bier?«*

*Thomas fischte eine Visitenkarte aus seiner Jackentasche, reichte sie Michail, nickte ihm noch einmal kurz zu und steuerte den Tisch am anderen Ende des Lokals an, wo Manfred, Tobias und Kai-Uwe inzwischen Platz genommen hatten.*

*Als Michail und seine Begleiter das Lokal wenige Minuten später verließen, winkte Michail ihm im Vorbeigehen zu.*

*»Kennst du die?«, fragte Tobias. Dann musterte er Thomas aufmerksam. »Du siehst ja aus, als wärst du soeben Mephisto persönlich begegnet. Geht's dir nicht gut?«*

*»Nein, nein, der Teufel war das nicht«, versuchte er abzuwiegeln, »nur ein Freund von früher.«*

*»So sah das aber irgendwie nicht aus«, antwortete Tobias.*

*»Wir haben uns lange nicht gesehen. Wir waren zur selben Zeit in Stanford. Er ist Anwalt geworden. Ich bin ihm danach nur noch ein Mal begegnet, das war allerdings eine etwas merkwürdige Geschichte.«*

*»Leg schon los, wir sind ganz Ohr.« Kai-Uwe sah ihn aufmerksam an.*

*»Also gut. Als wir uns wieder trafen, arbeitete ich gerade in der Universitätsklinik Frankfurt. Die Universitätskliniken wurden damals, und wohl auch noch heute noch, von reichen Ausländern aufgesucht, die für sich und ihre Angehörigen für viel Geld die Hilfe erhofften, die sie in ihren Heimatländern nicht bekommen können. Nicht immer sind ihre Umgangsformen so, wie wir es hier von Patienten erwarten. Zum Teil haben die einfach ein anderes Menschenbild und sind der Meinung, dass sie sich für Geld alles kaufen können. Für uns Ärzte war das meist nicht so offenkundig. Aber Krankenschwestern wurden nicht selten wie Dienstboten behandelt. Es gab aber*

*auch Fälle, in denen Ärzte Probleme hatten, dann nämlich, wenn der gewünschte Erfolg einer Behandlung ausblieb. In Frankfurt war der dortige Professor für Neurochirurgie von den Angehörigen eines russischen Patienten nach einem Eingriff regelrecht bedroht worden.«*

*»Was haben sie ihm denn gesagt?«, wollte Manfred wissen.*

*»Oh, ganz einfach«, lachte Thomas. »Sie sagten ihm, wenn dein Patient nicht überlebt, stirbst du auch.«*

*»Echt? Und wie hat dein Professor reagiert?«*

*»Na, der war stinksauer und hat die Polizei eingeschaltet. Die Geschichte ist damals durch die Presse gegangen und wurde in der Uni überall diskutiert. Die Familie hat dann offenbar Anwälte geschickt, die das irgendwie wieder in Ordnung gebracht haben. Na ja, und Michail, mein Studienkollege aus Stanford, war einer dieser Anwälte. Ich habe ihn damals nur von Weitem gesehen und wollte mich da auch nicht reinhängen, aber ich bin sicher, dass er es war, sein Name wurde in diesem Zusammenhang mehrfach genannt.«*

*»Wow, Thomas, mach nicht so ein betretenes Gesicht, du bist offenbar mit der russischen Mafia befreundet. Wer weiß, wofür du die mal gebrauchen kannte«, lachte Kai-Uwe, und alle nahmen das zum Anlass, sich zuzuprosten, und redeten bald von anderen Dingen.*

*Thomas versuchte, sich nicht anmerken zu lassen, wie sehr ihn die Begegnung mitgenommen hatte. Entgegen den Mutmaßungen seiner Freunde waren es aber weniger Michail und sein Bruder, die ihn irritiert hatten, sondern die dritte Person, die mit den beiden zusammengesessen hatte. Dieser war niemand anderer als sein ehemaliger Geschäftsführer Kai Steinkopf gewesen.*

*Was hatte Steinkopf mit der russischen Mafia zu tun? Und dass Michail für die arbeitete, daran hatte er keinerlei Zweifel.*

*Ohne dass er es wollte, kochte jetzt die ganze Geschichte mit den Barmherzigen Schwestern wieder in ihm hoch. Was, wenn Steinkopf gar nicht der willkürlich agierende Despot wäre, sondern im Auftrag anderer handelte?*

## 54

## SVENJA

Donnerstag, 6. März

Svenja fühlte sich etwas verloren. Sie war schließlich Berufsanfängerin. Niemand gab ihr konkrete Anweisungen oder band sie in die laufenden Ermittlungen ein. Thomandel war stets freundlich und verbindlich, aber er war immer auf dem Sprung und verwies sie an Werner. Doch der wies ihr Tätigkeiten zu, die jeder Praktikant erledigen konnte. Wo es ging, zog sie sich in ihr Büro zurück und suchte sich eigene Arbeiten.

Zunächst versuchte sie, noch mehr über diesen Anwalt Burmeister in Erfahrung zu bringen. Aber da war nichts. Sie wollte die Sache schon auf sich beruhen lassen, als sie über einen Artikel zur Verleihung des Bundesverdienstkreuzes an Schwester Oberin Marona, geborene Heidrun von Walthersheim, Aufsichtsratsvorsitzende der Barmherzigen Schwestern, stolperte. Dr. Burmeister wurde in diesem Artikel als enger Vertrauter und Berater der Schwesternschaft benannt und war auf einem der Bilder gemeinsam mit der Oberin abgelichtet. Daher kannte sie den Namen! Natürlich, die Oberin hatte ihn in einem Telefonat erwähnt. Wie hatte sie das nur vergessen können! Svenja rief einen Kollegen an, der sich mit internationaler Wirtschaftskriminalität befasste. Er konnte ad hoc mit dem Namen nichts anfangen, versprach aber, sich umzuhören.

Als Nächstes nahm sich Svenja das Geständnis von Olga Steinkopfs Vater vor. Das hatte man zwar nicht ernst genommen, aber Werner, den sie schließlich ansprach, war mit ihr der Meinung, dass man da noch etwas recherchieren müsste, bevor man das Geständnis als Schutzbehauptung zu den Akten legte. Zerstreut gab er sein Einverständnis, als sie ihm vorschlug, noch einmal nach Potsdam zu fahren, um mit Frau Steinkopf zu reden.

»Aber nimm dir jemanden mit«, rief er ihr hinterher. Als müsste sie das Einmaleins der Polizeiarbeit noch lernen. Aber »jemand« war gar nicht so leicht aufzutreiben. Kevin wies das Anliegen weit von sich, er habe Wichtigeres zu tun. Schließlich hatte Doro die rettende Idee. Bei ihr saß schon den ganzen Tag ein Praktikant von der Polizeischule herum. »Nimm doch Florian, der hat schon eine Koffeinvergiftung und muss auch mal etwas anderes zu sehen bekommen als die alte Doro.«

»Welche alte Doro meinst du? So eine haben wir hier nicht!« Kevin Ordyniak ließ im Vorbeigehen wie immer keine Gelegenheit aus, seinen plumpen Charme zu versprühen.

Das Klingeln an Steinkopfs Tür wurde mit einem lauten Bellen beantwortet.

»Der Hund gehört meinem Vater«, erklärte Olga Steinkopf, während sie versuchte, den knurrenden Boxer am Halsband zurückzuhalten, um ihre Besucher einzulassen.

»Ich wäre Ihnen dankbar, wenn Sie das Tier wegsperren würden, solange wir reden.«

»Dann bellt der uns das Haus zusammen. Geben Sie mir noch eine Minute, dann ist er lammfromm.«

Sie sprach beruhigend auf Karl ein, ließ ihn schnuppern, und tatsächlich entspannten sich seine Züge, und er trottete desinteressiert zu seiner Hundedecke.

»Sie sagten, er sei der Hund Ihres Vaters«, versuchte Svenja wieder auf den Grund ihres Besuchs zurückzukommen.

»Ja. Wir haben eine Einliegerwohnung, die steht ihm zur Verfügung, wenn er in Berlin ist.«

»Ihr Vater ist viel unterwegs?«

»Ja, er hat viele Jahre im Irak gelebt, weil dort seine Hauptgeschäftspartner saßen. Jetzt hat er sich fast ganz aus dem Geschäft zurückgezogen, er ist ja auch schon siebenundsechzig Jahre alt. Aber er ist noch viel da unten, und in dieser Zeit kümmern wir uns um Karl. Es ist der Hund meiner Mutter gewesen, und als sie starb, hätte mein Vater es nie übers Herz gebracht, sich von ihm zu trennen. So haben wir ihn an der Backe.«

»Wo ist Ihr Vater jetzt?«, fragte Svenja.

»Ich vermute, wieder im Irak. Er ist Hals über Kopf abgereist, hat nicht einmal eine Nachricht hinterlassen. Das ist überhaupt nicht seine Art. Ich mache mir Sorgen. Bei meiner Schwester hat er sich auch nicht gemeldet«, sprudelte es aus ihr hervor.

»Wir möchten Ihnen noch einige Fragen zu Ihrem Mann stellen«, sagte Svenja.

»Ich habe Ihnen doch schon alles gesagt.«

»Wir fanden bei Ihrem Mann das potenzsteigernde Medikament Viagra. Wussten Sie, dass er das genommen hat?«

»Nein, davon wusste ich nichts«, erwiderte Olga Steinkopf erstaunt. »Ja, natürlich war mir klar, dass er da manchmal Probleme hatte. Ich habe immer gedacht, das liege am Stress. Ich konnte doch nicht ahnen, dass er sich in Wirklichkeit gar nichts aus Frauen macht. Wir haben immerhin drei Kinder!«

Die letzten Worte hatten trotzig geklungen, aber sie konnte die Tränen nicht zurückhalten. Sie wischte sie mit einer energischen Handbewegung weg. »Ich kann das immer noch nicht glauben. Ich fühle mich so unendlich betrogen und belogen.« Sie schluchzte. »Aber im Nachhinein erklärt das natürlich vieles. Ich bin nur für den schönen Schein da gewesen. Die

Kinder und ich sollten ihm die Fassade für seinen beruflichen Erfolg liefern. Aber dann stand eines Tages sein Freund vor der Tür und hat mir eine Szene gemacht.«

»Der Liebhaber Ihres Mannes war bei Ihnen?«

»Ja, stellen Sie sich das vor, da steht plötzlich ein wildfremder Mann vor der Haustür und fleht mich an, ich möchte doch bitte meinen Ehemann freigeben, weil er in Wirklichkeit ihn und nicht mich wolle.«

»Wann war das?«, fragte Svenja.

»Keine Ahnung, irgendwann Ende Januar. Ich hatte gerade die Kinder weggebracht. Es war grotesk. Er erzählte mir, dass er und mein Mann sich lieben würden, dass Kai mich aber nicht verlassen wolle wegen der Kinder und dass er, dieser junge Mann, sich Sorgen machen würde, Kai könne diesen Konflikt nicht aushalten und sich etwas antun.«

»Wie haben Sie reagiert?«

»Ich habe ihm die Tür vor der Nase zugeknallt, was denken Sie denn?«

»Hatten Sie denn den Eindruck, dass Ihr Mann selbstmordgefährdet war?«

»Ehrlich gesagt, nein. Das wäre das Letzte, was ich von Kai erwartet hätte. Er war nicht der Typ, der die Schuld bei sich selbst suchte.«

»Es gab also keine Hinweise?«

»Nein.«

»Sie sind dann zu einem Anwalt gegangen?«

»Ja, ich habe immerhin meinen Beruf für die Familie aufgegeben, ich wollte mich erkundigen, wie ich dastehe, falls Kai mich wirklich verlässt.«

»Wissen Sie, wie dieser Freund heißt und wo er wohnt?«

»Er hat sich mir nur als Michael vorgestellt, wo er wohnt, weiß ich nicht, will ich auch nicht wissen.«

Svenja überlegte. Sie wussten ja bereits, dass Olga Steinkopf Kenntnis von der Affäre ihres Mannes hatte. Sie hatte zugegeben, dass Ostermeier ihr kompromittierende Bilder zugeschickt hatte. Trotzdem, diese Information war neu, und nun war auch Michael Fritsche tot.

»Sie müssen das bitte noch einmal zu Protokoll geben«, sagte Svenja. »Dieser Mann hieß Michael Fritsche und ist ermordet worden. Ihnen ist klar, dass Sie auch ein Motiv hatten?«

Olga Steinkopf schnaubte laut und putzte sich ausgiebig die Nase. Dann zuckte sie mit den Schultern. »Mag sein, aber umgebracht habe ich weder meinen Mann noch seinen Freund.«

»Können Sie gleich morgen früh gegen zehn vorbeikommen?«

Olga Steinkopf nickte schweigend.

»Ist Ihnen bekannt, dass Ihr Vater uns ein Geständnis geschickt hat, in dem er zugibt, Ihren Mann ermordet zu haben?«

So schnell hatte Svenja noch nie einen Menschen blass werden sehen.

»Das ist nicht Ihr Ernst«, flüsterte Olga Steinkopf.

Svenja bekam Mitleid mit der jungen Frau und erklärte ihr rasch, dass sie sich relativ sicher seien, Karl-Heinz Peters habe nur seine Tochter schützen wollen, da er offenbar der Meinung war, sie habe ihren Mann ermordet.

»Er hat wahrscheinlich unseren Streit mitbekommen«, überlegte Olga Steinkopf. »Und auch, dass ich nachts noch weggefahren bin und erst gegen Morgen zurückkam, ohne mein Auto. Und am nächsten Tag war Kai tot. Der verrückte Kerl traut mir zu, meinen eigenen Mann umgebracht zu haben. Das ist mal wieder typisch, statt mit mir zu reden, handelt er einfach.«

»Wir müssen ihn unbedingt sprechen, Frau Steinkopf. Richten Sie ihm bitte aus, dass er sich mit uns in Verbindung setzen soll.«

»Wenn er sich meldet«, sagte Olga Steinkopf traurig. »Er wird ja denken, dass Sie ihn wegen Mord verhaften wollen, und jeden Kontakt meiden, damit ich Sie nicht auf seine Spur bringe.«

»Vielleicht fällt Ihnen ja doch ein, wie Sie ihn erreichen können«, erwiderte Svenja sanft. »Sagen Sie ihm, dass wir ihm die Geschichte nicht abnehmen, wir ihn aber sprechen wollen, es wäre sicher besser für ihn, wenn er mit uns kooperieren würde.«

Olga Steinkopf versprach es.

»Noch etwas, Sie sagten bei Ihrer ersten Vernehmung, dass Ihr Mann auf Dienstreise in Belgien gewesen sei. Stimmte das überhaupt nicht, oder war er nur früher als erwartet zurückgekommen?«

»Letzteres trifft zu. Er war Freitag ganz früh losgefahren. Ursprünglich wollte er wirklich erst am Montag im Lauf des späten Nachmittags zurückkommen. Aber dann war er schon am Samstagnachmittag wieder da.«

»Kam es häufig vor, dass Ihr Mann auf eine Dienstreise ging? Er war doch Geschäftsführer bei den Barmherzigen Schwestern, die meines Wissens nur im Berliner Raum Kliniken unterhalten.«

»Das stimmt. Ich glaube, er arbeitete auch noch für einen früheren Arbeitgeber. Aber Genaues kann ich Ihnen da nicht sagen.«

»Wissen Sie vielleicht noch, für welchen Arbeitgeber?«

»Er traf sich häufig mit einem Anwalt seines früheren Arbeitgebers.«

»Können Sie sich an den Namen erinnern?«

Frau Steinkopf kräuselte die Stirn, dann schüttelte sie bedauernd den Kopf. »Leider nicht.«

»Könnte der Name Burmeister gewesen sein?«

Frau Steinkopf nickte. »Ja, genau, jetzt wo Sie es sagen, das war sein Name.«

»Und der hat für den früheren Arbeitgeber Ihres Mannes gearbeitet?«

»Ja, ich glaube, für die Moselkliniken.«

»Der Hauptkonzernsitz der Moselkliniken ist aber nicht in Belgien, sondern in Koblenz, oder?«

»Stimmt«, erwiderte Frau Steinkopf etwas ratlos.

»Können wir einen Blick auf die Sachen Ihres Vaters werfen?«

»Warum nicht. Kommen Sie mit.«

Die kleine Zweizimmerwohnung wirkte so, als sei der Bewohner nur eben Zigaretten kaufen gegangen. Gläser und Kaffeegeschirr standen herum. Eine Zeitung lag aufgeschlagen auf dem Couchtisch. Im Bad lagen Nassrasierer und Zahnbürste auf dem Waschbecken, als seien sie morgens noch benutzt worden. Nach einer geordneten Abreise von Herrn Peters sah das nicht aus.

Svenja und Florian zogen sich Handschuhe an und sicherten Kaffeetasse, die Zahnbürste, einen Taschenkalender, den sie auf dem Tisch fanden, und die Zeitung. Auch wenn niemand an Peters' Schuld glaubte, die Fingerabdrücke würde man mit denen im Hotelzimmer vergleichen müssen. Sie öffneten den Schrank und sahen die Kleidung durch. Nichts Besonderes, außer vielleicht, dass nicht viel zu fehlen schien. An der Garderobe hing ein Wintermantel. Svenja fand es ungewöhnlich, dass Herr Peters im Winter ohne seinen Wintermantel verreist war. Aber im Irak war es jetzt sicher wärmer. Sie musterte den etwas altmodischen grünen Mantel genauer.

An der Innenseite fand sie ein Etikett »Traditionelle Walklodenqualität, 70 % Wolle und 30 % Alpaka«.

Olga Steinkopf konnte sich auch nicht erklären, warum der Vater so wenig mitgenommen hatte, aber ein Blick in den Schrank verriet ihr, dass der kleine Samsonite-Koffer weg war und die Lederjacke fehlte. Nach kurzem Zögern hatte sie nichts dagegen, dass Svenja und Florian die gesicherten Gegenstände mitnahmen, und Svenja quittierte den Erhalt. Dann ließ sich die junge Kommissarin alle Adressen geben, die Olga Steinkopf von ihrem Vater kannte, und verabschiedete sich.

»Ach, noch etwas«, meinte Svenja, als sie schon in der Tür standen. »Besitzt Ihr Vater eine Waffe?«

»Nicht dass ich wüsste. Er hat einen Jagdschein und ist zu DDR-Zeiten gerne auf die Jagd gegangen. Aber das hat er schon vor vielen Jahren aufgegeben. Mir ist nicht bekannt, dass er aus dieser Zeit noch Waffen behalten hätte. Warum fragen Sie? Kai ist doch nicht erschossen worden, oder?«

»Nein, da haben Sie recht, die Frage hat mit dem Tod Ihres Mannes nichts zu tun.«

Zurück im LKA sah Svenja ihren Notizzettel durch. Was hatte es noch mit Loden auf sich? Drei Minuten später war sie in ihrer Mindmap fündig geworden. Aus Loden hatten die Gewebefasern an dem toten Hund bestanden, der im Viktoriapark gefunden worden war.

Svenja und Florian lieferten die in Peters' Wohnung beschlagnahmten Gegenstände im Labor ab. Florian bedankte sich für den interessanten Tag und verabschiedete sich. Svenja lächelte und versprach ihm, ihn auf dem Laufenden zu halten. Die Kollegen im Labor hatte sie gebeten, das Gewebe des Mantels mit dem Gewebe am Maul des Hundes zu vergleichen. Peters' Mantel schien auf den ersten Blick unversehrt. Und warum sollte Peters den Mord an Steinkopf zugeben, aber den an Ostermeier begehen? Und vor allem: Warum sollte er, der große Hundefreund, einen Hund töten? Sie besprach die Sache mit Thomandel und Werner, die auch der Meinung waren, dass hier eher kein Zusammenhang bestand. Thomandel hatte seinen generösen Tag und lobte sie, dass sie sich die Sache mit dem Loden gemerkt hatte. Sollte die KTU herausfinden, dass die Stofffasern übereinstimmten, würde man sich Peters' Wohnung noch einmal gründlich vornehmen müssen.

# 55

## KAMMOWSKI

Donnerstag, 6. März

Frau Dr. Degenhardt praktizierte in einer familiär wirkenden kleinen Praxis in Werder. Sie war eine hagere, große, nicht unattraktive, etwas herb wirkende Endfünfzigerin, deren Strenge auf den zweiten Blick durch ihre warmen, braunen Augen und das freundliche Lächeln wettgemacht wurde. Sie erklärte Kammowski geduldig, dass ein Bruch des Kahnbeins, ein Mittelhandknochen, entweder mit einem Gips für einige Wochen oder mit einer Operation und Gips behandelt würde. Bei operativer Behandlung würde sich nicht so häufig eine Pseudoarthrose, also das Fehlen einer knöchernen Überbauung, einstellen, die Schmerzen und eine verminderte Handfunktion zur Folge hätte.

»Aha, darf ich zusammenfassen?«, unterbrach Kammowski sie ungeduldig. »Sie sind also der Meinung, dass eigentlich eine OP notwendig ist. Warum wollen Sie meine Mutter dann nicht operieren?«

»Ich habe nicht gesagt, dass ich sie nicht operieren möchte. Ich kann es Ihnen nur nicht empfehlen.«

»Sie sind der Meinung, dass sich eine Operation bei Demenz nicht mehr lohnt.« Herausfordernd sah er Dr. Degenhardt an.

Die Ärztin hielt seinem Blick stand und entgegnete seufzend: »Ja, auch deshalb. Sehen Sie, Herr Kammowski, Ihre Mutter setzt die Hand praktisch nicht mehr ein. Sie zieht sich nicht mehr alleine an. Sie schneidet ihr Brot nicht mehr selbst. Sie braucht für alles Hilfe. Da sie nicht ausreichend kooperiert und bei der Operation nicht ohne Weiteres stillhalten würde, müsste man den Eingriff unter Vollnarkose vornehmen. Soweit mir bekannt ist, hatte Ihre Mutter bereits einen Herzinfarkt und eine Bypass-Operation. Außerdem ist sie zweiundachtzig Jahre alt. Diese Faktoren erhöhen das Risiko einer Operation unter Vollnarkose. Und dies alles zusammen ist der Grund, warum ich Ihnen den Gips empfehlen würde.«

Kammowski war damit etwas Wind aus seinen Segeln genommen. Aber es stimmte schon, eine Operation wollte er seiner Mutter eigentlich nicht mehr zumuten. Er hatte die Bypass-Operation vor fünfzehn Jahren noch in sehr schlechter Erinnerung. Damals war sie vierzehn Tage nach dem Eingriff völlig durch den Wind gewesen, sie hatte Tiere und Gestalten an der Decke gesehen, die sie geängstigt hatten. Und damals war sie noch nicht dement gewesen.

»Also gut«, sagte er, »versuchen wir es mit dem Gips.«

Frau Dr. Degenhardt lächelte. Fehlte nur noch, dass sie gesagt hätte: »Warum nicht gleich so.«

»Darf ich Sie noch etwas ganz anderes, etwas Dienstliches fragen?«, setzte Kammowski an. »Haben Sie einmal mit einem Geschäftsführer namens Kai Steinkopf zusammengearbeitet?«

Dr. Degenhardt erstarrte. Ihr Gesicht verlor jede Farbe. Sie zögerte mit einer Antwort. Schließlich sagte sie: »Wissen Sie, ich dachte eigentlich nicht, dass ich mich damit noch einmal beschäftigen müsste. Es gibt Dinge im Leben, die man lieber vergisst.«

Kammowski gab ihr recht, bat sie aber zu bedenken, dass sie möglicherweise dazu beitragen könnte, Licht in eine ungeklärte Mordgeschichte zu bringen.

Frau Degenhardt hatte praktisch ihr ganzes Medizinerleben im Kreiskrankenhaus Rüdersdorf verbracht. Nach der Wende ging ihr damaliger Chef in Rente, und sie wurde Chefärztin der Unfallchirurgie.

Parallel zu ihr war Dr. Ulrike Zurbindel, die als Oberärztin in der Internistischen Klinik gearbeitet hatte, zur Chefärztin der Inneren ernannt worden. Gemeinsam hatten sie versucht, das kleine Haus über die Wende zu bringen. Als kleines, nun kommunales Haus hatten sie von Anfang an ums Überleben gekämpft. Zu viel hatte sich nach der Wende geändert. Als die finanziellen Probleme der Kommune immer drängender wurden, war das Krankenhaus in seiner Existenz bedroht gewesen. Der Bürgermeister hatte gehofft, durch die Einstellung eines medizin-ökonomischen Fachmanns an der Spitze des Managements betriebswirtschaftliches Know-how hineinzubringen, das sie alle nicht vorweisen konnten. Anfangs sei sie von dieser Idee auch angetan gewesen. Der neue Geschäftsführer Kai Steinkopf war jung, zunächst ausgesprochen freundlich, und schien viele gute Ideen zu haben, wie man den Betrieb retten konnte.

Doch schon bald machte Steinkopf Druck und forderte eine Mindestzahl an Operationen sowie eine Steigerung der Einnahmen um mindestens fünf Prozent jedes Jahr. Aber wie hätte sie beeinflussen sollen, wie viele Menschen sich in Rüdersdorf das Bein brachen? Und wieso sollten das jedes Jahr mehr werden? Sie habe sich zunehmend genötigt gefühlt, auch dann zu operieren, wenn das aus medizinischer Sicht gar nicht empfehlenswert gewesen war, nur, um diesen Vorgaben zu entsprechen. In ihrer Welt wurde ein Knie immer noch erst dann operiert, wenn es notwendig war, und nicht, wenn ein völlig überzogener Soll-Wert an Knieoperationen noch nicht erreicht war. Das Haus hatte sich über die Jahre in der Region einen guten Namen gemacht. Die Kollegen schickten ihnen ihre Patienten. Was konnte man mehr tun?

Acht Monate nachdem Steinkopf seine Tätigkeit aufgenommen hatte, stand plötzlich die Staatsanwaltschaft vor der Tür. Ihr und ihrer Kollegin wurde vorgeworfen, sie hätten Krankenakten gefälscht und Patienten länger in der Klinik gehalten, als eigentlich notwendig gewesen wäre, um höhere Beträge von den Kassen zu bekommen. Damals war mit den Kassen noch nach Tagessätzen abgerechnet worden und nicht nach Fallpauschalen wie heute.

Sie und ihre Kollegin seien sofort freigestellt worden, und man habe ihnen nahegelegt zu kündigen. Nichts, aber auch gar nichts sei an diesen Vorwürfen dran gewesen. Monatelang sei in beschlagnahmten Akten gewühlt und am Ende seien die Ermittlungen eingestellt worden. Aber ihr Ruf war dennoch ruiniert gewesen, sie und ihre Kollegin mussten die Klinik verlassen. Nach einer längeren Krise hatte sie, Dr. Degenhardt, diese Praxis eröffnet, während Ulrike Zurbindel ihres Wissens Oberärztin in einer Chemnitzer Klinik geworden war.

Der Rüdersdorfer Klinik habe diese Affäre den Rest gegeben. Die Kommune sei nach all dem Ärger froh gewesen, den maroden Betrieb verkaufen zu können. Soweit sie wisse, hätten die Moselkliniken das Krankenhaus zu einem sehr guten Preis erworben. Das sei jedenfalls immer behauptet worden.

»Glauben Sie, dass Kai Steinkopf hinter allem steckte?«, fragte Kammowski, nachdem Frau Dr. Degenhardt ihren Bericht beendet hatte.

»Oh, das kann ich Ihnen nicht sagen«, entgegnete Dr. Degenhardt rasch. »Aber wenn er das alles initiiert hat, dann war er sehr effektiv. Ich kann Ihnen nur sagen, dass er das Haus kurz nach der Übernahme durch die Moselkliniken verlassen hat. Ich habe nicht mehr verfolgt, wohin er gegangen ist. Das war damals eine sehr unangenehme Erfahrung, und ich habe für den Rest meines Lebens genug von diesem Menschen. – Es ist schon merkwürdig«, fuhr Frau Degenhardt fort, »aber Sie sind jetzt schon der Dritte, der mich in der letzten Zeit auf Herrn Steinkopf anspricht.«

Kammowski sah sie überrascht an. »Sie wurden schon mal auf ihn angesprochen?«

»Ja, das erste Mal ist schon etwas länger her, zwei Jahre oder länger. An den Namen des Mannes erinnere ich mich nicht mehr, aber es war ein ärztlicher Kollege. Er wurde von Kai Steinkopf ebenso hintergangen wie ich und hatte auch durch ihn seine Stelle verloren. Er erzählte mir, dass er in einer Berliner Klinik als Neurologe gearbeitet hatte.«

»Und was wollte er von Ihnen?«

Dr. Degenhardt fuhr sich mit einer nachdenklichen Geste durchs Haar. Das gab ihr etwas Mädchenhaftes, trotz der grauen Haare.

»Ach, das weiß ich eigentlich auch nicht genau. Ich glaube, er hat Verbündete gesucht. Er hat so etwas angedeutet. Ich glaube, er war der Meinung, dass Steinkopf möglicherweise systematisch Kliniken ruiniert. Aber das fand ich schon etwas weit hergeholt, und ich wollte mit den alten Geschichten nichts mehr zu tun haben. Wissen Sie, ich bin nicht so ein Mensch, der Widerstand ausübt und Kämpfe ausficht. Ich mag es lieber harmonisch. Das habe ich ihm auch gesagt. Dafür hatte er Verständnis. Ein sehr sympathischer Mann.«

»Herr Steinkopf hat in Berlin bei den Barmherzigen Schwestern gearbeitet, hat der Mann, der Sie damals aufgesucht hat, vielleicht diesen Betrieb genannt?«

»Ja, jetzt wo Sie es sagen, er hat in der Tat gesagt, dass er in einem Haus gearbeitet hatte, dass von einer katholischen

Schwesternschaft geführt wird. Das habe ich mir gemerkt, weil ich es schon merkwürdig fand, dass ein christliches Haus einen unchristlichen Geschäftsführer hat.«

»Und wer hat Sie noch auf Kai Steinkopf angesprochen? War das vielleicht kürzlich eine Frau? Eine Frau namens Christine von Hehn?«

»Nein, es war ein Mann, an den Namen erinnere ich mich noch. Er hat mir eine Visitenkarte hiergelassen.«

Sie kramte in ihrem Schreibtisch, gab aber nach einigen Minuten auf. »Ich kann sie nicht finden, aber er hieß Ostermeier. Er hat sich als freier Journalist vorgestellt, der an einer Reportage über private Klinikträger schreibt.«

»Und der erste Mann, der Arzt, der hat nicht vielleicht auch eine Visitenkarte dabeigehabt, die man da noch finden könnte?«

Kammowski deutete auf die Schreibtischschublade, die randvoll mit Papieren vollgestopft war.

»Nein, hat er nicht.«

Dr. Degenhardt wirkte jetzt etwas genervt, aber Kammowski ließ nicht locker.

»Könnte er sich vielleicht als Dr. Franke vorgestellt haben?«

Die Ärztin stöhnte laut auf. Sie war nicht bereit, zu verbergen, dass dieser Kriminalbeamte ihr zwar nicht unsympathisch war, ihr aber langsam auf den Wecker ging.

»Nein, hat er nicht. Und wenn, dann habe ich es vergessen. Aber wie ich Ihnen eben schon gesagt habe, hat er mir erzählt, dass er als Chefarzt einer neurologischen Klinik in Berlin gearbeitet hat. Davon wird es in dem Haus dieser Schwesternschaft doch nicht so viele gegeben haben, die dann auch noch ihren Job verloren haben. Wenn das für Sie so wichtig ist, dann können Sie das herausfinden, auch ohne mein schlechtes

Erinnerungsvermögen zu strapazieren.« Ihre Mimik wies eine Spur Sarkasmus auf, den Kammowski mit einem Lächeln quittierte.

»Da haben Sie allerdings recht, das bekommen wir heraus, und vielleicht können wir Ihnen dann später noch ein Foto vorlegen, das Ihrer Erinnerung auf die Sprünge hilft. Wir müssen ohnehin ein Protokoll anfertigen. Es kann auch sein, dass Sie später als Zeugin in einem Prozess aufgerufen werden.«

Dr. Degenhardt seufzte und sagte dann ergeben: »Na, wenn es der Wahrheitsfindung dient, werde ich meinen staatsbürgerlichen Pflichten selbstverständlich nachkommen. Und wenn es hilft, diesem Herrn Steinkopf das Leben schwer zu machen, dann umso mehr.«

»Sie lesen wohl keine Berliner Zeitung?«

»Nein, wieso?«

»Kai Steinkopf lebt nicht mehr.«

»Oh, das wusste ich nicht. Wie ist er gestorben?«

»Die Umstände seines Todes sind ungeklärt. Darüber darf ich mit Ihnen nicht sprechen.«

Sie schwieg eine Zeit lang und sagte dann: »Na, wenn mich jetzt ein Kommissar der Mordkommission befragt, wird er doch wohl ermordet worden sein? Kann nicht sagen, dass mich das traurig macht.«

Kammowski grinste. »Sie vergessen, dass ich eigentlich wegen meiner Mutter hier bin. Aber wenn Sie mir die folgende Frage beantworten, wäre ich Ihnen dennoch dankbar. Was haben Sie in der Nacht vom neunten auf den zehnten Februar gemacht?«

Sie lachte laut auf. »Sie meinen, frei nach dem Grundsatz: Rache schmeckt kalt am besten? Ist immerhin schon einige Jahre her, dass der Mann mich geärgert hat.« Dann wurde sie ernst und blätterte in ihrem Terminkalender. »Wenn ich mich richtig erinnere, hatte ich in dieser Nacht Dienst und einen Einsatz in der Reha-Klinik. Da war jemand gestürzt.« Sie tippte auf ihren Kalender. »Hier trage ich meine Nachteinsätze immer ein, damit ich nicht vergesse, sie abzurechnen. Das können Sie sicher auch im Nachtprotokoll der Pflege nachlesen.«

# 56

## CHRISTINE

Freitag, 7. März

Am Freitag wurde Christine aus der Untersuchungshaft entlassen. Sie stand immer noch unter Verdacht, aber der Richter konnte sich dem Vortrag des Anwalts, dass keine Fluchtgefahr bestand, anschließen. Sie wurde angewiesen, Berlin nicht zu verlassen, und sie musste sich regelmäßig auf dem Polizeirevier ihres Bezirks melden.

Als die Türen der Justizvollzugsanstalt Lichtenberg für Frauen sich hinter ihr schlossen, war sie zwar erleichtert, aber ein Teil von ihr hatte gehofft, dass Matze sie abholen würde. Irgendwie irrational, dennoch musste sie mit den Tränen kämpfen, als sie merkte, dass niemand da war. Sie fühlte sich unendlich alleine. Und ihr Handy war ihr nicht mit ihren Sachen übergeben worden. Hatte sie es gar nicht dabeigehabt? Jetzt konnte sie sich nicht einmal ein Taxi rufen. Dann riss sie sich zusammen. Das Leben hatte Schlimmeres zu bieten als ein paar Tage Gefängnis, nicht abgeholt zu werden und ein verlorenes Handy. Zum Beispiel, dass sie tagelang ihre Wäsche nicht hatte wechseln können. Und so beschloss sie, sich erst einmal um die wichtigen Dinge des Lebens zu kümmern. Danach konnte man weitersehen.

Mit neuem Mut bog sie in die Frankfurter Allee ein, Richtung U-Bahn. Welcher Teufel hatte sie nur geritten, dieses dämliche Foto von Steinkopf zu machen. Und die alberne Geschichte mit der Bibel. Sie hatte sich völlig unnötig in Gefahr gebracht und dabei ihr Hauptziel, Steinkopfs Machenschaften aufzudecken, aus dem Auge verloren. Inzwischen sah sie die Sache klarer. Ostermeier musste etwas herausgefunden haben. Dieser kleine Gauner, entweder hatte er selbst eine Story draus machen wollen, oder – und das war wohl wahrscheinlicher – es ging um Erpressung. Christine hatte Matze gegenüber zwar den Verdacht geäußert, dass Steinkopf und Ostermeier hatten sterben müssen, weil sie zu viel gewusst hatten, aber das war nichts als eine vage Vermutung gewesen. Erst jetzt, nach ihrer »Auszeit« in der JVA Lichtenberg, wurde ihr klar, dass das der Schlüssel zur Lösung sein konnte.

Wenn Steinkopf tatsächlich von den Moselkliniken als Trojanisches Pferd benutzt worden war, um günstig Kliniken akquirieren zu können, und Ostermeier das herausgefunden hatte, wäre er sicher der Mann gewesen, der versucht hätte, daraus Profit zu ziehen. Ostermeier war immer in Geldnot gewesen. Das hatte ihn ja auch zu einem zuverlässigen Partner gemacht, wenn man schnell an Informationen gelangen wollte. Meist hatte man vorher einen Festpreis vereinbart, eine Anzahlung wurde geleistet, und er hatte einige Tage später geliefert. Nicht immer waren seine Informationen ihr Geld wert gewesen, aber im Schnitt der Jahre der Zusammenarbeit hatte es gepasst. Und Ostermeier war gut in seinem Job. Wenn er nicht spielsüchtig gewesen wäre, hätte er einen hervorragenden investigativen Journalisten abgegeben.

Dass er einfach absagte, sah ihm nicht ähnlich. Vielleicht hatte er sich übernommen und nicht überblickt, wen er erpresste. Steinkopf war vor Ostermeier gestorben, das wusste sie von Kammowski. Er konnte es also nicht gewesen sein. Vielleicht war ja auch Steinkopf seinen Auftragsgebern zu unsicher geworden, vielleicht befürchteten die, dass er wegen seiner Bisexualität erpressbar und damit nicht mehr zuverlässig wäre.

Mit dem, was Ostermeier ihr auf die Mailbox gesprochen hatte, konnte Christine nichts anfangen. Er hatte aufgedreht, verwirrt gewirkt. Was hatte er mit der »zwischen ihnen vereinbarten Angelegenheit« gemeint? Ihre in Auftrag gegebene Recherche? Die hatte er doch abgewiesen, weil er überlastet sei. Ob er befürchtet hatte, dass ihm etwas zustoßen könnte, und diese kryptische Nachricht doch eine Botschaft an sie war? Aber sie hatte keine Ahnung, wer diese Frau Helmchen sein sollte. Für Matze wäre das sicher leichter. Doch der hatte sie nicht einmal besucht. Von ihm durfte sie wohl keine Hilfe erhoffen.

Christine war von der Hausdurchsuchung in Kenntnis gesetzt worden und hatte eine Liste der beschlagnahmten Gegenstände ausgehändigt bekommen. Dennoch traf sie der Zustand ihrer Wohnung vollkommen unerwartet. Jede Schublade war durchwühlt, nichts stand mehr an seinem alten Platz. Sie brauchte zwei Stunden, um einigermaßen Ordnung zu schaffen. Unmöglich! Waren die nicht verpflichtet, die Wohnung in einem bewohnbaren Zustand zu hinterlassen?

Ihr Laptop hatte zu den beschlagnahmten Gegenständen gehört. Es war nicht abzusehen, wann sie ihn zurückbekommen würde. Deshalb hatte sie sich auf dem Heimweg im Media-Markt einen neuen gekauft. Jetzt ärgerte sie sich, dass sie nicht auch gleich ein Handy erstanden hatte. Sie hatte gehofft, es zu Hause vergessen zu haben, aber es tauchte auch nicht auf der Liste der Beschlagnahmungen auf. Sie schaute noch mal an allen typischen Stellen nach, ohne Erfolg. Schließlich rief sie sich selbst von ihrem Festnetzanschluss aus an. Aber die vertraute Melodie des Handys ließ sich nicht vernehmen, und auch die Mailbox ging nicht dran. Sicher war der Akku längst leer.

Erschöpft nahm sie ein ausgiebiges Bad, zog sich dann eine

Leggings und ein altes Sweatshirt über. Sie machte sich eine Kanne Tee, schmierte sich zwei von den Brötchen, die sie unterwegs gekauft hatte, und nahm den neuen Rechner in Betrieb. Sie hatte auf ihrem iPhone die Ortungsfunktion aktiviert, und wenn es jemand fand und auflud, würde sie eine E-Mail mit den Lokalisationsdaten zugeschickt bekommen. Nicht sehr wahrscheinlich nach all den Tagen.

Sie machte sich an die Moselkliniken-Recherche. Nach Ostermeiers Absage hatte sie zwar immer wieder Anläufe gemacht, selbst etwas herauszufinden, war dann aber von den Ereignissen überrollt worden, und nun wollte sie das Versäumte endlich nachholen. Als sie am frühen Morgen den Rechner wieder ausschaltete, war sie einen Schritt weitergekommen.

Die Moselkliniken waren 1978 von Harald Beutlinger als Familienunternehmen gegründet worden. Familie Beutlinger war auf dem aufstrebenden Sektor der Privatkliniken in Deutschland recht erfolgreich. 2001 erfolgte der Verkauf von 91 Prozent der Gesellschafteranteile an hauptsächlich zwei Unternehmen: die Sanitas Investments und die Julius Franklin Holding AG. Die Sanitas Investments war eine Tochtergesellschaft der belgischen Wadan Company, die in verschiedenen Sektoren tätig war, hauptsächlich in der Aluminiumproduktion. Die Wadan Company wiederum war eine hundertprozentige Tochter der TMP Iron & Steel mit Sitz in Moskau. Hauptaktionär der TMP Iron & Steel war Vitaly Bilurev.

Bilurev war einer der ganz großen Oligarchen Russlands, ein Mann der ersten Stunde nach dem Untergang der Sowjetunion, als die großen Staatsbetriebe an die Männer mit dem größten Einfluss verschachert wurden.

Bilurev schuf in kürzester Zeit ein Milliardenvermögen.

Zuletzt lebte er in Moskau und wurde in den meisten Ländern dieser Welt mit Haftbefehl gesucht. Das hinderte ihn nicht daran, ein Luxusleben zu führen. Man sagte ihm beste Kontakte zur Regierung nach. Bilurev war bis vor zwei Jahren noch Vorsitzender des Komitees für Finanzmärkte der Duma gewesen und schien in allen russischen Geschäften mit Rohstoffen, vor allem aber in der Stahl- und Aluminiumproduktion, die Finger im Spiel zu haben.

Über die Julius Franklin Holding AG konnte Christine im Internet nicht viel in Erfahrung bringen. Vielleicht bestand diese Firma aus nicht mehr als einem Namen und einer Adresse.

Christine schob das schlechte Gewissen mit einer zielstrebigen Handbewegung in ihre Jackentasche beiseite und angelte sich eine Zigarette aus der Packung. Sie inhalierte tief und sah dem weißen Rauch hinterher. Wer hätte das gedacht, der größte deutsche Klinikkonzern war offenbar fest in russischer Hand. Was wollte ein russischer Oligarch mit deutschen Patienten? War es vielleicht so ähnlich, wie sie es von der amerikanischen Mafia in den Dreißigerjahren gehört hatte? Irgendwann versuchten die, ihre Aktivitäten zu legalisieren und all das Geld, das sie illegal erworben hatten, in ganz normale Geschäfte zu investieren. Und die Gesundheitsindustrie war in Westeuropa ein wachsender Wirtschaftsfaktor.

Aber war das ein Zufall, dass Thomas ausgerechnet an seinem Todestag Steinkopf mit einem früheren Freund zusammen gesehen hatte, von dem er wusste, dass er Kontakte zur Russenmafia unterhielt? Das durfte doch alles nicht wahr sein! Was wäre, wenn Thomas da mehr gewusst hatte, als er ihr verraten hatte? Er hatte tagelang am Rechner geklebt, und sie war so mit sich selbst beschäftigt gewesen, so froh, sich endlich wieder um ihre Angelegenheiten kümmern zu können, dass es ihr gar nicht in den Sinn gekommen war, ihn zu fragen, was er da machte. Und wo war sein Laptop hingekommen? War sein Selbstmord etwa gar kein Selbstmord gewesen? Aber nein, dafür hatte es keine Hinweise gegeben. Sie musste sich zusammenreißen, sich nicht von Gefühlen und Vermutungen leiten lassen. Am liebsten hätte sie diese unglaublichen Neuigkeiten Kammowski erzählt, konnte sich aber nicht dazu durchringen.

Sie drückte die Zigarette aus, putzte sich die Zähne und ging ins Bett. Endlich wieder eine anständige Matratze und ihre geliebte Daunendecke. Die Befürchtung, noch lange wach liegen und über die letzten Tage nachgrübeln zu müssen, erwies sich als falsch. Kaum hatte sie den Kopf auf das Kissen gebettet, fiel sie in einen traumlosen Schlaf.

Am nächsten Morgen erwachte Christine gegen zehn Uhr. Sie frühstückte, las die Zeitung, blätterte ihre Post durch, tätigte einige Online-Überweisungen, überlegte, ob sie weiter an ihrer Recherche arbeiten solle, beschloss dann aber, sich lieber einen Tag in der Therme zu gönnen.

Auf dem Weg zur U-Bahn kam sie an einem Handyshop vorbei und erstand ein neues Smartphone. Sie war über Nacht zu der Überzeugung gekommen, dass sie Kammowski doch informieren sollte. Sie wählte seine Nummer, die sie auswendig kannte, aber er ging nicht ans Telefon. Sie sprach einen kurzen Gruß auf die Mailbox, bat um Rückruf und legte auf.

# 57

## KAMMOWSKI

Freitag, 7. März

Kammowski brachte seine Mutter wieder ins Heim zurück. In der geriatrischen Klinik der Moselkliniken in Werder gab es noch weniger Personal als im Krankenhaus in Friedenau, und man hatte sie nachts mit Gurten ans Bett »fixiert«, damit sie nicht alleine aufstand. Kammowski fand das unwürdig. Die Heimleitung versprach, für die Nächte die Studenten als Nachtwachen zu organisieren. Er musste nächste Woche schließlich wieder arbeiten. Aber irgendwie würden sie das schon hinbekommen. Wenigstens musste er jetzt nicht mehr täglich die fünfzig Kilometer nach Werder fahren.

Es war nach zehn Uhr abends, als er zum ersten Mal wieder seine Mailbox abhörte.

Svenja hatte angerufen. Er solle sich unbedingt bei ihr melden, sie habe wichtige Neuigkeiten. Es war spät, aber Kammowski nahm nicht an, dass sie schon schlief. Tatsächlich ging sie sofort ans Telefon und sprühte vor Mitteilungsdrang. Die Geschichte, die sie zu erzählen hatte, war in der Tat hochinteressant.

Svenja war es nicht aus dem Kopf gegangen, dass der Geschäftsführer eines Klinikkonzerns höhere Neben- als Haupteinkünfte gehabt hatte, und sie hatte sich gefragt, welche Dienste eines Klinikgeschäftsführers einer Julius Franklin Holding AG dreihunderttausend und einer Sanitas Investments vierhunderttausend Euro wert gewesen waren.

Bei der Julius Franklin Holding AG war sie nicht weitergekommen, aber die Sanitas Investments hatten ihren Firmensitz in Brüssel, und Svenja hatte nach fast drei Stunden Beharrlichkeit eine Frau Solweig, Referentin der Geschäftsführung, ans Telefon bekommen, die ihr mitgeteilt hatte, Herr Steinkopf habe für Sanitas Investments regelmäßig Berichte über das deutsche Gesundheitswesen zusammengestellt. Die Sanitas Investments sei eine im Gesundheitssektor international tätige Firma, und man habe in allen Kooperationsländern solche Berater.

Ob denn Herr Steinkopf am Freitag, den siebten Februar, in Brüssel in der Zentrale einen Termin gehabt habe, fragte Svenja. Frau Solweig konnte das nach kurzer Recherche bestätigen. Steinkopf war am Nachmittag beim Regionalleiter »Kliniken«, Herrn Wertheim, gewesen. Ob sie mit Herrn Wertheim sprechen könne. Nein, der sei leider heute nicht im Haus.

»Ist es denn üblich, dass Berater derart hohe Beträge für einen Bericht bekommen?«, fragte Svenja.

Nun ja, das sei sicher unterschiedlich, je nach Aufwand. Über die Verträge der einzelnen Mitarbeiter habe sie weder Kenntnis, noch sei sie befugt, darüber zu sprechen.

Ob man den letzten Bericht von Herrn Steinkopf einmal einsehen könne, fragte Svenja. Das glaube sie eher nicht, aber sie wäre gerne bereit, eine schriftliche Anfrage Svenjas an die zuständige Stelle weiterzuleiten. Svenja erhielt die Durchwahl von Herrn Wertheims Sekretariat, dann beendete Frau Solweig höflich, aber bestimmt das Gespräch.

Svenja hatte ihr Glück auch bei den Moselkliniken versucht, wie sie Kammowski berichtete, und konnte den Regionalgeschäftsführer auf Anhieb erreichen.

Ja, er könne sich noch recht gut an Kai Steinkopf erinnern und habe mit Bestürzung von seinem Tod in der Zeitung gelesen. Nein, er habe keine Idee, welche Art Beratervertrag Kai Steinkopf mit der Sanitas Investments gehabt haben könnte. Er wisse selbstverständlich, dass die Sanitas Investments Hauptaktionär der Moselkliniken sei. Das sei ja allgemein bekannt. Aber das sei ja nur eine Sparte des Konzerns.

Sie habe gehört, sagte Svenja, dass die Moselkliniken der größte deutsche private Klinikkonzern seien und auch weiterhin darum bemüht, kleinere Häuser aufzunehmen.

»Ja, sicher«, sagte der Regionalleiter. »Wenn sich uns da gute Gelegenheiten bieten, sagen wir nicht Nein. Sie wissen ja, wie das im Leben ist. Entweder man schrumpft oder man wächst. Stillstand gibt es nicht. Wir gehören nicht gerne zu den Schrumpfköpfen.« Er lachte selbstgefällig.

Sie habe auch gehört, ergänzte Svenja unbeirrt, dass Kai Steinkopf möglicherweise die Übernahme anderer Häuser vermittelt habe, indem er zunächst dorthin als Geschäftsführer gegangen sei und anschließend die Übernahme in die Wege geleitet habe.

Davon sei ihm nichts bekannt, sagte ihr Gesprächspartner auf einmal recht kurz angebunden.

»Sie können sich nicht daran erinnern, dass Kai Steinkopf erst Geschäftsführer der Rüdersdorfer Klinik wurde, die anschließend von Ihnen übernommen wurde?«, hakte Svenja nach.

»Sicher, Rüdersdorf haben wir akquiriert. Aber ich wüsste nicht, was das mit Herrn Steinkopf zu tun haben sollte. Jedenfalls ist er ja dann dort nicht Geschäftsführer geblieben.«

»Natürlich ist er das nicht«, sagte Svenja nun zu Kammowski, der ihr gebannt zugehört hatte, »denn er ist zum nächsten Haus weitergezogen.«

# 58

## LKA

Montag, 10. März

Eure Hypothese ist also tatsächlich«, fasste Thomandel auf der Morgenbesprechung zusammen, »dass Steinkopf als U-Boot für den Moselklinikenkonzern gearbeitet hat.«

»Wir müssen das inzwischen ernsthaft in Erwägung ziehen. Seine Beratertätigkeit bestand wahrscheinlich darin, als Geschäftsführer in die Kliniken zu gehen und sie herunterzuwirtschaften, bis sie sich freiwillig an den Moselkonzern verkauften«, sagte Svenja.

»Nicht ganz«, korrigierte Kammowski, der wieder im Einsatz war. »Das wäre ja irgendwann aufgefallen. Nein, er hat dafür gesorgt, dass jemand anders die Kliniken denunziert, und dann die Staatsanwaltschaft für sich den Job tun lassen. Wir sollten diesen Denunzianten einmal auf den Zahn fühlen. Hatten die vielleicht auch ›Beraterverträge‹ mit der Sanitas?«

»Und die Staatsanwaltschaft hat sich brav losschicken lassen!« Staatsanwalt Obermeister schüttelte ungläubig den Kopf.

»Immerhin hört man in den letzten Jahren immer wieder von Betrugsskandalen in der Ärzteschaft. Das Thema garantiert mediale Aufmerksamkeit, die auch die Karriere von Staatsanwälten fördern kann.« Kammowski grinste.

»Ich möchte doch sehr bitten«, protestierte der Staatsanwalt, aber keiner beachtete ihn.

»Kaum waren die in Marsch getreten, konnte Steinkopf als Klinikretter auftreten und alle unliebsamen und misstrauischen Kollegen rauswerfen«, ergänzte Svenja.

»Ich weiß nicht, das muss doch aufgefallen sein.« Thomandel blieb skeptisch.

»Ach was«, unterbrach ihn Kammowski. »Jeder hat Verständnis dafür, dass ein Geschäftsführer in so einer Angelegenheit harte Maßnahmen ergreifen muss. Tragisch für den Einzelnen, vielleicht auch ungerecht dem einen oder anderen gegenüber, aber zur Rettung der Klinik eben notwendig. Führungsqualität nennt man so etwas heute. Und sobald die kritischen Köpfe beseitigt waren, hatte er freie Bahn. Da wurde die Übernahme durch einen großen Klinikkonzern doch noch als glorreiche Rettungsaktion wahrgenommen.«

»Ich weiß nicht, verrennen wir uns da nicht? Es muss doch jemandem auffallen, wenn da einer alle zwei Jahre weiterzieht«, gab Thomandel wieder zu bedenken.

»Nein.« Svenja schüttelte den Kopf. »Das machen die heutzutage sowieso. Früher war das vielleicht noch anders: einmal Klinikdirektor, immer Klinikdirektor. Heute sind das Betriebswirte, Juristen, Steuerberater. Und es ist üblich, dass die nur kurze Zeit in einem Haus tätig sind. In dieser Zeit profilieren sie sich als Erneuerer, als diejenigen, die es schaffen, noch mehr Profit aus der Klinik zu saugen. Kurzfristig hält so eine Klinik das ja auch aus. Was passiert, wenn das Personal gnadenlos gestrichen wird? Die Mitarbeiter versuchen das eine Zeit lang mit Mehrarbeit, mit noch größeren Anstrengungen auszugleichen. Aber irgendwann können sie nicht mehr. Sie laufen ins Burn-out, die Fehler häufen sich. Der Ruf der Klinik leidet, die Patienten bleiben weg, wenn sie es sich leisten können und es Alternativen gibt. Aber dann sind diejenigen, die das verursacht haben, indem sie das Personal immer weiter reduziert haben, längst wieder ein Haus weitergezogen. Mitgenommen haben sie nur ihre vermeintlich gute Bilanz, die ihnen den Einstieg in einer höheren Position ebnet. Und somit beginnt das Spiel in einem anderen Haus von Neuem. Und wenn etwas passiert, wenn Menschen zu Schaden kommen, sind es die Ärzte, die gehen müssen. Denk mal an den Skandal in der Geburtsklinik in Erlangen, wo Frühgeborene gestorben sind. Schuld war mit größter Wahrscheinlichkeit die rigorose Sparpolitik, aber gekündigt wurde nicht dem Geschäftsführer, sondern dem Chefarzt, weil der in seiner Abteilung nicht für die notwendige Hygiene gesorgt hätte.«

»Inzwischen wurde auch der Geschäftsführer beurlaubt«, mischte sich Kevin ein.

»Ja, aber erst, als nach der Entlassung des Chefarztes zwei weitere Säuglinge starben.«

»Kinder, kommt zurück zur Sache«, schaltete sich Thomandel wieder ins Gespräch ein. »Solange wir keine andere Spur haben, spricht nichts dagegen, in diese Richtung weiter zu ermitteln.«

»Ich denke, Herr Thomandel hat recht. Wir sollten die Kollegen in Belgien einschalten und der Firma Sanitas in Brüssel einen Besuch abstatten«, meinte der Staatsanwalt. Er hatte dabei keinen von ihnen konkret angesehen. Als die Stille mit den Händen greifbar wurde, fragte er irritiert. »Sehen Sie das etwa anders?«

»Nein, das wäre schon sinnvoll«, erwiderte Kammowski. »Das Problem ist, dass ich im Moment nicht aus Berlin wegkann. Meine Mutter ist schwer krank, und ich muss mich jeden Abend um sie kümmern.«

»Ich könnte ja fahren«, beeilte sich Svenja zu sagen. »Ich habe keine privaten Verpflichtungen und wollte schon immer mal nach Brüssel.«

»Wir sollen ausgerechnet unsere jüngste Mitarbeiterin auf die Reise schicken?«, fragte Thomandel zweifelnd.

»Oh«, antwortete Svenja forsch, »Reisen, das kann ich schon. Und wenn es Probleme gibt, rufe ich euch an.«

»Also gut, dann übernehmen Sie das, Svenja.« Thomandel lächelte sie erleichtert an.

## 59

## CHRISTINE

Dienstag, 11. März

Christine hatte das ganze Wochenende vergeblich auf einen Rückruf von Matze gewartet. Sie selbst versuchte es nicht noch einmal. Auch sie hatte schließlich ihren Stolz, und auch sie war sich über ihre Gefühle nicht im Klaren. Sie hatte wissentlich in Kauf genommen, dass die Sache möglicherweise seiner Karriere bei der Kripo schaden konnte, und war dann über ihre eigenen Gefühle gestolpert. Keine guten Startchancen für eine Beziehung.

Allmählich musste sie mal wieder ans Geldverdienen denken. Die Steinkopf-Recherche war wichtig, brachte ihr aber kein Einkommen, zumindest momentan nicht absehbar. Sie telefonierte einige Redaktionen ab und verabredete sich mit einem Redakteur von »Modernes Reisen« in einem Café am Französischen Dom. Das Treffen verlief vielversprechend. Die Redaktion plante im Herbst des kommenden Jahres eine ganze Ausgabe Indien zu widmen. Christine registrierte zufrieden, dass die Konditionen gut waren.

Nachdem sie sich von dem Redakteur verabschiedet hatte, gab Christine einem Impuls nach und betrat einen mondänen Friseurladen direkt am Gendarmenmarkt. Sie hatte Glück, ein Kunde hatte soeben einen Termin abgesagt. Michael, ihr Friseur, bei dem sie schon seit Jahren Kundin war, konnte nicht nur exzellent Haare schneiden, sondern war auch ein angenehmer Gesprächspartner, der einem nie etwas aufdrängte. Sie überredete ihn, ihr eine richtige Kurzhaarfrisur zu machen. Es war an der Zeit, alte »Zöpfe« abzuschneiden. Anderthalb Stunden später sah Christine sich im Spiegel an.

»War eine gute Idee, macht dich zehn Jahre jünger«, sagte Michael grinsend, als er ihr den Handspiegel vorhielt, damit sie die Frisur von allen Seiten betrachten konnte. Das tat gut, obwohl Christine wusste, dass Michael ohne mit der Wimper zu zucken dasselbe von einer Langhaarfrisur gesagt hätte. Der Kunde war schließlich König.

Am frühen Abend rief Matze doch noch an. Er war freundlich wie immer, doch vom Stand der Ermittlungen berichtete er nicht. Sie verstand es. Solange sie eine Verdächtige war, konnte er sie nicht mit einbeziehen, und eigentlich durfte er sie als Privatperson ohnehin nicht in polizeiliche Ermittlung einweihen.

»Mir ist schon klar, dass du mir nichts erzählen kannst«, brachte Christine die Sache auf den Punkt, »aber lass dir wenigstens von mir berichten, was ich herausgefunden habe.« Sie erzählte ihm von den Geschäftsbeziehungen der Moselkliniken nach Russland und erinnerte ihn daran, dass Thomas ihr gesagt hatte, dass er Steinkopf mit einem Anwalt zusammen gesehen hatte, von dem er wusste, dass er für die russische Mafia tätig war.

»Könnt ihr«, sagte sie dann, »diesem Anwalt nicht einmal auf die Finger sehen? Oder soll ich mir einen Termin bei ihm geben lassen?«

»Das wirst du nicht tun. Du hältst dich da raus und lässt uns unsere Arbeit machen, versprich mir das.«

Das war heftiger gewesen als beabsichtigt.

»Wie du meinst.«

»Wir sollten uns vielleicht erst mal nicht sehen«, sagte Kammowski dann. »Ich gelte ja immer noch als befangen. Ich glaube, so kann ich dir am meisten helfen.«

»Das ist nett von dir«, beeilte Christine sich zu sagen. Es klang distanziert.

Es lag so viel Unausgesprochenes zwischen ihnen. Sie tauschten noch einige Freundlichkeiten aus, und dann war das Telefonat beendet. Christine stöhnte. Dann raffte sie sich auf. Das Fitnessstudio hatte seit Monaten ohne Gegenleistung seine Gebühr erhalten. Während sie ihre Sporttasche packte, beschlich sie wieder ein merkwürdiges Gefühl. Hatte sie nicht erst am Wochenende, als sie das Chaos in ihrer Wohnung beseitigte, ihre Sportsachen in einer anderen Reihenfolge gefaltet?

»Christine, reiß dich zusammen!«, schalt sie sich. Es war kein Wunder, dass sie den Eindruck hatte, dass Fremde da gewesen waren, wenn hier ohne ihr Beisein vor einigen Tagen eine Hausdurchsuchung stattgefunden hatte.

Christine verbrachte den Abend im Fitnessstudio. Auf dem Nachhauseweg bestellte sie ihr Abendessen in einem chinesischen Schnellimbiss, um es mit nach Hause zu nehmen. Während sie auf ihr Gericht wartete, ging sie in Gedanken den nächsten Tag durch. Morgen würde sie sich noch einmal ihre Wohnung vornehmen müssen. Sie war inzwischen zwar aufgeräumt, hatte aber seit Wochen keinen Staubsauger mehr gesehen.

Nachdem sie gezahlt hatte, zückte sie das Handy, um ein Taxi zu rufen, zögerte kurz und entschied sich dann anders. Sie musste auf ihre Ausgaben achten. Sie steckte das Handy zurück in ihre Handtasche und ging Richtung U-Bahn, als ihr ein schwarzer Audi auffiel. Christine hatte kein Auto, aber manchmal brauchte man für Recherchearbeiten eben doch ein Fahrzeug. Daher kannte sie sich ganz gut mit Mietwagen aus. Vielleicht war ihr deshalb das Sixt-Fahrzeug mit Münchener Kennzeichen und den Ziffern 7757 aufgefallen. Vielleicht aber auch nur, weil sie eine irrationale Beziehung zu der Zahl sieben hatte. Sie war am 7. Juli 57 geboren, und in ihrer Jugend hatte sie viel Feldhockey gespielt – sie war immer die Nummer sieben gewesen.

Christine war sich sehr sicher, dass genau dieses Fahrzeug heute Morgen vor ihrem Haus gestanden hatte. Vielleicht nur ein merkwürdiger Zufall? Trotzdem war sie alarmiert. Jetzt nur keine Paranoia! Als sie die U-Bahn am Kleistpark verließ, war sie wieder einigermaßen beruhigt. Sie drehte sich noch einige Male um, aber niemand schien ihr zu folgen. Auch vor ihrem Haus konnte sie keinen Audi entdecken.

Ihre Wohnung war ziemlich ausgekühlt. Nachts drehte Christine die Heizung herunter, und heute Morgen hatte sie vergessen, sie hoch zu regulieren. Das holte sie rasch nach.

Nach dem Essen gab sie alle Telefonkontakte, die sie im Notizbuch aufgeschrieben hatte, in das neue Handy ein und überlegte dann, was weiter zu tun war. Schließlich ging sie in ihre Küchenecke und setzte Teewasser auf. Mit einer Tüte Chips ließ sie sich vor dem Fernseher nieder, um die Nachrichten zu sehen. Zuvor zog sie die Vorhänge vors Fenster.

Da stand er wieder, der Audi. Oder war es ein anderer? Christine konnte von hier oben das Nummernschild nicht erkennen. Aber als sie nach Hause gekommen war, hatte da kein Audi gestanden. Panik schnürte ihr jetzt die Kehle zu. Der Wagen stand zwar unter einer Laterne, aber das Licht reichte nicht aus, um mit Sicherheit erkennen zu können, ob jemand darin saß.

Der Teekessel pfiff. Christine versuchte, ihre Gedanken zu ordnen. Was konnte sie tun? Erst einmal den Kessel ausstellen. Saß da unten wirklich jemand und beschattete sie? Wer konnte das sein, und – vor allem – was wollte er? Womöglich stand er auch längst vor ihrer Haustür. Christine schlich in den Flur und horchte hinaus. Von draußen war nichts zu hören. Leise drehte sie den Schlüssel im Schloss und legte die Kette vor. Sie horchte erneut. Es war immer noch nichts zu hören außer dem Pulsschlag an ihrer Schläfe. Sie griff sich einen der alten Hockeyschläger, die sie in einem Schirmständer neben der Haustür aufbewahrte. Dann ging sie neben der Tür in die Hocke und dachte nach.

Ihre Wohnung hatte keinen zweiten Ausgang. Es gab zwar einen Balkon zum Hof hin, aber sie konnte sich ja schlecht aus dem dritten Stock abseilen. Gegenüber wohnte eine Familie mit drei Kindern. Sie hatte keinen engen Kontakt zu ihren Nachbarn, dafür wohnte sie zu kurz hier. Ihre neuen Nachbarn hatte sie im Flur gegrüßt und gelegentlich mit ihnen ein paar Worte gewechselt. Immerhin wusste Christine, dass sie verreist waren.

Verdammt, dachte Christine, hätte sie ihnen doch angeboten, sich um Post und Blumen zu kümmern. Jetzt wäre der Schlüssel Gold wert gewesen. Über den Flur rasch in die andere Wohnung zu schleichen, das hätte sie sich womöglich getraut. Aber was, wenn derjenige doch schon vor ihrer Tür stand? Also was tun? Die Treppe in den Keller zu laufen, wagte sie nicht. Sie überlegte, ob sie vielleicht bei anderen Nachbarn klingeln könnte. Aber sie kannte sonst noch niemanden im Haus, und dass man sie als Fremde hineinließe, wenn überhaupt jemand zu Hause wäre, darauf wollte sie nicht vertrauen. Die Flucht in die andere Richtung war auch nicht möglich. Der Dachboden war von einem Architektenehepaar ausgebaut worden, das viel unterwegs zu sein schien. Auch da säße sie am Ende vermutlich in einer Falle.

Auf die naheliegende Lösung, die Polizei zu rufen, kam sie vor Aufregung gar nicht. Unschlüssig schlich sie sich wieder zum Fenster und versuchte, einen Blick auf die Straße zu werfen. Sie verspürte den Impuls, alle Lichter zu löschen und sich zu verstecken. Aber dann tat sie es nicht, vielleicht wartete der da draußen darauf, dass sie sich schlafen legte.

Doch im vollen Schein der Lampe wollte sie auch nicht ins Fenster treten. Also dimmte sie das Licht im Wohnraum und machte das Flurlicht aus. Der Fernseher gab ja auch Flackerlicht ab und signalisierte, dass sie noch nicht schlief. Sie holte eine Taschenlampe aus der Küche und schlich wieder zum Fenster, ohne die Taschenlampe einzuschalten. Der Audi stand noch an derselben Stelle, es war kein Insasse zu erkennen. Wie viele Audis gab es in Berlin? Vielleicht war das ja nicht mal ein Audi. Sie war sich da auf einmal gar nicht mehr so sicher.

Panik hatte erneut von ihrem Herz Besitz ergriffen, es schien rasend schnell zu pumpen, Schweißperlen rannen ihr von der Stirn in den Ausschnitt. Ich muss etwas unternehmen, entschied sie. Sie nahm ihr Telefon vom Schreibtisch, ging zurück in den Flur kniete sich wieder neben die Haustür, legte den Hockeyschläger und die Taschenlampe neben sich auf den Fußboden und legte das Ohr wieder fest an die Haustür. Sie meinte, das leise Klicken der Flurbeleuchtung zu hören, als diese anging. Ängstlich hielt sie das Ohr an die Tür und horchte auf weitere Geräusche aus dem Flur. Aber sie hörte nichts mehr. Jetzt saß die Angst wie ein trockener Kloß in ihrer Kehle und hinderte sie am Schlucken. Nur mühsam gelang es ihr, mit zittrigen Fingern das Telefon zu bedienen. Mehrmals drückte sie eine falsche Taste, bis endlich das Freizeichen an ihrem Ohr erklang. »Bitte geh ran!«, flüsterte sie.

## 60

## KAMMOWSKI

Dienstag, 11. März

Kammowski drehte mit seiner Mutter eine Runde auf dem Flur des Heims. Er war spät dran. Sie hatte längst zu Abend gegessen und war bettfertig gemacht worden. Die Nächte begannen früh in den Heimen. Aber er holte sie noch einmal aus dem Bett und zog ihr den Bademantel über. Sie strahlte wie immer, wenn sie ihn sah.

Kammowski wunderte sich nicht zum ersten Mal darüber, wie unkompliziert seine Mutter geworden war. Ein komisches Wort für die eigene Mutter, aber er hatte seine Mutter früher oft als eigenwillig und unzufrieden erlebt. Kammowski hatte sich das damit erklärt, dass ihre Generation durch den Krieg um ihre Kindheit und Jugend gebracht worden war. Und sehr glücklich war sie in ihrer Ehe wohl auch nie gewesen. Aber Kammowski hatte nie mit ihr darüber gesprochen. Das war einfach kein Gesprächsthema für Mutter und Sohn. In der Demenz schien sie merkwürdigerweise ihren Frieden gefunden zu haben, konnte sich womöglich erstmals oder wieder an den kleinen Dingen des Lebens erfreuen. Zum Beispiel, wenn er sie besuchen kam und ihr Blumen mitbrachte.

Die Nachtschwester kannte ihn und nickte ihm freundlich zu. Sie gingen mit dem Gehbock einmal den ganzen Flur auf und ab. Sie stützte sich beim Auftreten auf der Seite der Hüftfraktur gut auf das Gestell. Kammowski wusste aber auch, dass sie nachts, wenn sie keine Sitzwache hatten auftreiben können, immer wieder alleine aufstand – ohne Gehbock – und dann von der Schwester ins Bett geleitet werden musste.

Aber sie lief immerhin und lag nicht mit einer Lungenentzündung im Bett. Und ab morgen würden sie wieder für einige Tage Sitzwachen haben. Kammowski war zufrieden.

»Herr Kommissar!« Die Nachtschwester lächelte ihn an, als er am Dienstzimmer vorbeikam. »Wir hätten da noch mehr Fälle für Sie, für wann dürfen wir denn Termine mit Ihnen vereinbaren?«

»Heute nicht mehr«, grinste Kammowski zurück, »vielleicht nächste Woche.«

Er mochte Schwester Andrea. Immer freundlich, immer hilfsbereit und immer alert. Das war nicht selbstverständlich. Andere reagierten auch schon einmal gereizt auf Probleme des täglichen Lebens im Heim.

»Die Schuhe, die meine Mutter anhat, gehören ihr nicht«, hatte Kammowski einmal bemängelt, »und ihre eigenen finde ich nicht in ihrem Zimmer.«

»Sind Sie sicher, dass das nicht ihre Schuhe sind?«, konnte dann als genervte Antwort kommen, oder auch: »Ihre Mutter zieht sich eben fünfmal am Tag um«, als ob das erklären konnte, warum ihre drei Paar Schuhe verschwunden waren und sie stattdessen fremde Schuhe an den Füßen trug.

Schwester Andrea hingegen reagierte stets gelassen und freundlich: »Stimmt, Ihre Mutter hat doch Schuhe mit Schnürsenkeln und nicht mit Klettverschluss. Keine Sorge, ihre Schuhe werden schon wieder auftauchen.«

Und tatsächlich, am nächsten Tag konnte sie berichten, dass alle drei Paar Schuhe unter ihrem Bett gefunden worden waren.

Kammowski wünschte ihr noch eine gute Nacht und betrat gerade den Fahrstuhl, als sein Handy in der Hosentasche vibrierte. Es kannte die Nummer nicht. Kurz zögerte er, dann siegte die Neugierde.

Es war Christine. Ihre neue Handynummer hatte er nach ihrem letzten Telefonat noch nicht zu seinen Kontakten gefügt. Er konnte sie kaum verstehen. Der Empfang war im Fahrstuhl sehr gestört.

»Sprich doch mal lauter«, rief er ins Telefon. Dann war die Verbindung unterbrochen. Unten auf der Straße versuchte er noch mehrere Male, sie anzurufen, erreichte aber nur die Mailbox. Kammowski überlegte. Es war inzwischen elf, er war müde. Was hatte Christine von ihm gewollt, was nicht bis morgen Zeit gehabt hätte? Warum rief sie erst an und war dann nicht mehr erreichbar?

Es dauerte einige Sekunden, bis Christine realisierte, dass Kammowski sie nicht verstand. Sie hatte jetzt keine Zeit, sich mit einem Funkloch abzugeben. Kratzende Geräusche schreckten Christine auf. Machte sich da jemand an ihrem Türschloss zu schaffen? Rasch drückte sie Kammowski weg, um besser hören zu können. Erstaunlicherweise fiel in diesem Moment die Panik abrupt von ihr ab. Es war, als hätte sie ein anderes Medium betreten. Christine war jetzt hochkonzentriert, ruhig, ihre Bewegungen waren zeitlupenartig und mechanisch, die Gedanken fokussiert auf den Augenblick. Jetzt, da sie sich sicher war, dass das alles nicht ein Produkt ihrer Fantasie gewesen war, gelang es ihr plötzlich, ganz klar zu denken. Im Bruchteil einer Sekunde wog sie ihre Alternativen ab, überlegte kurz, sich doch über den Balkon abzuseilen, verwarf den Gedanken wieder. Es war ja keineswegs sicher, dass derjenige, der es auf sie abgesehen hatte, alleine unterwegs war. Womöglich saß da unten in dem Auto ein Komplize. Außerdem war es hierfür jetzt zu spät.

Ruhig wählte sie die 112, sagte langsam und deutlich ihren Namen, ihre Adresse und dass sich gerade ein Einbrecher an ihrer Tür zu schaffen mache und sie nicht weitersprechen könne, weil sie sich jetzt möglicherweise verteidigen müsse. Dann legte sie das Telefon beiseite, ohne aufzulegen.

Angespannt wie ein Raubtier auf der Pirsch beobachtete sie, wie sich der Türknopf tatsächlich langsam drehte. Die Tür öffnete sich einen Spalt, wurde aber von der Vorhängekette zurückgehalten. Wenige Sekunden später wurde von außen ein Seitenschneider vorgeschoben. Er durchschnitt die Vorhängekette wie Butter. Christine hielt den Atem an. Die Kette gab ein leises Klirren von sich, als sie sich aus der Verankerung löste. Sie fiel nicht auf den Boden, sondern wurde fast lautlos aufgefangen. Mit kühler Berechnung, die sie selbst an sich überraschte, wurde ihr klar: Der Feind wähnte sich unentdeckt. Damit lag der Vorteil der Überraschung auf ihrer Seite!

Lautlos erhob sie sich aus der Hocke. Den Hockeyschläger hoch über dem Kopf gehoben, beobachtete sie gebannt die Tür, die langsam weiter aufgedrückt wurde. Als sie so weit offen war, dass ein Arm mit einer Schusswaffe ins Blickfeld geriet, schlug sie mit aller Kraft zu. Ein gedämpfter Schuss, ein verhaltener Schrei, die Waffe fiel zu Boden, ein Arm wurde zurückgezogen. Mit einer raschen Fußbewegung, als habe sie in ihrem Leben nichts anderes als Nahkampf gemacht, stieß sie die Waffe beiseite, die ihr vor die Füße gefallen war, riss die Tür auf und begann auf das, was sich ihr da in den Weg stellte, einzuprügeln.

Sie hätte später nicht zu sagen gewusst, worauf sie da eindrosch. Sie konnte sich nur noch an ihre Wut erinnern. Eine kalte Wut, die sie noch nie zuvor empfunden hatte und die, das wurde ihr erschreckend bewusst, nur ein Ziel kannte: Töten.

Von dem brutalen Angriff völlig überrascht, zog sich der

Angreifer augenblicklich zurück, die Arme schützend über den Kopf gehalten. Das Licht im Flur war ausgegangen, und Christine konnte nichts erkennen. Rasch warf sie die Wohnungstüre zu und sank zu Boden.

»Hallo, wer ist da, bitte melden Sie sich!« Die Stimme vom Notruf versuchte offenbar schon seit geraumer Zeit, mit ihr Kontakt aufzunehmen.

Zitternd nahm sie das Telefon wieder ans Ohr.

»Ja, ich bin wieder am Apparat. Ich glaube, er ist weg.«

»Die Polizei muss jeden Moment bei Ihnen sein. Bleiben Sie ruhig«, sprach die Stimme des Leitstellenmitarbeiters beschwörend auf sie ein.

# 61

## CHRISTINE & KAMMOWSKI

Dienstagnacht, 11. März

Kammowski kam zeitgleich mit der Funkstreife bei Christines Wohnung an.

»Eine Frau hat per Handy einen Überfall gemeldet«, informierte ihn der Polizist, nachdem Kammowski sich ausgewiesen hatte, »dann ist der Kontakt abgebrochen, aber die Leitstelle meint, einen Schuss gehört zu haben. Und Nachbarn haben der Zentrale ebenfalls einen Schuss gemeldet. Wir haben Order, auf Verstärkung durch das SEK zu warten.«

»Okay, das ist sinnvoll«, stimmte Kammowski ihm zu, wandte sich dann ab und stürmte los.

»Hey, Sie Wahnsinniger, was soll das?«, rief ihm der Polizist hinterher. Aber Kammowski hörte ihn nicht oder wollte ihn nicht hören.

Die untere Haustür des vernachlässigt wirkenden Mehrfamilienhauses stand weit offen. Jemand hatte sie mit einem Holzkeil festgeklemmt. Möglicherweise um zu lüften. Es roch muffig nach Keller und Schimmel. Im Treppenhaus angekommen, bremste Kammowski jäh ab. Es war ziemlich düster hier, man konnte kaum die Umrisse des Treppenaufgangs erkennen. Von der Straße drang diffuses Licht herein. Vorsichtig tastete er nach einem Lichtschalter, fand ihn rechts neben der Haustür, drückte ihn, aber nichts passierte, außer, dass eine Zeitschaltuhr, deren Aufgabe es war, die Flurbeleuchtung nach einiger Zeit wieder abzuschalten, zu ticken begann. Kammowski kramte in der Jackentasche nach seinem Handy, stellte die Taschenlampenfunktion ein. Auf jedes Geräusch horchend, schlich er nach oben. Niemand kam ihm entgegen. Vor Christines Wohnungstür hielt er inne und lauschte erneut. Aus der Wohnung war kein Laut zu hören. Ein lautes Knacken beendete das Ticken der Zeitschaltuhr und ließ ihn zusammenfahren. Leise zog er seine Pistole aus dem Halfter und entsicherte sie. Mit der anderen Hand drückte er vorsichtig gegen die Wohnungstür. Sie war verschlossen. Leise klopfte er gegen die Tür und horchte. Nichts passierte.

»Christine?«, rief er nun etwas lauter. »Bist du da?«

Mit einem Ruck wurde die Tür aufgerissen, und Christine stand vor ihm, in der Hand einen Hockeyschläger, als wollte sie sich auf ihn stürzen. Als sie ihn so im Flur stehen sah, die Waffe auf sie gerichtet, fiel er ihr vor Schreck aus der Hand. Dann brach sie in Tränen aus.

»Hey, mein Mädchen, ist ja gut«, redete er beruhigend auf sie ein und führte sie zur Couch. Sie zitterte am ganzen Körper und war nicht mehr fähig zu stehen. Kammowski selbst ging es nicht viel besser, aber er versuchte es nicht zu zeigen. Er hätte eben fast auf Christine geschossen. Sie schien das zum Glück nicht bemerkt zu haben, so erleichtert war sie gewesen, dass er da war.

Er wickelte sie in eine Decke, gab Entwarnung für das anrückende SEK und kochte einen Tee. Es dauerte einige Zeit, bis Christine etwas ruhiger wurde und berichten konnte, während zwei Einsatzbeamte die Wohnung sicherten.

»Hast du eine Ahnung, wer das war und was er wollte?«

»Nein, kannst du nichts über die Leihwagenfirma herausbekommen?« Ein Blick aus dem Fenster hatte gezeigt, dass der Audi nicht mehr da war.

»Klar, werden wir versuchen, aber der wird sich nicht unter seinem richtigen Namen ein Fahrzeug ausgeliehen haben. Kannst du ihn beschreiben?«

»Ich könnte ja nicht einmal beschwören, dass es ein Mann war, ich habe niemanden gesehen. Ich meine, ich hab schon was gesehen, einen Arm, eine Hand mit einem Handschuh, aber ich könnte die Person nicht beschreiben. Es war ziemlich dunkel.«

»Du bist dir aber sicher, dass da jemand war, ich meine, du hast dir das nicht eingebildet?«, fragte Kammowski vorsichtig.

»Sicher, und dann habe ich meine Wohnungstür aufgebrochen, die Kette durchgeschnitten und mir selbst in meinen Fußboden geballert, damit es nicht auffällt.«

Kammowski und die beiden Polizisten der Streife waren ihrem Blick von der Tür zu einer Einschussstelle im Boden des Flurs gegenüber der Eingangstür gefolgt.

»Der Einbrecher hat einen Schuss abgegeben?«

»Ich habe ihm mit aller Kraft den Hockeyschläger auf den Arm geschlagen. Dabei muss ein Schuss losgegangen sein. Zumindest bin ich sicher, dass das Loch zuvor nicht da war. Und Schusswaffen befinden sich normalerweise auch nicht in meinem Besitz«, antwortete Christine und deutete auf die Pistole, die immer noch in der Flurecke auf dem Boden lag. »Sag mal, apropos Pistole, kann das sein, dass du mich da eben fast erschossen hättest?«

»Nein, keine Sorge, ich hatte alles im Griff.« Kammowski, wechselte rasch das Thema.

»Lass mal alles so liegen, die KTU muss es erst dokumentieren.«

Als nach zwei Stunden alle wieder weg waren, setzten sich Christine und er in die Küchenecke und stellten gemeinsam Überlegungen an. Vor allem die Erkenntnis, dass die Moselkliniken mit russischen Firmen und Mafiakreisen verbandelt waren, ließ Christine keine Ruhe.

»Mensch, Kammowski, stell dir das mal vor. Unser Gesundheitswesen ist fest in russischer Hand.«

»Ja, so sind sie, die Zeiten der Globalisierung, da müssen wir uns nicht wundern.«

»Na ja, russische Mafia ist aber noch einmal eine andere Nummer. Dieser Bilurev ist ein international gesuchter Verbrecher. Und vergiss nicht: Thomas hat diesen Burmeister mit Steinkopf zusammen gesehen. Und kurz darauf ist er tot. Dann sterben Steinkopf und Ostermeier, Letzteren hatte ich mit Recherchen beauftragt. Und nun werde ich überfallen. Das kann doch alles kein Zufall mehr sein.«

»Ja, wir glauben ja inzwischen auch, dass an deinen Überlegungen etwas dran ist, und ermitteln in dieser Richtung. Darf ich dich etwas fragen?«

Christine nickte.

»Kannst du dir vorstellen, dass sich dein Mann gar nicht selbst das Leben genommen hat, sondern auch ermordet wurde?«

Christine zögerte mit der Antwort. »Ehrlich gesagt, ich weiß nicht mehr, was ich glauben soll. Damals war der Suizid das Naheliegende, obwohl es Ungereimtheiten gab. Heute bin ich mir da nicht mehr so sicher.«

»Vielleicht kommst du lieber mit zu mir«, schlug Kammowski schließlich vor, nachdem sie alles wieder und wieder besprochen hatten und sich Müdigkeit breitmachte.

»Kannst du denn wirklich eine Mordverdächtige bei dir aufnehmen?«

Kammowski war nicht zum Scherzen zumute. »Wenn sie ins Zeugenschutzprogramm genommen wird, dann schon.«

Kurz darauf gingen sie gemeinsam in Richtung seines Wagens.

»Heh«, sagte er plötzlich, als er sie mit sanftem Druck auf

den Beifahrersitz schob. »Du hast ja eine neue Frisur. Sieht gut aus, macht dich zehn Jahre jünger.«

»Ich weiß, sagt mein Friseur auch«, sagte Christine und gab vor zu schmollen. »Als ob ich das nötig hätte!«

# 62

## SVENJA

Dienstag, 11. März

Als Svenja in Brüssel um 9:55 Uhr aus dem Flugzeug stieg, war es angenehm warm, mindestens fünfzehn Grad über null, und die Sonne schien. Svenja hatte sich auf Handgepäck beschränkt und ging zügig auf den Ausgang zu, wo sie schon Yves de Grauve von der Police Fédérale erwartete, mit dem sie am Tag zuvor telefoniert hatte.

Svenja sprach ganz gut Französisch, war dann aber doch froh, dass de Grauve sie auf Englisch ansprach. Er war um die dreißig Jahre alt, strahlte sie an und verschwendete keine Zeit, unverzüglich mit ihr zu flirten.

Da es sich bei dem Termin in der Zentrale der Sanitas Investments nicht um eine Vernehmung, sondern nur um ein Gespräch handele, müsse er nicht unbedingt dabei sein, er würde sie aber gerne begleiten, falls sie nichts dagegen habe, und ihr, wenn noch genug Zeit bliebe, später etwas von Brüssel zeigen.

Nun, dagegen hatte sie nichts einzuwenden. Svenja wollte abends die letzte Maschine nach Berlin erreichen. Es war also gar nicht schlecht, wenn ein ortskundiger Kommissar der Brüsseler Polizei anbot, ihr die Stadt zu zeigen. Schlanker, muskulöser Körperbau, dunkelbraune, leicht gewellte Haare, das freundliche Grinsen – der Mann war nicht unattraktiv.

Die Sanitas Investments verfügten über einen noblen Firmensitz im Stadtteil Saint-Gilles, und Svenja hatte mit Herrn Wertheim, dem Regionalleiter »Kliniken«, für halb eins einen Termin vereinbart.

»Da haben wir noch Zeit, vorher zusammen einen Kaffee trinken zu gehen, und Sie können mir erzählen, auf was für Informationen Sie hoffen«, freute sich de Grauve. »Wir fahren direkt zum Firmensitz, der ist mitten in der Stadt. Die haben bestimmt eine Firmengarage, die wir nutzen können. Und dann suchen wir uns ein nettes Café in der Nähe.«

Sie spazierten durch einen Park. Der Frühling war jetzt allmählich nicht mehr wegzudiskutieren. Krokusse schoben ihre bunten Köpfe durch die noch farblosen Rasenflächen, das Astwerk einiger Bäume und Sträucher hatte sich bereits in Gelb verwandelt. De Grauve steuerte ein Café inmitten des Parks an, das sich mit großen Fensterflächen hin zu den Grünanlagen einerseits sehr modern gab, aber andererseits durch seine Inneneinrichtung mit viel dunklem Holz und Leder einen urtümlichen, gemütlichen Eindruck vermittelte.

Svenja informierte Yves de Grauve über ihren Ermittlungsauftrag, aber schon bald wandte sich das Gespräch anderen Dingen zu, bis es Zeit zum Aufbruch war.

Wertheim war ein jovialer, korpulenter Mann mit grünen Knopfaugen, der sein Gegenüber wachsam musterte, während der Rest der Person behäbige Freundlichkeit ausstrahlte. Er war Deutscher, aber mit Rücksicht auf den Mitarbeiter der belgischen Polizei sprachen sie überwiegend Englisch.

Ja, er sei darüber informiert worden, dass sich die deutsche Polizei für einen ihrer freien Mitarbeiter interessiere. Er habe sich inzwischen kundig gemacht. Kai Steinkopf werde in der Tat bei ihnen als solcher geführt. Die Sanitas Investments sei ein international agierender Konzern. Ein bedeutender, wenngleich nicht der einzige Sektor des Konzerns sei die stationäre Krankenversorgung. Allerdings sei die Sanitas hier nicht unmittelbar aktiv, sondern lediglich Mehrheitsanteilseigner lokaler Firmen, in Deutschland zum Beispiel der Moselkliniken. Eine Firma, die international auftrete, müsse mit den lokalen Begebenheiten eines Landes vertraut sein. Daher hätten sie eine Reihe von freien Mitarbeitern, die Berichte für sie erstellten.

»Kannten Sie Herrn Steinkopf persönlich?«, fragte Svenja.

Herr Wertheim schien einen Augenblick zu erwägen, dies abzustreiten, doch dann besann er sich anders. »Ja, es kommt immer wieder vor, dass Mitarbeiter in die Zentrale gebeten werden, um direkt zu berichten. Herr Steinkopf war erst vor einigen Wochen bei uns, um uns seinen Bericht persönlich vorzutragen.«

»Worum ging es?«

»Wie ich schon sagte, die Mitarbeiter unterrichten uns über die politische Entwicklung des Gesundheitswesens in ihren Ländern. Werden die privaten Krankenversicherungen in Deutschland nun abgeschafft oder nicht, welche Firma hat ihre Marktanteile in welcher Branche verändert. All das sind Fragen, die ein Konzern, der in diesem Bereich nicht unerheblich investiert, wissen muss.«

»Könnten Sie bitte etwas konkreter werden?«, forderte Svenja. »Oder, noch besser, dürfen wir die Berichte von Herrn Steinkopf einsehen?«

»Selbstverständlich nicht, das sind vertrauliche Dokumente!« Wertheim zeigte jetzt ehrliche Empörung.

»Herr Wertheim, wir ermitteln in einem Mordfall. Herr Steinkopf wurde möglicherweise ermordet, da ist es wichtig für uns, zu erfahren, womit er sein Geld verdiente.«

»Das heißt, Sie wissen gar nicht genau, ob er ermordet wurde?«, griff Wertheim sofort nach der gebotenen Gelegenheit, und Svenja wusste, dass sie einen Fehler gemacht hatte.

»Das tut nichts zur Sache«, erwiderte sie etwas schroff.

»Wir finden es jedenfalls merkwürdig, dass Herr Steinkopf für einen einzigen Bericht von Sanitas Investments vierhunderttausend Euro erhalten hat.«

»Sehen Sie, Frau Hansen«, antwortete Wertheim in väterlichem Tonfall, »Herr Steinkopf war als freier Mitarbeiter in beratender Funktion für uns tätig. Er hat nicht nur einen Bericht erstellt, sondern ein bis zwei Berichte pro Jahr abgeliefert, und er war als Ansprechpartner bei Fragen für uns jederzeit erreichbar. Hierfür hat er je nach Aufwand zweihundert- bis vierhunderttausend Euro pro Jahr erhalten. Es ist ja wohl nicht verboten, seine Mitarbeiter gut zu bezahlen. Dieses Gehalt ist bei uns ordnungsgemäß über die Bücher gegangen, und ich gehe davon aus, dass auch Herr Steinkopf hierfür seine Steuern abgeführt hat. Wenn nicht, wäre das im Übrigen sein Problem und nicht das unsrige. Es tut mir außerordentlich leid, dass Herr Steinkopf ums Leben gekommen ist. Wir verlieren hierdurch einen wertvollen Mitarbeiter, aber ich weiß beim besten Willen nicht, wie ich Ihnen bei den Ermittlungen helfen kann. Wenn Sie also keine weiteren Fragen mehr haben …«

»Dieses aalglatte Miststück«, schimpfte Svenja, als sie wieder im Auto saßen.

»Was hast du denn erwartet?«, fragte Yves.

»Findest du das normal? Vierhunderttausend Euro für einen Bericht, den er uns nicht zeigen will, der vermutlich nicht einmal existiert. Da muss der kleine Bäcker aber viele Brötchen für backen«, schimpfte Svenja.

»Stimmt schon, aber wenn du mal in solchen Höhen angekommen bist, ist das doch üblich. Die schieben sich gegenseitig die Boni zu, es lohnt nicht, sich darüber aufzuregen.«

»Da bin ich anderer Meinung«, erwiderte Svenja.

Yves lachte. Und mit einem Blick auf die Uhr sagte er: »Du

hast noch vier Stunden, bis du wieder am Flughafen sein musst. Was machen wir in der Zeit?«

»Musst du nicht wieder an die Arbeit?«

»Na hör mal, ich leiste der deutschen Polizei Amtshilfe, ist das keine Arbeit?«

»Könnt ihr die Berichte vielleicht beschlagnahmen?«

»Ich denke schon. Wenn ihr eine offizielle Anfrage stellt. Was hältst du von einer kleinen Stadtführung?«

# 63

## LKA

Mittwoch, 12. März

Der Angriff auf Christine von Hehn hatte die Sachlage komplett verändert. In Absprache mit der Staatsanwaltschaft gründete Thomandel am Morgen nach dem Überfall die Soko »Kliniken«. Der Name war nicht sehr originell, aber es handelte sich um eine schlagkräftige Einsatztruppe von zwölf Mitarbeitern unter Kammowskis Leitung.

Kammowski, der sich von Svenja hatte von Brüssel berichten lassen, fasste für die neu hinzugekommenen Kollegen die Fakten noch einmal zusammen und verwies auf die Bemerkungen, Bilder und Dokumente, die Svenja in ihrer Mindmap zusammengetragen hatte. Sie hatten sie noch einmal ausgedruckt und neben Fotos vom Tatort und von Beteiligten und Verdächtigen an die Wand gepinnt.

»Also Kollegen. Am zehnten Februar wird die Leiche von Kai Steinkopf im Hotel Aurora gefunden. Die Obduktion ergibt Tod durch Strangulation und Unterzuckerung. Es fanden sich keine sicheren Zeichen für ein Fremdverschulden. Deshalb konnten sich die Kollegen von der Gerichtsmedizin nicht festlegen, ob es sich um einen Mord oder einen Unfall handelte. Der Tote war Diabetiker, und wir vermuteten zunächst, dass die Strangulation als Akt der Autoerotik selbst herbeigeführt wurde. In seinem Blut konnten Spuren von Viagra und von Kokain nachgewiesen werden – beides nicht in tödlicher Dosis. Außerdem war er unterzuckert. Da Geld und Kreditkarten nicht entwendet wurden, schließen wir einen Raubmord aus. Der Letzte, der den Toten vermutlich gesehen hat, ist ein im Milieu bekannter, aktenkundiger ehemaliger Strichjunge namens Michael Fritsche. Seine Fingerabdrücke wurden am Tatort nachgewiesen. Nach Aussagen eines Freundes war er jedoch seit längerer Zeit nicht mehr im Milieu tätig, sondern ging einer geregelten Arbeit in einem Fahrradladen nach. Anders als zunächst angenommen, unterhielt er mit dem Toten eine Liebesbeziehung, hierfür sprechen Fotos, die der Privatdetektiv Ostermeier gemacht hatte, die Aussagen eines ehemaligen Freundes und auch der Ehefrau des Opfers, Olga Steinkopf.

Diese war nachweislich ebenfalls in der Nähe des Tatorts. Es fanden sich allerdings keine Beweise für ihre Anwesenheit am Tatort selbst. Sie hatte ein Motiv, nämlich Eifersucht, und sie ist Nutznießerin einer Lebensversicherung. Weitere Indizien, die nahegelegt hätten, dass sie direkt etwas mit dem Tod ihres Mannes zu tun gehabt hätte, konnten nicht sichergestellt werden. Sie selbst bestreitet die Tat. Sie gibt an, ihren Mann in der Lobby des Hotels zur Rede habe stellen wollen, es sich dann aber anders überlegt zu haben, als sie beobachtete, wie Michael Fritsche weinend das Hotel verließ. Da habe sie gemutmaßt, dass ihr Mann Wort gehalten haben könnte, indem er sich von Fritsche trennte. Der Portier des Hotels und der Taxifahrer bestätigen, dass Frau Steinkopf in der Bar recht viel Alkohol getrunken hatte und sich dann nach Hause fahren ließ.

Der Schwiegervater des Opfers, Karl-Heinz Peters, gesteht in einem Brief ans LKA den Mord an Steinkopf und setzte sich wahrscheinlich in den Irak ab, wo er die längste Zeit des Jahres ohnehin lebt. Wir halten das Geständnis von Peters für eine Schutzbehauptung. Er war zu dieser Zeit Gast im Hause Steinkopf und hat vermutlich mitbekommen, dass seine Tochter Streit mit ihrem Mann hatte, in der Todesnacht das

Haus verlassen und der Polizei gegenüber gelogen hat. Er befürchtete, seine Tochter könnte ihren Mann ermordet haben.« Kammowski nahm Peters' Foto von der Pinnwand und ordnete es links außen an. Dann setzte er seinen Bericht fort.

»Ebenfalls im Hotel und nachweislich auch am Tatort war Christine von Hehn.« Kammowski schluckte unmerklich und fuhr mit belegter Stimme fort. »Wie ihr wisst, ist Frau von Hehn eine Bekannte von mir. Sie ist Journalistin und hat vermutlich Kontakt mit mir aufgenommen, um an LKA-Informationen zu gelangen. Sie ist auf zweierlei Weise in die Angelegenheit verstrickt. Ihr Mann, Dr. Thomas Franke, war Chefarzt in einem der Krankenhäuser der Barmherzigen Schwestern zu Bernau. Steinkopf hat ihn entlassen, und Franke hat sich wahrscheinlich daraufhin das Leben genommen. Rache wäre also durchaus ein Motiv, zumal Frau von Hehn nachweislich am Tatort Steinkopf war und dort Fotos gemacht hat. Sie bestreitet die Tat ebenfalls.« Wiederum nahm Kammowski das passende Foto von der Pinnwand und ordnete es neben dem Bild von Olga Steinkopf an.

»Die damaligen Ermittlungsergebnisse legten einen Selbstmord Dr. Frankes nahe, es gab aber keinen Abschiedsbrief, seine Tätigkeiten am Todestag deuteten nicht unbedingt auf eine Selbsttötungsabsicht hin, und aus heutiger Sicht muss trotz seiner Depression die Selbsttötung noch einmal infrage gestellt werden. Doch möchte ich zunächst noch einmal auf Frau von Hehn zu sprechen kommen. Sie arbeitete an einer Reportage über die Moselkliniken. Die Moselkliniken sind der größte private Klinikeigner Deutschlands. Frau von Hehn versuchte mit Unterstützung des Privatermittlers Ostermeier nachzuweisen, dass die Moselkliniken Herrn Steinkopf dafür bezahlt haben, sich sozusagen als Trojanisches Pferd in Kliniken einzuschleusen, dort für einige Zeit als Geschäftsführer zu agieren und dafür zu sorgen, dass diese Kliniken dann zu günstigen Konditionen von den Moselkliniken aufgekauft werden können. Für diese zunächst etwas abenteuerliche These sprechen wiederum folgende Fakten.« Kammowski nahm einen roten Filzschreiber und kreiste die wesentlichen Punkte auf dem Mindmap fett ein.

»1. Kai Steinkopf hat weit mehr Geld durch Nebeneinnahmen als durch seine Haupttätigkeit bezogen, insgesamt etwa siebenhunderttausend Euro pro Jahr.

2. Im Rahmen solcher Nebentätigkeiten hat er unter anderem für die Sanitas Investments gearbeitet. Laut Erkenntnissen von Frau von Hehn, die durch unsere Abteilung für Wirtschaftskriminalität inzwischen bestätigt wurden, sind die Moselkliniken eine hundertprozentige Tochtergesellschaft der Sanitas Investments. Und diese wiederum ist eine Tochtergesellschaft der belgischen Wadan Company. Die Wadan Company aber ist nichts anderes als eine hundertprozentige Tochter der TMP Iron & Steel mit Sitz in Moskau. Hauptaktionär der TMP Iron & Steel ist Vitaly Bilurev. Gegen Bilurev liegt in mehreren europäischen Ländern ein Haftbefehl vor. Ihm werden verschiedene Vergehen, unter anderem Anstiftung zum Mord und Bandenkriminalität, vorgeworfen.«

Ein Raunen ging durch den Raum.

»Dieser Steinkopf hat in seiner jungen Laufbahn vom Steuerberater zum Geschäftsführer einer Klinik bislang an vier Kliniken gearbeitet. Trotz der in dieser Branche wohl nicht unerheblichen Fluktuation ist das doch ein auffällig häufiger Wechsel. Zunächst arbeitete er in einer Klinik des Moselklinikkonzerns. Die hat er nach kurzer Zeit ohne erkennbaren Grund wieder verlassen.

In der zweiten Klinik, dem Kreiskrankenhaus Rüdersdorf, kam es, kurz nachdem er seine Stelle angetreten hatte, zu staatsanwaltschaftlichen Ermittlungen. Diese hätten die Klinik, die ohnehin in finanziellen Problemen steckte, fast ruiniert. In dieser prekären Situation tauchen die Moselkliniken als Retter in der Not auf und kaufen die Klinik. Nach Aussagen von Dr. Degenhardt, die dort als Chefärztin gearbeitet hat, sei Kai Steinkopf damals sehr rabiat aufgetreten und habe Menschen, die ihm widersprachen oder sich ihm in den Weg stellten, kaltgestellt, degradiert oder gleich entlassen.

In der dritten Klinik, in der Steinkopf tätig wurde, kam es am Ende ebenfalls zur Übernahme, allerdings durch einen anderen Konzern. Die Moselkliniken waren in diesem Fall zwar Mitbieter, kamen letztendlich aber nicht zum Zuge. Im Vorfeld der Übernahme war es ebenfalls zu staatsanwaltschaftlichen Ermittlungen wegen Betrugs gekommen. Und auch hier zeichnete sich Steinkopf unter dem Deckmantel der vollumfänglichen Zusammenarbeit mit der Staatsanwaltschaft durch rabiates Vorgehen gegenüber Mitarbeitern aus.

Der letzte Betrieb schließlich, die Kliniken der Bernauer Schwestern, wurde, kurz bevor Steinkopf als Geschäftsführer hinzukam, von einem Betrugsskandal ihrer Medizinischen Versorgungszentren erschüttert. Doro konnte recherchieren, dass eine Pharmafirma namens Metulpa, deren Aktienmehrheitsanteile wiederum von der Sanitas gehalten werden, dem Arzt, auf dessen Anzeige hin die Staatsanwaltschaft tätig wurde, zumindest mehrere Auslandsreisen zu internationalen Kongressen gesponsert hat. Wir sollten den Mann in die Mangel nehmen und ihn zur Kooperation überreden. Wer könnte das übernehmen?«

Ordyniak meldete sich und versprach, sich zu kümmern.

Kammowski nickte und fuhr fort: »Kai Steinkopf kam durch die Festnahme und Entlassung der alten Geschäftsführung in die Position des alleinigen Geschäftsführers. Auch in dieser Klinik wurden von ihm umfassende, den Konzern in allen Bereichen erschütternde Umwälzungen und Entlassungen vorgenommen. Bislang gibt es keine Hinweise darauf, dass auch diese Klinikkette an die Moselkliniken verkauft werden sollte. Es muss noch einmal jemand mit der Oberin der Barmherzigen Schwestern und mit dem Aufsichtsrat Kontakt aufnehmen und sie hierzu befragen.«

»Das übernehme ich«, bot Svenja an.

»Christine von Hehn hat zu Protokoll gegeben, dass ihr Mann am Tag seines Todes Steinkopf und einen Rechtsanwalt namens Burmeister zufällig in einem Restaurant getroffen habe. Er hat ihr davon in seinem letzten Telefongespräch erzählt. Er kannte diesen Anwalt von einem früheren gemeinsamen Auslandsaufenthalt in den USA und hatte ihr berichtet, dass er annahm, dass dieser Herr Burmeister für russische Mafiakreise tätig sei. Auch Frau Steinkopf bestätigte uns inzwischen, dass es Kontakte zwischen Steinkopf und diesem Burmeister gab. Sie hat ihn als Anwalt des früheren Arbeitgebers von Steinkopf, den Moselkliniken, bezeichnet.«

»Ja, und die Oberin der Barmherzigen Schwestern hat mir berichtet, dass Herr Burmeister ein enger Vertrauter und Berater des Ordens ist. Burmeister habe ihr geraten, Steinkopf als Geschäftsführer einzustellen«, ergänzte Svenja.

Wieder ging ein Raunen durch die Reihen. Kammowski brachte es auf den Punkt. »Damit, Kollegen, hätte sich der Kreis zwischen Steinkopf, Burmeister und den Moselkliniken geschlossen.

»Dann sollten wir Burmeister vorladen«, schlug Thomandel vor, und Werner bot an, das zu übernehmen.

Kammowski fuhr in seinem Bericht fort: »Trotz intensiver Fahndung bleibt der heimliche Freund von Steinkopf, Michael Fritsche, zunächst verschollen. Am vierundzwanzigsten

Februar wird seine Leiche gefunden. Er ist erschossen worden. Ein weiterer Mord, der an dem Privatermittler Ostermeier, steht mit dem Mord an Michael Fritsche eindeutig in Verbindung, denn beide wurden mit derselben Waffe, einer 9-mm-Makarov, erschossen. Die Waffe haben wir unweit des Tatorts Ostermeier gefunden. Das Büro und die Wohnung von Ostermeier wurden wahrscheinlich vom Täter aufgebrochen und durchsucht. Wir müssen also annehmen, dass Ostermeier etwas hatte, das sein Mörder in seinen Besitz bringen wollte. Wir müssen darüber hinaus davon ausgehen, dass Herr Ostermeier das Ehepaar Steinkopf jeweils erpresst hat. Frau von Hehn kannte ihn gut und hält es durchaus für möglich, dass er das versucht hat. Er war spielsüchtig und verschuldet. In der Schublade von Steinkopfs Schreibtisch haben wir Bilder gefunden, die ihn zusammen mit seinem Freund zeigen. Olga Steinkopf hat uns auch bestätigt, die Bilder erhalten zu haben und von Ostermeier ein Angebot zur Übernahme weiterer Recherchen bekommen zu haben. Sie sagt aber, dass sie schon zuvor von der Affäre gewusst habe und sich nicht darauf habe einlassen wollen. Sie habe zu diesem Zeitpunkt ohnehin schon erwogen, sich scheiden zu lassen. Für Steinkopf hätte die Veröffentlichung der Bilder und damit seiner homosexuellen Neigungen wahrscheinlich berufliche Konsequenzen gehabt, da er in einem katholischen Haus arbeitete.

Er selbst kommt als Mörder von Ostermeier nicht infrrage, weil er zum Todeszeitpunkt bereit tot war. Frau Steinkopf hatte nach dem Tod ihres Mannes kein Motiv mehr, Ostermeier zu ermorden. Außerdem hat sie für die Tatzeit ein Alibi. Wir müssen also nach weiteren Zusammenhängen suchen. Wenn wir jetzt die Aussage von Frau von Hehn berücksichtigen, wonach Ostermeier die Machenschaften von Steinkopf und den Moselkliniken aufgedeckt haben könnte, und wenn wir dann noch konstatieren, dass der Mann hochverschuldet war und nicht vor Erpressungen zurückschreckte, wäre sein Tod möglicherweise anders zu interpretieren. Es gibt die Aufzeichnung eines Telefonats, worin Ostermeier Frau von Hehn mitteilte, diesen Rechercheauftrag nicht übernehmen zu wollen. Frau von Hehn vermutet aber, dass die Informationen so brisant gewesen sein könnten, dass er sie selbst nutzten wollte, und genau dies könnte zu seinem Tod geführt haben. Wir müssen uns die Unterlagen von Ostermeier noch einmal ansehen. Es muss irgendeinen Hinweis auf seine Recherchen geben.«

Svenja versprach, dies zu übernehmen. »Hast du Tipps, in welche Richtung ich suchen soll?«

»Alles, was irgendwie mit Kliniken, Steinkopf und Burmeister zusammenhängen könnte. Die aktuelle Hypothese lautet, dass sich Ostermeier da die Finger verbrannt hat.«

»Wir haben bereits seine Wohnung und sein Büro auf den Kopf gestellt und nichts gefunden«, gab Werner zu bedenken.

»Ja, aber man könnte seine digitalen Dateien noch einmal unter diesem neuen Aspekt durchsehen«, versprach Sonja, eine junge Sachbearbeiterin.

Kammowski nickte zufrieden. »Wir müssen uns fragen, wer noch Interesse daran gehabt haben könnte, dass Fritsche und Ostermeier starben. Die Soko Ostermeier ist allen erdenklichen Hinweisen nachgegangen, hat persönliche Kontakte und Kunden von Ostermeier geprüft. Übernimm du jetzt mal, Max!«

Werner stand auf und setzte den Bericht fort. »Richtig, der Mann war hoch verschuldet und hatte Probleme, aber ein Motiv konnten wir bislang nicht finden, dasselbe gilt für Fritsche.« Er führte alle Schuldner, Freunde, Bekannte an, deren mögliche Motive und Alibis sie überprüft hatten. Anschließend tat er dasselbe für alle Personen aus dem Umfeld von Fritsche. »Weder bei Ostermeier noch bei Fritsche gibt es irgendwelche Hinweise, dass persönliche Probleme das Motiv gewesen sein könnten.«

»Nun gut, Kollegen«, übernahm Kammowski wieder, »wir müssen also die Arbeitshypothese erweitern. Die Moselkliniken oder vielleicht auch direkt die Sanitas versuchen gezielt, deutsche Kliniken aufzukaufen. Ostermeier deckt – im Auftrag von Frau von Hehn – diese Machenschaften auf, gibt die Informationen aber nicht an Frau von Hehn weiter – zumindest bestreitet die, etwas von ihm bekommen zu haben –, sondern versucht, jemanden damit zu erpressen. Das muss er mit dem Leben bezahlen. Der Mörder durchsucht ihn, sein Büro und seine Wohnung, kann die Unterlagen jedoch nicht finden. Er weiß um die Geschäftsbeziehung zwischen Ostermeier und Frau von Hehn. Er ist sich nicht ganz sicher, ob die beiden nicht doch ihr Wissen ausgetauscht haben. Und als er bei Ostermeier nichts findet, stattet er ihr einen Besuch ab. Sie kann sich wehren, und der Täter ergreift die Flucht.«

»Aber warum nach so langer Zeit?«, zweifelte Werner. »Warum hat er das nicht sofort gemacht?«

»Keine Ahnung, aber vielleicht wollte er nicht nur die Wohnung durchsuchen, sondern sie sich auch selbst vornehmen. Und sie war schließlich eine Woche in Untersuchungshaft. Da konnte er sie schlecht aufsuchen.«

»Wenn das stimmt, hieße das, dass Christine von Hehn nach wie vor in Gefahr ist«, mischte sich Thomandel erstmals in die Besprechung ein.

»Richtig, daher wohnt sie auch bis auf Weiteres bei mir.«

Max Werner grinste. »Na, dann immer schön auf Manndeckung bleiben.«

»Ich muss doch sehr bitten, meine Herren«, sagte Thomandel in den Raum hinein. »Wenn das stimmt, geht es nicht mehr allein um Mord, sondern um Wirtschaftskriminalität. Und dann müssen wir das BKA einschalten.«

»Bisher sind das ja Vermutungen, wir haben nichts in der Hand«, sagte Kammowski. »Lasst uns Steinkopfs gesamten E-Mail-Verkehr zurückverfolgen. Mit wem hat der welche Mails ausgetauscht? Was finden wir in den zwei anderen Kliniken, in denen Steinkopf früher gearbeitet hat? Welche Rolle spielt dieser Anwalt Burmeister? Erst wenn wir hier auf handfeste Hinweise stoßen, sollten wir das auf die Bundesebene bringen.«

»Lasst uns auch noch mal mit Steinkopfs Frau sprechen. Vielleicht hat sie doch mehr mitbekommen, als sie uns bisher verraten hat.«

»Ich glaube, sie weiß wirklich nicht mehr«, warf Svenja ein, »Florian und ich haben sie ja noch einmal aufgesucht.«

»Sprich trotzdem noch einmal mit ihr.« Thomandel ließ nicht locker.

»Wie passt der Tod von Steinkopf und der von Fritsche ins Bild?«, wollte Thomandel wissen.

»Da können wir bisher auch nur spekulieren. Vielleicht ist denen Steinkopf zu unsicher geworden, und sie haben Fritsche auf ihn angesetzt und ihn nach vollbrachter Tat selbst beseitigt. Fritsche kam ja nah an Steinkopf dran, der hätte sicher Gelegenheit gehabt, ihm eine Überdosis Insulin zu verabreichen. Oder sie haben befürchtet, dass Steinkopf dem Fritsche zu viel erzählt hat, und haben deshalb beide ermorden lassen. Oder sie wollten Steinkopf töten, und Fritsche ist zufällig Zeuge gewesen und musste deshalb beseitigt werden. Oder er ist wirklich einen Unfalltod gestorben, und die haben nur Fritsche beseitigt, weil sie befürchteten, der könnte etwas wissen.«

»Wir müssen versuchen herauszufinden, wer Frau von Hehn angegriffen hat. Was ist mit dem Mietwagen, den Frau von Hehn identifiziert hat?«, wollte Thomandel wissen.

»Das habe ich schon in Arbeit«, sagte Doro.

»Okay, Kollegen, dann mal an die Arbeit«, schloss Thomandel die Sitzung.

# 64

## OLGA STEINKOPF

Donnerstag, 13. März

Svenja verabredete sich mit Olga Steinkopf am Donnerstagvormittag in einem Potsdamer Café. Frau Steinkopf bat darum, im Außenbereich des Cafés Platz zu nehmen. Sie hielt eine Schachtel Zigaretten hoch.

»Ich habe mir das Rauchen noch nicht wieder abgewöhnt.«

Svenja nickte. Die Sonne schien, wärmte aber noch nicht. Sie wickelten sich in die bereitgelegten Wolldecken ein und rückten einen der Wärmestrahler näher. Es war trotzdem saukalt.

»Ich weiß nicht, wie ich Ihnen jetzt noch helfen soll. Wir haben doch schon so oft miteinander gesprochen«, begann Frau Steinkopf das Gespräch. »Ich habe alles gesagt, was ich weiß.«

»Ich weiß, Frau Steinkopf, aber die Angelegenheit hat inzwischen eine andere Dimension angenommen. Ihr Mann ist möglicherweise in gefährliche Geschäfte verwickelt gewesen.«

»Davon weiß ich nichts.«

»Das ist uns bekannt«, beeilte sich Svenja zu versichern, »das haben Sie uns ja bereits mitgeteilt. Hatte sich Ihr Mann in der letzten Zeit verändert, wirkte er besorgt?«

»Und wie er sich verändert hat. Deshalb wollte ich mich ja scheiden lassen.«

»Erzählen Sie mir bitte ein wenig mehr davon.«

»Wissen Sie, Kai konnte unglaublich charmant sein. Er konnte die Menschen um den Finger wickeln. Und er setzte diese Begabung hemmungslos für seine Zwecke ein. Ich habe Jahre gebraucht, um dahinterzukommen, wie er wirklich war. Ich habe ja auch nicht bemerkt, dass er homosexuell oder bisexuell war. Zu Beginn unserer Beziehung hat er mich, wie man so schön sagt, auf Händen getragen. Er hat mir jeden Wunsch von den Lippen abgelesen. Er hat gutes Geld verdient und damit sogar meinen misstrauischen Vater beeindruckt.

Aber kaum waren wir verheiratet und je höher er die Karriereleiter geklettert ist, umso stärker hat er sich verändert. Wie heißt es doch so schön: Wenn du den wahren Charakter eines Menschen kennenlernen willst, dann gib ihm Macht.«

Svenja sah sie aufmerksam an, sagte aber nichts.

»Er war tagelang, nächtelang weg, und wenn ich fragte, wo er gewesen war, wurde er pampig, das ginge mich nichts an, was ich mir einbilden würde, ihm zu misstrauen, ihn mit anderen Männern zu vergleichen. Aber ich habe natürlich mitbekommen, dass er häufig woanders übernachtet hat. Ich habe Hotelrechnungen aus anderen Städten gefunden, aber auch aus Berlin. Manchmal hatte ich den Eindruck, dass er Drogen nahm, er wirkte dann aufgedreht und war nicht mehr zu stoppen. Diskutieren konnte man nicht mehr mit ihm, vor einigen Monaten hat er mich in einem Streit sogar geschlagen. Auch zu den Kindern konnte er sehr hart sein. Wissen Sie, ich halte mich eigentlich für eine selbstständige Frau, aber mit Kai wurde ich immer unselbstständiger, er hat mir alles abgenommen. Einerseits ist das ja auch ganz angenehm, ich hatte mit den Kindern genug zu tun, aber er hat das nicht nur aus Nettigkeit gemacht, es ging vor allem um Macht. Und ich selbst wurde immer kleiner dabei.«

Olga Steinkopf hatte bereits ihre dritte Zigarette geraucht. Nervös fummelte sie an ihrem Feuerzeug herum.

»Und über Geld hat er überhaupt nicht mit Ihnen gesprochen?«

»Nein. Ich hatte Zugang zu einem Konto, aber ich weiß, dass er mehrere Konten hatte. Ich konnte mich nicht beklagen, das Konto, auf das ich zugreifen konnte, war gut gedeckt. Aber, dass er mich unmündig halten wollte, störte mich zunehmend, zumal mir immer klarer wurde, dass er eigene Interessen verfolgte. Ich habe wieder und wieder versucht, mit ihm darüber zu reden. Aber es ging nicht. Es lief immer auf einen Streit hinaus.«

Sie schwieg eine Zeit lang. »In den letzten Monaten hat er sich verändert. Wissen Sie, sonst hat er immer so ein fast schon überhebliches Selbstbewusstsein vor sich hergetragen. Das war zuletzt irgendwie anders. Manchmal machte er geradezu einen verzweifelten Eindruck, aber gesagt hat er mir nicht viel. Er hat nur einmal angedeutet, dass seine Einkünfte schon bald geringer sein würden als bisher.«

»Was meinte er damit?«

»Ach, keine Ahnung. Er sagte, dass er auf Dauer nicht für zwei Dienstherren arbeiten könne, dass ihm das zu viel würde. Er wollte auch nicht mehr dauernd die Klinik wechseln. Er fühlte sich bei den Barmherzigen Schwestern ganz wohl. Ich glaube, ehrlich gesagt, er ist nach Brüssel gefahren, um denen das zu sagen, aber das ist jetzt wirklich nur eine Vermutung von mir.«

Svenja sah sie sprachlos an. »Das hätten Sie uns früher erzählen sollen.«

»Das ist mir erst in den letzten Tagen klar geworden. Er hat mit mir kaum gesprochen. Ich habe mich anfangs an jeden Strohhalm geklammert und war froh, dass er weniger arbeiten wollte. All das viele Geld, wofür denn? Mir wäre es lieber gewesen, wenn er mehr Zeit für uns gehabt hätte, wenn wir wieder zueinandergefunden hätten. Da habe ich ja noch gehofft, dass das etwas ändern könnte.«

Sie zündete sich die vierte Zigarette an.

»Haben Sie eine Idee, warum er so verzweifelt gewirkt hat? Gibt es dazu eine Theorie? War er womöglich in Panik, weil er erpresst wurde?«

»Glaube ich nicht. Die Bilder kamen ja erst vor ein paar Wochen, jedenfalls zu mir. Und Kais Veränderung begann schon vor mindestens einem halben Jahr.«

»Hat er Ihnen erzählt, warum er so häufig die Kliniken wechselte?«

Olga Steinkopf zuckte die Achseln. »Er sagte, das gehöre dazu, am Anfang müsse man Erfahrungen sammeln und alle paar Jahre einen neuen Job annehmen. Aber wir konnten ja immer in Potsdam wohnen bleiben. Die Kliniken waren nicht so weit weg. Da war es mir anfangs eigentlich egal.«

»Wie kam Ihr Mann überhaupt auf die Idee, als Geschäftsführer von Kliniken zu arbeiten?«, fragte Svenja schließlich. »Er war doch von Beruf Steuerberater?«

»Er hat erst einige Semester Jura studiert und dann Betriebswirtschaft, dann hat den Steuerberater gemacht. In dem Beruf hat er aber nie gearbeitet. Ein Bekannter hatte ihm den Job bei den Moselkliniken vermittelt, dieser Dr. Burmeister. Ich habe Ihnen ja schon neulich erzählt, dass er für die Moselkliniken gearbeitet hat.«

Am Freitag wurde ein abgefackelter Leihwagen mit der Nummer M-YZ 7757 in Schöneberg gefunden. Die Feuerwehr wies Brandbeschleuniger nach. Aber das Feuer war von Anwohnern frühzeitig bemerkt worden, und die Feuerwehr konnte den Brand löschen, bevor der Innenraum komplett ausgebrannt war. Viel konnte die Spurensicherung nicht herausholen, aber es wurden Blutspuren am Lenkrad und am Fahrersitz gefunden.

Aufgeregt wedelte Svenja mit einer Akte, als sie das Büro betrat.

»Schau mal hier«, rief sie triumphierend. »Der Bericht der KTU. Wir hatten Glück, die Blutspuren aus dem Leihwagen und vom Hockeyschläger stimmen überein und stammen von einem Mann. Damit ist die Aussage deiner Christine belegt.«

»Hör endlich auf, sie meine Christine zu nennen«, grollte Kammowski. Aber seine Augen sprachen eine andere Sprache. Er war unendlich erleichtert, dass sich Christines Aussage bestätigt hatte. Der Mann, der Christine überfallen hatte, war mit diesem Wagen gefahren. Von ihm fehlte allerdings jede Spur, und er hatte wegen seiner Verletzung, die nicht ganz unerheblich sein konnte, keine Klinik aufgesucht, wie Doro in Erfahrung gebracht hatte.

Dann kam ihnen der Zufall zu Hilfe beziehungsweise trug die mühsame tägliche Polizeiroutinearbeit endlich Früchte. Der Leihwagen war doch tatsächlich im Britzer Tunnel geblitzt worden, beim automatischen Abgleich war den Kollegen aufgefallen, dass nach dem Fahrzeug gefahndet wurde.

»Na sieh einer an, wenn das jetzt mal nicht ein Hauptgewinn ist«, rief Kammowski und strahlte Svenja an. »Schau dir das mal an. Ich habe das Bild des Fahrers von Doro durch unsere Datenbanken laufen lassen. Unser Blitzmann ist bei Interpol kein Unbekannter. Es handelt sich mit großer Wahrscheinlichkeit um Leonid Wladislaw Golubev, 1961 in Usbekistan geboren. War nachweislich noch unter vier weiteren Namen in Europa unterwegs. Er wird verdächtigt, in mindestens fünf Morde verwickelt zu sein, und er ist in mehreren Ländern zur Fahndung ausgeschrieben. Er war viele Jahre für Vitaly Bilurev als Leibwächter tätig, der, wie wir wissen, ebenfalls kein unbeschriebenes Blatt und einer der reichsten Männer Russlands ist.«

»Du meinst, die haben einen Profikiller losgeschickt?«, fragte Svenja aufgeregt. Sie musterte das Foto auf Kammowskis Rechner. »Der sieht eigentlich ganz nett aus.«

## 65

# KAMMOWSKI & CHRISTINE

Freitag, 14. März

Wie lange muss ich wohl noch bei dir wohnen?«, fragte Christine. Sie hatten miteinander geschlafen und lagen entspannt und zufrieden im Bett.

»Was hast du dagegen?«

»Ich gar nichts, aber schau dir deinen Kater an, der ist über die Kuschelkonkurrenz nicht entzückt.« In der Tat versuchte Churchill seit zehn Minuten beharrlich, sich einen Platz auf Kammowskis Bauch zu erobern.

»Nun, das könntest du ändern, du müsstest ihm nur täglich deine Aufwartung machen. Einmal täglich kraulen, und du wirst sehen, er wird gnädig sein.«

Christine verdrehte die Augen und schubste das Tier sanft, aber energisch aus dem Bett, als Kammowski sich kurz weggedreht hatte, um einen Schluck Wasser zu trinken.

»Das habe ich gesehen.«

War ja auch nicht zu überhören gewesen, Churchill hatte seinen Unmut laut und deutlich geäußert und war beleidigt Richtung Küche abgezogen.

»Sorry, aber mit Churchill wollte ich noch nie ins Bett, der ist mir zu dick.«

»Hast du was gegen Dicke?«

»Nur gegen dicke Kater in meinem Bett. Aber jetzt mal Spaß beiseite, Matze, so gerne ich bei dir bin, ich muss mal wieder in meine Wohnung, wenigstens nach der Post sehen. Ich muss tausend Sachen erledigen und auch arbeiten. Die Tatsache, dass ich selbstständig bin, heißt ja nicht, dass ich mich nur noch mit Churchill und seinem Diener im Bett vergnügen kann. Ich sollte wenigstens frische Kleidung und meinen Laptop holen.«

»Christine, du hast da neulich mit größter Wahrscheinlichkeit einen Profikiller in die Flucht geschlagen, was glaubst du, wie oft dir das noch gelingen wird?«

»Und du meinst, hier bei dir bin ich sicher?«

»Sicherer, als wenn du alleine zu Hause bist. Lass uns erst mal zu dir nach Hause fahren und ein paar Sachen holen. Ich gebe dir mein Gästezimmer, und du richtest dich hier ein bisschen ein. Es ist einfach zu riskant, wenn du in der nächsten Zeit alleine in deiner Wohnung bist, solange ein Profikiller scharf auf dich ist. Und hier ist Platz für uns beide.«

»Das sieht dein Kater aber anders.«

»Der hat diesbezüglich nichts zu sagen.«

Eine Dreiviertelstunde später zogen sie los und fuhren mit Kammowskis Wagen in die Goltzstraße.

»Hatte der Kriminaltechnische Dienst nicht ein neues Schloss einbauen lassen und die Tür verriegelt?«, fragte Christine, die vorangegangen war.

»Wieso fragst du?«

»Na, sieh doch«, sagte sie und deutete auf das aufgebrochene Schloss.

»Fass nichts an«, sagte Kammowski und rief seine Kollegen an. Zehn Minuten später betraten sie gemeinsam mit zwei Polizisten von der mobilen Einsatztruppe die Wohnung.

»Nicht schon wieder«, stöhnte Christine, als sie das Chaos sah.

»Fehlt was?«, fragte Kammowski.

»Wie soll ich das denn bei diesem Durcheinander sagen?«, erwiderte Christine gereizt und sah sich um. »Was richtig

Wertvolles bewahre ich hier ja gar nicht auf. Wenn man es genau nimmt, besitze ich gar nichts Wertvolles.«

»Christine, also ehrlich, du glaubst doch nicht im Ernst an einen normalen Einbruch? Was könnten die Kerle hier gesucht haben? Es muss so wichtig gewesen sein, dass sie das Risiko eines zweiten Besuchs auf sich nahmen. Die mussten sich doch denken, dass wir die Wohnung überwachen.«

»Was ihr aber nicht getan habt, oder?« Es lag ein leiser Vorwurf in ihrer Stimme.

»Stimmt, aber wir sind hier ja auch nicht beim Sonntagabendtatort, sondern im richtigen Leben und müssen mit den beschränkten Ressourcen einer realen Polizei arbeiten. Aber jetzt konzentrier dich mal, irgendwas muss doch fehlen. Oder du verheimlichst mir immer noch etwas.«

Christine sah sich etwas hilflos in der Wohnung um. Schließlich begriff sie. »Mein neuer Laptop ist weg. Und ein USB-Stick, den ich hier beim Rechner liegen hatte. Sonst scheint nichts zu fehlen. Und ehrlich, Matze, ich habe nicht die geringste Ahnung, wonach die gesucht haben. Auch auf meinem Rechner waren keine Geheimpapiere.«

Sogar das Bargeld in der Küchenschublade, rund hundert Euro, war noch vorhanden.

»Heißt das jetzt, dass auch deine angefangene Reportage über Indien weg ist?«, fragte Kammowski.

»Jein, mit dem Laptop ist die letzte Version natürlich erst mal perdu. Aber ich habe mir schon länger angewöhnt, mir wichtige Sachen zwischendurch immer wieder einmal auf den USB-Stick zu speichern, was jetzt nichts hilft, weil der auch weg ist, und auch immer mal an meinen Google-Account zu schicken. Ich habe also nicht mehr auf die allerletzte Version Zugriff, aber es ist auch nicht alles verloren.«

»Wir müssen uns deine Arbeit und auch frühere Reportagen noch einmal ansehen. Vielleicht hast du da doch etwas aufgedeckt, was andere gerne im Dunkeln lassen wollten.«

»Dann muss das aber sehr geheim gewesen sein, so geheim, dass ich es gar nicht gemerkt habe.« Christine grinste.

»Irgendjemand muss der Meinung sein, dass du etwas weißt oder besitzt, was du nicht wissen oder haben solltest.«

»Ja, ja, verdammt, Matze, aber ich weiß einfach nicht, was die von mir wollen. Und glaube mir, auch ich hätte ganz gerne gewusst, warum mich jemand umlegen will.«

Sie warteten, bis alles fotografiert und erneut ein neues Schloss eingebaut war, dann packten sie einige Sachen für Christine in einen Koffer. Es war nach Mitternacht, als sie die Wohnung endlich verließen.

»Ich will noch kurz den Briefkasten leeren«, sagte Christine. Kammowski ging vor, um den Koffer ins Auto zu laden.

»Matze, schau mal«, rief Christine, »mein Briefkasten ist auch aufgebrochen worden.«

Das hatte Kammowski bereits vom Leiter der KTU gehört. Man hatte den Briefkasten auch schon auf Fingerabdrücke hin untersucht, aber nur verwischte Spuren gefunden. Der Täter hatte sicher mit Handschuhen gearbeitet.

Als sie wieder im Auto saßen, sagte Kammowski: »Lass uns einfach noch einmal ganz von vorne anfangen mit unseren Überlegungen.«

Christine stöhnte, doch Kammowski ließ nicht locker. »Wenn alles mit den Moselkliniken und Steinkopf zusammenhängt, ist der einzige Link zu dir Ostermeier. Der muss auf etwas gestoßen sein und musste dafür sterben. Und jetzt vermuten die das, was er gefunden hat, bei dir. Vielleicht haben sie ihn vorher verhört, und in seiner Not hat er gesagt, dass er es dir gegeben hat?«

»Hat er aber nicht.«

»Was hat er noch mal genau auf deine Mailbox gesprochen?«

»Er hat gesagt, dass er keine Zeit mehr hätte, um für mich zu ermitteln.«

»Ja, ich weiß, aber war da nicht noch was anderes?«

Christine überlegte. »Ich weiß nicht, er hat noch von einer Frau Helmchen gesprochen, die ihn in einer anderen Sache vertreten würde. Ich habe nicht kapiert, wovon er redet, und ich kenne keine Frau Helmchen.«

»Verdammt, wie konnten wir das vergessen?« Kammowski schlug vor Ärger gegen das Lenkrad. »Vielleicht ist das eine Bekannte von Ostermeier. Vielleicht ist sie seine Anwältin. Das muss sich doch rausfinden lassen. Hast du das Handy noch mal da? Ich würde mir den Wortlaut gerne noch einmal anhören.«

»Ich habe es verloren – oder es ist mir gestohlen worden.«

»Deshalb hast du von einer mir unbekannten Nummer angerufen und nicht von der, ich kannte. Ich fasse es nicht. Seit wann weißt du, dass es weg ist?«

»Ich habe es vermisst, seit ich in U-Haft war. Ich dachte, ich hätte es zu Hause vergessen, aber da war es nicht. Hey, Matze, schau mich nicht so entgeistert an, ich bin kein Ordnungsguru, das weißt du doch, und ich verliere diese Dinger häufiger mal.«

Kammowski raufte sich die Haare. »Dieser Frau Helmchen auf deiner Mailbox hätten wir längst nachgehen müssen. Ich habe da ein saublödes Gefühl.«

»Ihr habt euch doch damals eine Kopie von dem Telefonat gemacht.«

Kammowski nickte. »Gleich wissen wir mehr.«

## 66

## LKA

### Freitag, 14. März

Es kostete Doro genau fünf Minuten, um herauszufinden, dass Maria Helmchen laut Einwohnermeldeamt in der Lepsiusstraße 64 gemeldet und damit eine Nachbarin von Ostermeier war.

Svenja und Werner fuhren sofort los, um ihr einen Besuch abzustatten. Auf die Klingel antwortete niemand. Ein Nachbar kam neugierig heraus und berichtete, dass er sie schon länger nicht gesehen habe, was ungewöhnlich sei. Sonst passe sie die Leute immer gerne im Flur für ein Pläuschchen ab.

Svenja und Werner forderten Verstärkung an und brachen die Tür auf. Sie kamen zu spät. Frau Helmchen war tot. Man hatte sie mit ihrem rosafarbenen Bademantelgürtel an einem Fensterkreuz erhängt. Becker, der Gerichtsmediziner, meinte, sie sei gefoltert worden. Die Wohnung war gründlich durchsucht worden. Laut erster Schätzung des Gerichtsmediziners war die Frau schon seit Tagen tot.

»Das heißt aber, dass sie bei Frau Helmchen auch nicht fündig geworden sind, sonst wären sie doch nicht noch einmal zu dir gefahren«, schlussfolgerte Kammowski, als sie alle zusammensaßen, diesmal mehr als inoffizielle Lagebesprechung mit Kaffee bei Doro und im Beisein von Christine.

Kammowski machte sich schwerste Vorwürfe. Diese Nachricht auf dem Handy von Christine hatten sie bereits vor Wochen gehört. Niemand war auf die Idee gekommen, zu recherchieren, wer Frau Helmchen gewesen war. Das war ein schwerer Ermittlungsfehler, der womöglich Frau Helmchens

Tod nach sich gezogen hatte. Und zugleich bedeutete dieser Mord, dass Christine immer noch hochgradig gefährdet war.

»Ich bestehe von jetzt an auf Personenschutz für Frau von Hehn«, erklärte Thomandel.

»Sie meinen, die haben mein Handy gestohlen, die Nachricht von Ostermeier darauf gehört und sind dann zu dieser Frau gefahren und haben sie ermordet?«

»Und sie haben sie vorher intensiv befragt, was sie mit dem Material gemacht hat, das Ostermeier ihr gegeben hatte. Und dann sind sie zurückgekommen und haben sich noch einmal deine Wohnung und den Briefkasten vorgenommen«, führte Kammowski den Gedankengang zu Ende.

»Und wir werden nie erfahren, ob sie etwas darin gefunden haben«, setzte Christine ihren Gedankengang laut fort.

»Wenn Frau Helmchen dir etwas per Post geschickt hat, hätte der Brief längst bei dir eintreffen müssen«, überlegte Kammowski. »Laut unserem Pathologen ist Frau Helmchen schon einige Tage tot.«

In den kommenden Tagen wurde die Post für Christine mit ihrem Einverständnis von der Polizei gesichtet. Am Mittwoch wurden sie fündig. Ein unscheinbarer brauner Briefumschlag, DIN-A5-Format. Absender: Frau Helmchen. Die Postleitzahl hatte nicht gestimmt, daher hatte der Brief eine Laufzeit von mehr als einer Woche gehabt. Christine riss den Umschlag auf und las vor.

*Sehr geehrte Frau von Hehn,*
*mein ehemaliger Nachbar, Herr Ostermeier, gab mir diese Unterlagen und sagte, sie seien sehr wichtig für Sie, und Sie würden sie bei mir abholen. Sicher haben Sie inzwischen von dem tragischen Todesfall gehört. Ich bin sehr erschüttert. Herr Ostermeier war ein so netter Mensch, er hat im-*

*mer Zeit für ein paar Worte gefunden, und gelegentlich haben wir sogar miteinander Kaffee getrunken. So ein nettes nachbarschaftliches Verhältnis gibt es ja heutzutage kaum noch. Da Sie die Unterlagen, die er mir zur Verwahrung gegeben hat, nie bei mir abgeholt haben, wusste ich nun nicht so recht, was ich damit machen soll. Ich hoffe, ich mache es richtig, wenn ich Ihnen diese nun per Post zukommen lasse. Zum Glück hatte er mir Ihren Namen und Ihre Adresse für alle Fälle auf einen Zettel geschrieben.*
*Mit freundlichen Grüßen*
*Ihre*
*Frau Helmchen*

Aufgeregt riss Christine den innen liegenden Umschlag auf. Heraus fiel ein USB-Stick.

Wenn sie geglaubt hatten, dass ihnen der Stick nun alle Fragen beantworten würde, irrten sie. Er enthielt lediglich ein Bild und eine PDF-Datei. Das Foto zeigte drei Männer in einem Restaurant. Zwei davon erkannten sie: Kai Steinkopf und Leonid Wladislaw Golubev, den Mann, den sie bereits als Fahrer des Leihwagens und Angreifer von Christine identifiziert hatten.

»Den Dritten kenne ich«, sagte Svenja plötzlich aufgeregt. Sie nahm das Foto in die Hand, um es eingehend zu betrachten. »Das ist dieser Wertheim, den ich in Brüssel aufgesucht habe.«

Das PDF-Dokument zeigte ein Fax von Steinkopf an einen Herrn W. Darin wurden Informationen zu Thomas Franke übermittelt, sein Bild, das Bild seiner Frau Christine von Hehn, Adresse, Gewohnheiten wie: Fitnessstudio samstags, Squash mittwochs.

»Die Faxadresse hat die Vorwahl von Belgien«, steuerte

Doro bei. »Wenn das die Nummer von Wertheims Büro ist, bekommen wir das rasch heraus.«

Entgeistert sah Christine Kammowski an. »Was hat das alles zu bedeuten?«

Kammowski dachte eine Weile nach, bevor er sagte: »Kann es sein, dass dein Mann doch mehr über Steinkopf herausgefunden hat, als er dir verraten hat?«

Christine schloss die Augen. Leise sagte sie: »Du meinst jetzt auch, Thomas hat sich gar nicht das Leben genommen, sondern er wurde ermordet?«

»Zumindest legen die Erfahrungen der letzten Wochen und diese Dokumente nahe, dass das hier«, er deutete auf das Fax, »so etwas wie ein Hinrichtungsersuchen war. Und Ostermeier hat das durch Zufall herausgefunden und Steinkopf erpresst und beschattet, und er hat das ebenfalls mit dem Leben bezahlt.«

Christine verlor die Beherrschung. All die Anstrengungen der letzten Wochen, die Anschuldigungen, der Angriff, das jetzt war einfach zu viel für sie. Sie brach in Tränen aus und war nicht mehr fähig zu sprechen. Kammowski nahm sie in den Arm, wiegte sie und streichelte ihr übers Haar. Er sagte nichts, was hätte er auch schon Tröstendes sagen können. Nicht einmal Werner machte jetzt noch eine seiner Ätzbemerkungen.

Schließlich sagte Thomandel zu Kammowski: »Bring sie mal nach Hause zu dir, Mathias. Ich stell euch noch eine Streife vor die Tür.«

Am nächsten Morgen saßen sie um halb sieben beim Milchkaffee zusammen am Frühstückstisch. Christine sah immer noch blass aus, aber aus ihrer Stimme sprach Entschlossenheit. »Fassen wir zusammen: Thomas wird von den Barmherzigen Schwestern entlassen. Möglicherweise, weil dieser Steinkopf alle, die nicht gleichzuschalten waren, loswerden wollte. Als er entlassen wird, hat Thomas bereits die Zusage für eine neue Stelle an einem anderen Krankenhaus. Aber es vergingen einige Monate bis zur Aufnahme der neuen Tätigkeit. Monate, die er vielleicht genutzt hat, um etwas über diesen Steinkopf herauszubekommen. Erzählt hat er mir nichts davon. Ich hätte das auch nie für möglich gehalten. Er war ja wochenlang depressiv und eigentlich zu gar nichts mehr fähig. Und ich kann vor allem nicht glauben, dass er Geheimnisse vor mir hatte. Das ergibt doch keinen Sinn. Ich hätte ihm helfen können, etwas herauszufinden, das ist doch mein Job.«

Kammowski schwieg. Wie oft erlebte er in seinem Beruf, dass Ehepartner eben doch Geheimnisse voreinander hatten.

»Vielleicht war er sich über die Brisanz der Dinge im Klaren und wollte dich schützen«, schlug er vor.

»Ja, so könnte es gewesen sein.« Christine schien allerdings nicht überzeugt.

»Vielleicht hat er aber auch gar nichts herausgefunden. Du hättest doch etwas finden müssen, was zumindest darauf hinweist, dass er Nachforschungen angestrengt hat. Vielleicht reichte es denen schon, dass er sie zusammen gesehen hatte?«

»Sein Laptop war weg. Der ist auch nie wiederaufgetaucht.«

Sie schwiegen. Nach einer Weile sagte Christine: »Aber die Obduktion besagte, dass es keine Hinweise auf Fremdverschulden gegeben hatte. Es hieß, er habe sich eindeutig selbst erhängt.«

»Vielleicht müssen wir ihn noch einmal obduzieren lassen«, sagte Kammowski vorsichtig.

Christine schluckte, nickte dann aber tapfer. »Meinst du, dass das nach so langer Zeit noch etwas bringt?«

»Weiß ich auch nicht, aber das kann uns Professor Becker, der Gerichtsmediziner, bestimmt sagen.«

»Lass uns ins Büro fahren, vielleicht ist es den Kollegen mittlerweile gelungen, dein Handy orten zu lassen.«

»Wir könnten das auch gleich jetzt und hier versuchen. Ich muss nur noch mal schnell ins Internet.«

»Warum?«

»Wenn diese Typen mein iPhone gestohlen haben und dadurch auf Frau Helmchen gekommen sind, müssen sie es doch angeschaltet haben, oder?«

»Davon würde ich ausgehen, aber was hilft uns das?«

»Ganz einfach, ich bin bei der iCloud angemeldet, und nachdem das Handy verschwunden war, habe ich es per Internet sperren lassen. Wer es findet und anschaltet, bekommt eine nette Nachricht von mir und muss einen Code eingeben, den nur ich kenne. Sicher, die Möglichkeiten, den Code zu knacken, war ehrlich gesagt nicht so schwer, ich hatte den Geburtstag meines Mannes angegeben. Ich hatte das schon mal abgefragt, aber da war es noch nicht angeschaltet worden. Jetzt könnte das anders sein. Dann bekomme ich die Koordinaten des Standorts per E-Mail übermittelt.«

Die Abfrage war positiv. Laut GoogleMaps befand sich das Handy in der Xantener Straße.

»Mensch, Christine, du bist mir eine Marke«, rief Kammowski, tätigte ein paar Anrufe und drängte dann zum Aufbruch.

Als das Sonderkommando das Hotelzimmer in der Xantener Straße stürmte, konnte es nur noch den Tod des Hotelgastes feststellen. Der Mann hatte sich mit einem gefälschten Pass als Hermann Osterlak eingetragen. Man hatte ihn von hinten stranguliert. Ein unschöner Anblick. Der Mann wurde umgehend als Fahrer des Leihwagens M-YZ 7757 identifiziert. Seine Fingerabdrücke waren bei Interpol als die von Leonid Wladislaw Golubev registriert, und seine DNS stimmte mit der des Bluts von Christines Hockeyschläger überein. Der rechte Unterarm wies ausgedehnte Hämatome und eine Schlagwunde auf, wahrscheinlich von Christines Hockeyangriff stammend. Im Schrank fanden sie eine Sporttasche mit Christines iPhone. Dort hing auch ein Lodenmantel, der an der Seite einen Riss aufwies. Die Sportschuhe, die, in einen Beutel gesteckt, im Koffer lagen, hatten sich an der Sohle roten Splitt eingetreten. Leonid Wladislaw Golubev war also aller Wahrscheinlichkeit nach am Tatort in der Potsdamer Straße gewesen. Christine konnte sich nicht daran erinnern, ihn aus dem Hotel kommen gesehen zu haben. Doch als sie alle von ihr aufgenommenen Fotos noch einmal durchsahen, entdeckten sie auf einem Bild im Hintergrund verschwommen einen Mann, der Golubev ähnelte. Vielleicht konnte die Kriminaltechnik hier noch etwas herausholen.

Nach Kontaktaufnahme mit der belgischen Polizei wurde Wertheim wegen des dringenden Verdachts auf Beihilfe zum Mord an Thomas Franke und Friedrich Ostermeier festgenommen. Er bestritt jede Beteiligung. Die belgische Polizei bezweifelte, dass das Bild, das ihn gemeinsam mit Steinkopf und Golubev in einem Brüsseler Café zeigte, und das Fax mit den persönlichen Daten von Thomas Franke für eine Verurteilung ausreichten.

Golubev war tot und konnte keine Aussage mehr machen. Die Sanitas Investments distanzierten sich sofort von Wertheim, und er kündigte in beiderseitigem Einvernehmen. Eine Verstrickung des Gesamtunternehmens konnte nicht nachgewiesen werden.

Die Abteilung Wirtschaftskriminalität übernahm den Fall und prüfte sämtliche Käufe der Moselkliniken der letzten Jahre.

»Vielleicht stoßen die ja noch auf etwas«, sagte Kammowski, als sie am Montag kurz vor Feierabend noch in Doros Café saßen.

»Jetzt, wo die gewarnt sind, sicher nicht mehr. Hast du übrigens gehört?«, fragte Svenja. »Der Bruder von diesem Golubev ist Rechtsanwalt Burmeister, der die Schwester Oberin von den Barmherzigen Schwestern seit Jahren beraten hat. Er hat den Namen seiner Frau angenommen. Die Wirtschaftsermittler haben ihn verhaftet. Aber Beratung ist ja nicht kriminell, und für seine Familie kann man bekanntlich auch nichts. Der kommt bestimmt schnell wieder frei.«

»Die Kollegen werden den sicher noch mal in die Mangel nehmen«, gab Kammowski zur Antwort. »Immerhin war das auch der Studienfreund, der Steinkopf zu den Moselkliniken gebracht hat. Das wird wohl kein Zufall sein.«

»Wollen wir das Beste hoffen.« Svenja kramte ein Französischbuch aus ihrem Schrank.

»Wollen wir noch was trinken gehen?«, fragte Kammowski mit Blick auf die Uhr. »Ich habe mich gegen sechs mit Christine im Sandmann verabredet. Wäre doch schön, wenn du dazukommen würdest.«

»Sonst würde ich jederzeit gerne mal deine Christine näher kennenlernen«, freute sich Svenja, »aber ich habe heute noch Französisch-Konversationstraining an der Volkshochschule.«

»Du lernst Französisch?«

»Ich frische es auf.«

»Einfach nur so?«

»Genau, einfach nur so. Mal was für die Bildung tun. Außerdem mag ich die Sprache, und vielleicht fahre ich im Sommer nach Belgien in Urlaub«, ergänzte sie beiläufig.

»Aha, Belgien.«

Svenja erwiderte nichts.

»Gibt es da vielleicht etwas, das ich wissen sollte, Svenja?«, fragte Kammowski.

»Nein, Papa, wirklich nicht.« Svenja grinste. »Weißt du, ich habe da eine einfache, aber sehr wichtige Grundregel: Job ist Job und privat ist privat, habe ich von meinem Ausbilder gelernt, weißt du doch!«

»Na, wenigstens ist ein gewisses Lernpotenzial zu verzeichnen«, schmunzelte Kammowski.

## 67

## GERICHTSMEDIZIN

Donnerstag, 20. März

Mitte März gab die Staatsanwaltschaft die Neuaufnahme des Falls »Suizid von Dr. Thomas Franke« bekannt. Auch nach erneuter Obduktion der Leiche von Dr. Thomas Franke ließen sich keine Abwehrspuren sichern, was allerdings auch kaum jemand erwartet hatte, wies die Leiche doch bereits einen erheblichen Verwesungsgrad auf. Professor Becker machte dennoch eine sensationelle Entdeckung. Am Schädelknochen entdeckte er eine Trümmerfraktur, die dem Vorgutachter offenbar entgangen war. Franke war mit einem stumpfen Gegenstand niedergeschlagen worden. In seinem Abschlussbericht ließ Professor Becker dann auch kein gutes Haar am Vorgutachten und legte sich folgendermaßen fest: In der Gewichtung aller Fakten des Vorgutachtens und unter Hinzunahme seiner neuen maßgeblichen Erkenntnisse – an mangelndem Selbstvertrauen litt Becker bekanntlich nicht – sei er zu dem Schluss gelangt, dass Mord wahrscheinlicher war als Selbstmord.

Die Rentnerin, deren Hund vor Edeka gestohlen und später getötet worden war, meinte, Golubev auf einem Foto zu erkennen. Sie sei ihm begegnet, als sie das Geschäft betrat. Er habe sie angerempelt und sich dann freundlich entschuldigt. Sie habe einen russischen Akzent wahrgenommen. Da sei sie sich sicher gewesen, sie habe ja selbst viele Jahre als Russischlehrerin gearbeitet. Ob diese Aussage vor Gericht gereicht hätte, um ihn zu verurteilen, darf bezweifelt werden. Die Dame war schon recht alt, sah nicht mehr gut und trauerte immer noch heftig um ihren Waldi. Sie hätte vermutlich jeden möglichen Verdächtigen als den Hundetöter identifiziert.

Die Fälle Ostermeier und Fritsche wurden abgeschlossen. Die Indizienlage war zwar dünn, aber der tote Dackel, die Lodenfetzen in seinem Maul, die dem Mantel von Golubev zugeordnet werden konnten, legten zumindest nahe, dass Golubev am Tatort gewesen war, wo Ostermeier zu Tode gekommen war. Und Fritsche war mit derselben Waffe getötet worden. Ihr vermutlicher Mörder war selbst ermordet worden. Es war zwar naheliegend, dass er in den Augen seiner Auftraggeber zu viele Fehler gemacht hatte und beseitigt worden war, aber nachweisen ließ sich das nicht mehr.

Auch die Akte Steinkopf wurde nun endgültig geschlossen. Man ging davon aus, dass Golubev Steinkopf getötet oder zumindest nachgeholfen hatte, denn er war am Tatort gewesen. Die Aussage von Olga Steinkopf legte nahe, dass Kai Steinkopf sich möglicherweise von den Geschäften der Moselkliniken hatte distanzieren wollen, was seine Auftraggeber nicht dulden wollten.

»Weißt du«, sagte Christine, »so komisch es sich anhört. Es ist mir fast lieber, dass Thomas ermordet wurde. Es nimmt mir die schwere Last, dass ich das nicht hatte kommen sehen.«

Kammowski antwortete nicht. Sie lagen in seinem Bett, die Frühlingssonne strahlte zum Fenster herein und verbreitete wohlige Behaglichkeit. Ihm war nicht nach Problemen zumute. Und er dachte, dass es zu nichts führte, wenn der Ex-Mann mit im Bett lag. Überhaupt war ihm klar, dass diese Beziehung zu Christine unter keinem guten Stern geboren worden war. Und trotzdem – seit Jahren hatte er sich keinem Menschen mehr so nahe gefühlt.

»Meinst du, das mit uns hat eine Zukunft?«, fragte er schließlich.

»Meinst du, der Kater muss immer mit dabei sein, wenn wir Sex haben?«, fragte Christine zurück und beförderte Churchill mit einem sanften Tritt aus dem Bett. Der gab ein empörtes Quieken von sich.

Nun ja, ging es Kammowski durch den Kopf, besser ein Kater als der tote Ex-Mann.

»Lass uns noch auf ein Bier in den Sandmann gehen«, sagte er statt einer Antwort. »Wir müssen Klaus trösten. Ina hat ihn verlassen.«

# EPILOG

*Berliner Gazette*

Die Moselkliniken haben ihre Marktposition als größter privater Klinikträger Deutschlands weiter ausgebaut. Wie aus einer am Montag veröffentlichten Pressemitteilung hervorgeht, wurde eine Vereinbarung zur Übernahme von 51 Prozent der Anteile an den Kliniken der Barmherzigen Schwestern zu Bernau geschlossen. Wie es weiter heißt, werden die restlichen Anteile auch weiterhin von der Gesellschaft der Bernauer Schwestern gehalten.
Der Klinikverbund der Bernauer Schwestern war wiederholt Mittelpunkt medialen Interesses. 2010 musste der verantwortliche Geschäftsführer Alexander die Kliniken verlassen, nachdem er der verbrecherischen Bandenkriminalität beschuldigt worden war. Konkret bestand damals der Verdacht, dass die Medizinischen Versorgungszentren (MVZ) unrechtmäßig erworben worden waren und dass Abrechnungsbetrug betrieben worden war. Die Schadenshöhe wurde bei mehreren Millionen angesetzt. Die Kliniken der Bernauer Schwestern erklärten sich in einer vorgerichtlichen Einigung zu einer Entschädigungszahlung in zweistelliger Millionenhöhe bereit, alle MVZ wurden geschlossen.
Im Februar dieses Jahres wurde der neu berufene Geschäftsführer des Konzerns, Kai Steinkopf, in einem Berliner Hotel unter nicht ganz geklärten Umständen tot aufgefunden.
Zu den Kliniken der Bernauer Schwestern gehören vier Akutkrankenhäuser mit insgesamt 1145 Betten. Darüber hinaus betreibt die Firma Alten- und Pflegeheime. Im Jahr 2010 wurden rund 35000 Patienten stationär behandelt. Das Haus beschäftigt in Berlin 3100 Mitarbeiter und erzielte im Jahr 2010 einen Gesamtumsatz von rund 156 Mio. Euro.

Die Moselkliniken werden die Abteilungen der Akutklinik künftig an zwei Standorten zusammenführen. Das Unternehmen plant, zu diesem Zweck in den kommenden fünf Jahren rund 190 Mio. Euro in Klinikneubauten zu investieren.
Die Moselkliniken sind eigenen Angaben zufolge in Berlin bereits mit fünf Akutkliniken vertreten. Der Kauf bedarf noch der Zustimmung des Bundeskartellamtes. Über den Kaufpreis wurde Stillschweigen vereinbart. Die Aktie der Moselkliniken gewinnt derzeit 0,23 Prozent und steigt auf 91,54 Euro.
Hauptaktionär der Moselkliniken ist die Sanitas Investments mit Sitz in Brüssel. Wie wir berichteten, trennten sich die Sanitas Investments kürzlich von ihrem Hauptgeschäftsführer für den Bereich Kliniken, Achim Wertheim, nachdem sein Name im Zusammenhang mit Ermittlungen wegen Wirtschaftskriminalität genannt worden war. Nach Angaben der Firma sei die Trennung in beiderseitigem Einvernehmen erfolgt. Wertheim werde ab August eine neue Aufgabe im Aufsichtsrat der Julius Franklin Holding AG, einer Firma, die ebenfalls international auf dem Gesundheitssektor tätig sei, aufnehmen.
M.G.

# NACHTRAG

Ein zunehmender Anteil deutscher Kliniken ist in Händen privater Träger und großer Konzerne. Wenngleich diese wie öffentliche und gemeinnützige Träger Überwachungsmechanismen und Qualitätskontrollen unterliegen, werden sie nach den Gesetzen der freien Marktwirtschaft und dem Prinzip der Gewinnmaximierung geführt.

Die Vorstellung, dass Krankheit zu einem Objekt des freien Marktes, zum Teil auch des Aktienmarkts geworden ist, weckt begründete Sorgen und auch Ängste – ein Aspekt, den der Kriminalroman bewusst aufzeigt.

## Wichtige Akteure in alphabetischer Reihenfolge

**Dr. Alexander** – Ehemaliger Geschäftsführer bei den Barmherzigen Schwestern

**Becker, Mehmet** – Gerichtspathologe, Professor an der Charité

**Bilurev, Vitaly »Slawa«** – Russischer Geschäftsmann

**Dr. Burmeister** – Rechtsanwalt und Notar mit Spezialgebiet Steuerrecht

**de Grauve, Yves** – Mitarbeiter der belgischen Polizei

**Dr. Degenhardt** – Chirugin, ehemalige Chefärztin im Krankenhaus Rüdersdorf

**Doro** – Sachbearbeiterin beim LKA

**Fritsche, Michael** – Geliebter von Kai Steinkopf

**Golubev, Leonid Wladislaw** – Rechte Hand von Vitaly Bilurev

**Hansen, Svenja** – Jungkommissarin

**von Hehn, Christine** – Journalistin

**Frau Helmchen** – Nachbarin von Ostermeier

**Kammowski, Mathias »Matze«** – Hauptkommissar beim LKA

**Klaus** – Matzes alter Schulfreund

**Schwester Marona, geb. Heidrun von Walthersheim** – Ordensschwester, Oberin der Bernauer Schwestern, Aufsichtsratsvorsitzende der Kliniken der Bernauer Schwestern

**Ordyniak, Kevin** – Jungkommissar

**Ostermeier, Friedrich** – Privatdetektiv

**Steinkopf, Kai** – Geschäftsführer bei den Barmherzigen Schwestern

**Steinkopf, Olga** – Ehefrau von Kai Steinkopf

**Thomandel, Manfred** – Dezernatsleiter beim LKA

**Werner, Max** – Kommissar und Kollege von Kammowski im LKA

**Wertheim, Achim** – Personalleiter Sanitas Investments, Belgien

## Wichtige Abkürzungen in alphabetischer Reihenfolge

**BKA** – Bundeskriminalamt

**KTU** – Kriminaltechnische Untersuchung

**KV** – Kassenärztliche Vereinigung, Selbstverwaltungsorgan niedergelassener Ärzte

**LKA** – Landeskriminalamt

**MK** – Mordkommission

**MVZ** – Medizinisches Versorgungszentrum

**SEK** – Sondereinsatzkommando bei der Polizei

**SOKO** – Sonderkommando bei der Polizei

# DANKSAGUNG

Zunächst danke ich Ihnen, lieber Leser, für Ihre Zeit und dass Sie das Buch bis zur Danksagung durchgelesen haben, obwohl Sie zwischendurch sicher gemerkt haben, dass dies kein neues Buch von Sebastian Fitzek ist. Wenn Sie Lust haben, dann schreiben Sie mir doch Ihre Meinung an sabine@fitzek.de.

Zu großem Dank verpflichtet bin ich meinen Lektorinnen, vor allem Regine Weisbrod, die die ersten Versionen gelesen hat und dennoch ermutigende Worte fand, Carolin Graehl und Antje Nissen sowie allen Mitarbeitern des Knaur Verlages, die dem Buch mit unendlicher Sorgfalt den letzten Schliff gaben.

Meinem Agenten Roman Hocke und seinem Team danke ich dafür, dass er mich unter Vertrag genommen und betreut hat, obwohl ich am Anfang alles falsch gemacht habe.

Meinem Schwager Sebastian bin ich zu tiefstem Dank verpflichtet, weil er die erste Version las und als Rohdiamant bezeichnete. Damit hat er gutgemacht, dass er einmal sagte: »Heutzutage meint ja jeder, der im Deutsch-Leistungskurs eine Eins hatte, schreiben zu können.« Na gut, er wusste wohl nicht, dass ich Deutsch-Leistungskurs hatte …

Meinen Patienten danke ich dafür, dass sie mir viele Ideen und Anregungen zu diesem und den nächsten Büchern gaben. Indem Sie uns Ärzten das Wertvollste anvertrauen, Ihr Leben, Ihre Gesundheit, Ihre Erfahrungen, bereichern Sie auch unser

Leben und machen unseren Beruf zu dem, was er ist – dem schönsten Beruf der Welt.

Allen ärztlichen Kollegen und den wenigen Geschäftsführern, die ich kennenlernen durfte, unter anderen Dr. Roland Dankwardt, Prof. Thomas Kersting und Dr. Thomas-F. Gardain, die mit mir der Meinung sind, dass Arztsein mehr ist, als man mit wirtschaftlichen Kennzahlen beschreiben kann, rufe ich zu: Lasst euch den schönsten Beruf der Welt nicht kaputt machen!

Mein größter Dank gilt meiner Familie, meinen Töchtern Joy Pascale und Mira Pauline, vor allem aber meinem Mann Clemens, der alle gefühlt 25 Versionen des Buches gelesen hat und sie immer wieder gut fand. Wie schön, dass du nicht nur der beste Ehemann, sondern auch absolut unparteiisch bist.

Berlin,
im August 2019